Dieses Buch ist ein Transkript aus einer Original-Vortragsserie, die Osho vor einer internationalen Zuhörerschaf gehalten hat. Die Vorträge sind unter dem englischen Original-Titel *No Water – No Moon* publiziert worden. Alle Diskurse Oshos sind als vollständige Bücher publiziert worden und auch als Audios und / oder Videos erhältlich. Audios und das vollständige Text-Archiv finden sie unter der online-Bibliothek „Osho Library" bei: www.osho.com

Titel der englischen Originalausgabe:
No Water – No Moon

Neuauflage 2016
Umschlaggestaltung: Bunda S. Watermeier, www.watermeier.net
Übersetzung: Prem Nirvano
Copyright © 2002 Osho International Foundation, Schweiz
www.osho.com
Copyright © 2010, 2016 Innenwelt Verlag GmbH, Köln
www.innenwelt-verlag.de
Alle Rechte vorbehalten
OSHO ist eine registrierte Handelsmarke der Osho International Foundation, Schweiz, lizenziert durch diese.

Druck: CPI books, Leck
Printed in Germany
ISBN 978-3-942502-50-4

OSHO

KEIN WASSER, KEIN MOND
ZEN-GESCHICHTEN

Inhalt

1. Kein Wasser – kein Mond 6

2. Nur ein Dach fur die Nacht 34

3. So? 70

4. Das Klatschen der einen Hand 92

5. Gutais Finger 118

6. Warum ziehst du dich nicht zurück? 142

7. Der Buddha mit der schwarzen Nase 170

8. Der Gebende sollte dankbar sein 194

9. Ein Philosoph fragt Buddha 224

10. Ninakawa geht 252

1

Kein Wasser – kein Mond

Die Nonne Chiyono studierte jahrelang,
aber konnte keine Erleuchtung finden.
Eines Abends trug sie einen alten Eimer voll mit Wasser.
Während sie ging, beobachtete sie den Vollmond,
der sich im Wasser des Eimers spiegelte.
Plötzlich rissen die Bambusstreifen,
die den Eimer zusammenhielten,
und das Gefäß brach auseinander.
Das Wasser floss heraus,
das Spiegelbild des Vollmonds verschwand –
und Chiyono wurde erleuchtet.
Sie schrieb folgendes Gedicht:
„Auf diese und auf jene Art
wollte ich den Eimer zusammenhalten, hoffend,
der schwache Bambus werde nie reißen.
Plötzlich fiel der Boden heraus.
Kein Wasser mehr – kein Mond mehr im Wasser.
Leere in meiner Hand."

Kein Wasser – kein Mond

ERLEUCHTUNG IST IMMER PLÖTZLICH. ES GIBT KEINEN ALLMÄHlichen Fortschritt zu ihr hin, denn alles Stufenweise gehört zur Welt des Geistes; Erleuchtung aber hat mit dem Geist nichts zu tun. Grade sind eine Sache des Geistes, und Erleuchtung geht über den Geist hinaus. Du kannst also nicht in die Erleuchtung hineinwachsen, sondern nur hineinspringen. Du kannst sie nicht Stufe um Stufe erklimmen, denn es gibt keine Stufen. Erleuchtung ist wie ein Abgrund – entweder du springst oder du springst nicht. Man kann Erleuchtung nicht stückweise, nicht in Raten erlangen. Sie ist ein Ganzes – entweder man ist drin oder draußen, aber stufenweise Übergänge gibt es nicht. Merkt es euch als eine ganz grundlegende Sache: sie geschieht ungebrochen, vollständig, total. Sie geschieht als Ganzes – und das ist der Grund, warum der Geist sie nie fassen kann. Der Geist kann nur fassen, was sich unterteilen lässt. Der Geist kann alles fassen, was in Raten zu erreichen ist, denn Geist ist Analyse, Teilung, Zersplitterung. Der Geist kann Teile verstehen, aber das Ganze entzieht sich ihm immer. Wenn du also auf den Geist hörst, wirst du niemals ankommen.

Das ist es, was geschah: diese Nonne namens Chiyono studierte viele Jahre lang, und nichts geschah. Der Geist kann alles über Gott studieren, über die Erleuchtung, übers Allerhöchste. Er kann sogar so tun, als hätte er alles verstanden. Aber Gott ist nicht etwas, das du verstehen musst. Selbst wenn du alles über Gott weißt, kennst du ihn nicht. Erkennen kennt kein „über"; sobald du „über" sagst, gehörst du zur Außenseite. Du magst drum herum gehen, aber du hast den Kreis nicht betreten.

Wenn jemand sagt: „Ich weiß über Gott Bescheid", sagt er damit, dass er überhaupt nichts weiß – denn wie kannst du etwas über Gott wissen? Gott ist das Zentrum, nicht die Peripherie. Du kannst etwas über die Materie wissen, aber du kannst nichts über Bewusstsein wissen; denn Materie hat kein eigenes Zentrum, sie ist nur Peripherie. Es ist kein Selbst da, es ist niemand im Innern.

Die Materie ist nur die Außenseite – über sie lässt sich etwas wissen. „Naturwissenschaft" ist Wissen. Das Wort selbst sagt es: Wissen über das Äußere, Wissen über etwas, wo das Zentrum nicht existiert. Wann immer du dich dem Zentrum von der Peripherie her näherst, verfehlst du es. Du musst es selbst werden, nur so kannst du es erkennen. Nichts kann über Gott gewusst werden. Du musst Gott sein. Sein ist dort das einzige Wissen. Angesichts des Höchsten heißt „über" nur: immer wieder daran vorbeigehen. Du musst selbst hineingehen und eins werden.

Deswegen sagt Jesus: „Gott ist wie Liebe", nicht: „liebend", sondern „genau wie Liebe." Du kannst nichts über die Liebe wissen – oder? Du kannst sie noch so genau studieren, du kannst ein großer Gelehrter werden, aber du hast sie nicht berührt, du bist nicht eingedrungen. Liebe lässt sich nur erfahren, wenn du zum Liebenden wirst. Nicht nur das; Liebe lässt sich nur erfahren, wenn du Liebe wirst. Selbst der Liebende verschwindet, denn auch das gehört zur Außenseite. Zwei Menschen, die sich lieben, werden abwesend. Sie sind nicht mehr da. Nur die Liebe ist da, der Rhythmus der Liebe. Der Rhythmus mag zwei Pole haben, aber sie sind nicht da. Etwas Jenseitiges ist in Erscheinung getreten. Sie sind verschwunden.

Liebe existiert, wenn du leer bist. Wissen existiert, wenn du voll bist. Wissen gehört zum Ego, aber das Ego kann nie zum Zentrum durchdringen. Es ist Peripherie. Die Peripherie kann nur die Peripherie erkennen.

Du kannst durch das Ego nichts erkennen, was zum Zentrum gehört. Das Ego kann studieren, das Ego kann einen großen Gelehrten aus dir machen, einen Theologen vielleicht, einen großen Schriftgelehrten. Du magst die ganzen Veden kennen, die ganzen Upanishaden, all die Bibeln und Korane, und dennoch weißt du nichts – denn es ist kein Wissen von außen. Es ist etwas, das sich ereignet, wenn du hineingegangen und eins geworden bist.

Die Nonne Chiyono studierte jahrelang ...

Sie mag viele Leben lang studiert haben ... ihr habt viele Leben lang studiert. Ihr habt euch immer wieder im Kreis herumbewegt; aber wenn man sich im Kreis bewegt, kommt eine sehr große Täuschung zustande: du glaubst, dass du vorwärtskommst. Du glaubst, dich zu bewegen, und dennoch gehst du nirgends hin, weil du im Kreis läufst. Du wiederholst dich ständig. Darum nennen die Hindus diese Welt *Sangsar*. *Sangsar* bedeutet das Rad, das Kreisförmige. Du läufst und läufst und läufst und kommst nirgendwo an, hast aber immer das Gefühl, anzukommen: „Jetzt ist das Ziel näher, denn ich bin schon so weit gelaufen." Versuch einmal, in einem großen Kreis herumzulaufen. Du kannst ihn nie als Kreis sehen, weil du nur einen Teilabschnitt siehst. So ist es immer eine Straße, ein Weg. Genau das passiert schon viele Leben lang ...

Chiyono studierte jahrelang,
aber konnte keine Erleuchtung finden ...

Nicht, weil Erleuchtung schwierig ist, sondern weil du, wenn du studierst, am Wesentlichen vorbeigehst. Du bist auf dem Holzweg. Es ist, als wolle jemand dies Zimmer durch die Wand betreten. Nicht, dass es schwierig wäre, dieses Zimmer zu betreten, aber du musst es durch die Tür tun. Wenn du durch die Wand gehen willst, erscheint es schwierig, fast unmöglich. Aber das ist es nicht. Du bist es, der sich irrt. Viele, viele Leute fangen, wann immer sie die Reise antreten, mit Studien an, mit Gelehrsamkeit, mit Wissen, Information, Philosophie, Systemen, Theologie. Sie fangen mit dem Drumherum an, und damit klopfen sie an die Wand.

Jesus sagt: „Klopft, und die Tür wird euch aufgetan!" Aber überlegt bitte, ob ihr an eine Tür klopft oder nicht. Klopft nicht immerzu an die Wand, sonst wird euch keine Tür aufgetan werden. Und außerdem: wenn ihr an die Tür klopft, wenn ihr tatsächlich der Tür nahe seid, werdet ihr finden, dass sie schon immer offen stand. Sie hat schon immer auf dich gewartet. Eine Tür ist ein Warten, eine

Tür ist ein Willkommen, eine Tür ist ein Empfangen. Sie hat dich erwartet, du aber hast an die Wand geklopft. Was ist die Wand? Wenn du mit dem Wissen anfängst, und nicht mit dem Sein, klopfst du an die Wand. Werde, sei! Sammle nicht Information. Wenn du die Liebe kennenlernen willst, werde Liebender. Wenn du Gott kennenlernen willst, sei Meditation. Wenn du ins Unendliche hineingehen willst, sei Gebet. Aber sei! Wisse nichts über Gebet. Versuch nicht zu sammeln, was andere darüber gesagt haben. Lernen wird nicht helfen. Im Gegenteil – Verlernen wird helfen. Lass fallen, was immer du weißt, damit du erkennen kannst. Vergiss alle Kenntnisse, alle weisen Bücher, alle Korane und Bibeln und Gitas – sie sind die Schranken, sie sind die Wand. Und wenn du immer nur an die Wand klopfst, können sich die Türen nie öffnen, denn es sind keine Türen da. Und die Leute klopfen an den Koran, klopfen an die Veden, klopfen an die Bibel, aber keine Tür tut sich auf. Sie hören nicht auf zu studieren und hören nicht auf, dran vorbeizugehen – wie die Nonne Chiyono:

> Sie studierte jahrelang,
> aber konnte keine Erleuchtung finden.

Was ist Erleuchtung? Es ist ein Bewusstwerden, wer du bist. Es hat nichts mit der Außenwelt zu tun. Es hat nichts mit dem zu tun, was andere gesagt haben. Was andere gesagt haben, ist unwichtig. Dich gibt es! Wozu die Bibel und den Koran und die Gita zu Rat ziehen? Schließe die Augen, und du bist da in deinem unendlichen Glanz. Schließe die Augen, und die Türen sind offen. Da es dich gibt, brauchst du niemanden zu fragen. Indem du fragst, verfehlst du es. Gerade die Frage zeigt, dass du glaubst, woanders zu sein. Gerade die Frage zeigt, dass du um eine Landkarte bittest.

Und für die innere Welt gibt es keine Landkarte; das ist auch nicht nötig, denn du gehst nicht auf ein unbekanntes Ziel zu. In Wirklichkeit bewegst du dich nämlich überhaupt nicht. Du bist da. Du bist das Ziel. Du bist nicht der Suchende, du bist die Erleuchtung.

Was also ist Erleuchtung? Der eine Zustand: wenn du außen suchst, ist Unerleuchtung. Der andere Zustand: wenn du innen suchst, ist Erleuchtung. Der ganze Unterschied liegt also in der Blickrichtung. Wenn du nach außen blickst, bist du unerleuchtet; wenn du nach innen blickst, bist du erleuchtet. Es handelt sich also nur um eine Drehung.

Das christliche Wort „Bekehrung" heißt nicht, einen Hindu zu einem Christen zu machen oder einen Christen zu einem Hindu. „Bekehrung" heißt Kehrtwendung. „Bekehrung" heißt eine Umkehr zum Ursprung hin, eine Umkehr nach innen. Dann bist du „bekehrt". Und dein Bewusstsein kann in zwei Richtungen fließen: nach außen und nach innen. Das sind die beiden möglichen Richtungen, in die dein Bewusstseinsstrom fließen kann. Nach außen kann er viele, viele Leben lang fließen – und so nie ans Ziel gelangen, weil das Ziel an der Quelle liegt. Das Ziel liegt nicht vorwärts, es liegt rückwärts.

Das Ziel ist kein Ort, wo du hinkommen wirst; das Ziel ist ein Ort, den du bereits verlassen hast. Der Ursprung ist das Ziel. Das musst du sehr tief verstanden haben. Wenn du zurück bis an deinen Ausgangspunkt gehen kannst, kommst du ans Ziel. Erleuchtung heißt, zum Ursprung zurückkehren. Und der Ursprung ist in deinem Innern. Da ist Leben, und es fließt und pocht und pulsiert ununterbrochen in dir. Warum andere fragen? Studieren heißt: andere fragen. Du fragst über dich selbst und fragst andere? Das ist Torheit par excellence. Das ist die absolute Absurdität ... nach dir selbst zu fragen und andere zu fragen! Genau das bedeutet Studieren – nach der Antwort suchen. Und die Antwort bist du!

> Chiyono studierte jahrelang,
> aber konnte keine Erleuchtung finden.

Das ist natürlich, liegt auf der Hand. Nichts war falsch daran. Sie sah nach außen, sie studierte. Noch etwas zu erinnern: Dein Sein ist Leben, und keine Heilige Schrift kann lebendig sein. Schriften sind unweigerlich tot. Schriften sind Leichen. Du befragst die Toten über dein Leben. Das ist unmöglich. Krishna wird dir nicht sehr weiterhelfen, Jesus auch nicht – es sei denn, du wirst ein Krishna oder ein Jesus. Das Leben kann nicht bei den Toten Antwort finden. Und wenn du glaubst, die Antwort dort finden zu können, belastest du dich nur immer mehr mit Antworten; und die Antwort wird unbekannt bleiben. Das passiert dem, der studiert, der ein Denker, ein Philosoph ist. Er wird durch seine eigenen Anstrengungen nur immer beladener – Worte und Worte und Worte – und ist verloren. Und die Antwort war immer da. Nur eine Wendung nach innen war nötig.

Nein, keiner wird dir antworten. Geh zu niemandem hin, wende dich an dich selbst. Und wann immer du an einen Meister gerätst, ist dies alles, was er tun kann: dir zu helfen, zu dir selbst zu kommen. Mehr nicht. Kein Meister kann dir die Antwort geben. Kein Meister kann dir den Schlüssel geben. Der Meister kann dir nur helfen, nach innen zu blicken. Das ist alles. Der Schlüssel ist da, der Schatz ist da, alles ist da.

> Eines Abends trug sie einen alten Eimer voll mit Wasser.
> Während sie ging, beobachtete sie den Vollmond,
> der sich im Wasser spiegelte.
> Plötzlich rissen die Bambusstreifen,
> die den Eimer zusammenhielten,
> und das Gefäß brach auseinander.
> Das Wasser floss heraus,
> das Spiegelbild des Vollmonds verschwand –
> und Chiyono wurde erleuchtet.
>
> Eines Abends trug sie einen alten Eimer voll mit Wasser.

Auch ihr tragt einen sehr alten, uralten Eimer voll mit Wasser. Das ist euer Geist, voll mit Gedanken. Es ist das Allerälteste, was ihr mit euch herumschleppt, fast tot. Der Geist ist immer alt. Er ist nie neu. Er kann es nicht sein, von Natur aus nicht, denn Geist bedeutet Gedächtnis. Wie kann das Gedächtnis neu sein? Geist bedeutet das

Bekannte. Wie kann das Bekannte neu sein? Geist bedeutet das Vergangene, und wie kann das Vergangene neu sein? Seht euch euren Geist an: alles, was er enthält, ist alt und tot. Im Augenblick, wo du etwas weißt, ist es schon vorbei. Wenn du etwas, das du erfahren hast, erkennst, ist es schon fort. Es ist nicht hier und jetzt. Es ist ins Reich der Toten eingegangen.

Der Geist also, der Geist als solches, ist von Natur aus alt. Darum wird durch den Geist nie etwas Ursprüngliches geboren. Geist kann nicht ursprünglich sein, Geist kann nur wiederholen. Also wiederholt er sich immerzu. Er mag sich in tausend Variationen wiederholen, er mag sich in neuen Worten wiederholen, aber die Sache selbst bleibt die gleiche. Der Geist kann nicht erkennen, kann dem Frischen nicht begegnen, dem Jungen, dem Neuen. Wann immer du dem Frischen, dem Jungen, dem Neuen begegnest, musst du das Denken beiseite lassen, denn nur dann sind deine Augen nicht vom Vergangenen erfüllt, nicht mit dem Staub der Vergangenheit erfüllt. Dann kann dein Spiegel spiegeln, was hier und jetzt ist.

Alles Neue wird aus Bewusstheit geboren, nicht aus Geist. Bewusstheit ist deine innerste Quelle. Der Geist ist der Staub, der sich auf vielen deiner Reisen angesammelt hat, als hättest du nie ein Bad genommen. Und du reist schon unendlich lange; alles wird schmutzig, und Staub sammelt sich an, und du hast nie ein Bad genommen. Dein Geist hat nie ein Bad genommen. Du hängst an ihm. Er ist absolut schmutzig. Und alle Meditationstechniken sind nichts anderes als Methoden, diesen Geist zu baden, ein Bad zu nehmen, ein inneres Bad, sodass der Staub abgeschüttelt wird und das verborgene Bewusstsein an die Oberfläche kommt und der Wirklichkeit begegnen kann. Die Wirklichkeit ist da, du bist da, aber die Begegnung fehlt, weil sich zwischen dich und die Wirklichkeit der Geist stellt. Was immer du siehst, siehst du durch den Geist. Was immer du hörst, hörst du durch den Geist. Und dadurch bist du fast taub, fast blind. Jesus sagt seinen Jüngern immer wieder: „Wenn ihr Ohren habt zu hören, hört mich! Wenn ihr Augen habt zu sehen, seht!"

Sie alle hatten Augen wie ihr. Sie alle hatten Ohren wie ihr. Aber Jesus weiß – und ich weiß es auch – dass ihr taub, dass ihr blind seid.

Wann immer du durch deinen Geist hörst, hörst du nicht, denn der Geist interpretiert, der Geist färbt ein, der Geist ändert ab, mischt sich ein. Und alles, was bei dir ankommen mag, ist jetzt schon alt. Der Geist hat seinen Trick gespielt. Der Geist hat seinen eigenen Sinn dazu gegeben, seine Interpretation, er hat es kommentiert. Aus diesem Grund – es sei denn, du wirst ein richtiger Zuhörer – verpasst du's. Richtiges Zuhören ist die Fähigkeit, ohne den Geist zuzuhören. Richtiger Seher sein bedeutet, die Fähigkeit zu haben, ohne den Geist zu sehen – sehen zu können, ohne zu deuten, zu urteilen, zu verdammen, abzuschätzen, ohne ja oder nein zu sagen. Wenn ich euch anspreche, kann ich sogar sehen, wie euer Geist sein Ja oder Nein nickt. Auch wenn das Nicken unsichtbar ist, kann ich es sehen. Es mag euch nicht bewusst sein, aber manchmal sagst du „Ja" – der Geist hat interpretiert. Manchmal sagst du „Nein" – der Geist interpretiert, der Geist hat sich eingemischt, wertend. Du hast es verpasst.

Einfach nur zuhörend, nicht wertend, wird dir plötzlich klar, dass dieser Geist das eigentliche Übel war. Er ist alt – das ist das eine; und er kann nie neu sein. Bilde dir also nie ein, dein Geist sei original. Kein Geist kann original sein. Jeder Geist ist alt, eine alte Leier. Darum schätzt der Geist immer die Wiederholung und ist immer gegen das Neue. Und da der Geist die Gesellschaft hervorgebracht hat, hat die Gesellschaft etwas gegen alles Neue. Der Geist hat den Staat, die Zivilisation, die Moral geschaffen; sie sind alle gegen das Neue. Was immer auch vom Geist hervorgebracht wird, wird immer gegen das Neue sein. Man kann nichts Orthodoxeres als den Geist finden. Keine Revolution ist vom Kopf her möglich. Wenn du also ein Revolutionär vom Kopf her bist, mach dir nichts vor.

Ein Kommunist kann kein Revolutionär sein, denn er hat nie meditiert. Sein Kommunismus kommt aus dem Kopf. Er hat nur seine Bibel vertauscht: statt an Jesus glaubt er an Marx; oder er glaubt an Mao, die neueste Version von Marx – aber er glaubt. Er ist so orthodox wie jeder Hindu, jeder Katholik, jeder Muslime.

Die Orthodoxie ist die gleiche, denn Orthodoxie beruht nicht auf dem, was du glaubst. Orthodoxie beruht darauf, dass du vom Kopf her glaubst – die Orthodoxie beruht auf dem Geist. Der Geist ist das orthodoxeste Element auf der Welt, das allerkonformste.

Was der Geist auch produzieren mag, kann nie neu sein, muss immer alt sein und wird sich immer gegen das Neue wehren, wird immer konterrevolutionär sein. Darum gibt es auf der Welt keine andere Revolution als die religiöse Revolution; es kann keine andere geben. Nur Religion kann revolutionär sein, denn Religion trifft die eigentliche Wurzel. Sie lässt den Geist fallen, den alten Eimer. Und siehe da – alles ist neu, denn der Geist machte alles alt durch seine Interpretation. Plötzlich bist du wieder Kind. Deine Augen sind frisch und jung, du siehst auf die Dinge ohne Wissen, ohne Gelehrtheit. Plötzlich haben die Bäume Frische, das Grün hat sich verändert – es ist nicht mehr stumpf, sondern lebendig. Plötzlich klingt das Lied eines Vogels völlig anders.

Genau das erleben viele Leute durch Drogen. Aldous Huxley war deshalb so ungeheuer von Drogen fasziniert. Und auf der ganzen Welt ist die junge Generation von Drogen angezogen. Der Grund ist dieser: die Droge schaltet nämlich auf chemischem Wege für einen oder wenige Momente den Kopf aus. Du schaust auf die Welt: jetzt sind alle Farben um dich her einfach märchenhaft. So etwas hattest du noch nie gesehen! Eine einfache Blume wird zum Inbegriff der Schöpfung, enthält den ganzen Glanz des Göttlichen. Ein gewöhnliches Blatt bekommt eine Tiefe, als enthüllte sich in ihm alle Wahrheit. Alles, einfach alles ändert sich mit einem Schlage. Die Droge kann die Welt nicht verändern. Die Droge schaltet nur chemisch deinen Kopf aus. Aber du kannst süchtig danach werden – und dann hat der Kopf sich auch die Droge einverleibt. Nur einmal, am Anfang, beim ersten Mal, oder zwei-, oder dreimal kannst du den Kopf chemisch täuschen. Nach und nach stellt er sich auf die Droge ein und nimmt sie unter seine Kontrolle.

Der ursprüngliche Schock verliert sich. Du wirst süchtig nach der Droge. Jetzt verlangst du danach, und nun kommt das Verlangen aus dem Kopf. Jetzt wird es dir allmählich sogar chemisch unmöglich, den Kopf auszuschalten. Er wird dableiben. Du wirst süchtig sein. Bäume werden wieder alt, die Farben leuchten nicht mehr so, die

Dinge werden wieder stumpf. Die Droge hat dich getötet. Den Kopf konnte sie nicht töten.

Die Droge kann dir nur eine Schockbehandlung geben. Sie ist für deinen ganzen Körperhaushalt ein Schock, und bei diesem Schock wird die alte Anpassung gebrochen. Lücken entstehen; durch die Lücken kannst du sehen, aber das kannst du nicht zur Methode machen. Du kannst keine Droge zur Methode machen; früher oder später hat der Kopf sie assimiliert; der Kopf übernimmt die Kontrolle. Dann ist alles wieder alt.

Nur Meditation kann den Kopf töten – nichts anderes. Meditation ist Kopfselbstmord; der Kopf begeht Selbstmord. Ohne Chemikalien, ohne physische Mittel – wenn du fähig bist, den Kopf so auszuschalten, dann wirst du der Meister. Und wenn du der Meister bist, ist alles neu. Es war schon immer neu. Vom allerersten Anfang bis zum allerletzten Ende ist alles neu, jung, frisch. In der Welt hat es nie den Tod gegeben. Es ist ewiges Leben.

Eines Abends trug sie einen alten Eimer voll mit Wasser ...

Ihr tragt ebenfalls einen alten Eimer voll mit Wasser. Der Kopf ist der alte Eimer, und die Gedanken sind das Wasser. Und weil ihr so viel von den Gedanken haltet, könnt ihr diesen alten Eimer nicht wegwerfen. Denn was würde dann aus deinen Gedanken? Du klammerst dich an sie, als wären sie eine tiefe Quelle des Glücks, eine tiefe Quelle der Stille; als ob du durch Gedanken das Leben und die verborgenen Schätze des Lebens erlangen könntest. Nichts dergleichen habt ihr je durch Gedanken erlangen können. Das ist einfach eine hoffnungslose Hoffnung.

Was habt ihr je durch Gedanken gewonnen? Nichts als Angst und Verspanntheit. Aber ihr klammert euch an sie, in der Hoffnung, eines Tages, irgendwann in der Zukunft, durch euer Denken zur Wahrheit zu gelangen. Bisher ist das noch nicht geschehen, und es wird auch zu keiner Zeit geschehen. Es wird nie geschehen, denn die Wahrheit ist nichts, was gedacht werden könnte. Sie ist da! Du brauchst nur hinzusehen. Unnötig, über sie nachzudenken. Denken brauchst du nur, wenn sie nicht da ist, wenn du im Dunkeln tappst. Aber es gibt in der Existenz keine Dunkelheit.

Das Dasein ist absolut licht; du brauchst nicht herumzutappen. Ohne Grund tappst du mit geschlossenen Augen herum und denkst, „Wenn ich aufhöre herumzutappen, bin ich verloren." Denken ist Tappen im Dunkeln.

Meditation ist Augenöffnen. Meditation ist Hinsehen. Darum haben die Hindus es *Darshan* genannt. Darshan heißt Schauen – Hinschauen, nicht Drüber-Nachdenken. Der bloße Blick verändert. Aber ihr tragt Gedanken in diesem alten Eimer, und ihr flickt den Eimer immer wieder, ihr sorgt euch um ihn: wenn er bricht, was wird dann aus euren wertvollen Gedanken? Und sie sind kein bisschen wertvoll.

Mach irgendwann einmal folgendes kleines Experiment: verschließ deine Türen und setz dich in dein Zimmer und fang einfach an, deine Gedanken aufzuschreiben – was dir so alles in den Kopf kommt. Ändere nichts, du brauchst dies Blatt Papier niemandem zu zeigen. Schreib einfach zehn Minuten lang, und dann sieh es dir an. So sieht dein Denken aus! Wenn du dir das ansiehst, hältst du es für das Werk eines Verrückten. Wenn du dies Papier deinem besten Freund zeigst, würde er dich ebenfalls ansehen und denken: „Bist du verrückt geworden?" Und die Lage ist bei ihm nicht anders, nur verbergen wir uns und unsern Wahnsinn immer. Wir haben Gesichter, und hinter diesen Gesichtern sind wir Verrückte.

Warum schätzt ihr dies Denken so sehr? Ihr seid süchtig nach ihm geworden. Es ist eine Droge, eine Chemikalie. Prägt es euch gut ein: Denken ist eine Chemikalie, es ist eine Droge. Wann immer du zu denken anfängst, bist du in einer Art hypnotischem Schlaf. Darum bist du süchtig geworden – wie mit Opium. Du kannst die Welt vergessen, die Sorgen, die Verantwortung. Du fängst einfach in dir mit einer andern Art von Welt an: Träumen, Denken.

Diejenigen, die sich seit langer Zeit mit der Wissenschaft des Schlafs beschäftigen, sie sagen, dass der Schlaf zum Träumen nötig ist. Und wenn du sie fragst, wozu das Träumen notwendig ist, sagen sie, das Träumen sei nötig, damit du nicht verrückt wirst.

Denn indem du träumst, schüttelst du deinen Wahnsinn ab. Die Nacht ist eine einzige Katharsis. In deinen Träumen wirfst du deinen Wahnsinn ab, und morgens kannst du dich wieder vernünftig verhalten. Den ganzen Tag über kannst du dich vernünftig benehmen, weil du die ganze Nacht dazu hast, verrückt zu spielen.

Die Wissenschaftler sagen, dass du den Verstand verlierst, wenn man dir das Träumen und den Schlaf für ein paar Tage entzieht; und zwar, weil dir die Katharsis fehlt und dann der Wahnsinn ausbricht. Du wirst explodieren. In der Nacht träumst du – das ist Katharsis. Am Tag denkst du – das ist ebenfalls eine Katharsis und verhilft dir zu Schläfrigkeit. Es ist eine Droge. Es kann dir egal sein, was gerade passiert. Du schließt dich einfach in deine Gedanken ein; und die sind dir wohlbekannt, du fühlst dich heimelig, es ist dein eigenes Heim, mag es noch so alt und schmutzig sein, aber du lebst schon so lange darin, dass es dir vertraut ist. Du hast dich an dein Gefängnis gewöhnt. Gefängnisinsassen geht es ebenso: wenn sie lange Zeit im Gefängnis gesessen haben, bekommen sie Angst davor, es zu verlassen, bekommen sie Angst vor der Freiheit. Sie haben Angst vor der Freiheit, weil sie neue Verantwortungen bringt. Und nichts ist mit dem Verlassen des Kopfes zu vergleichen – das ist absolute Freiheit.

Die Hindus haben es *Moksha* genannt, die absolute Freiheit. Nichts ist damit zu vergleichen. Das ganze Gefängnis steht in Trümmern. Du *bist* einfach unter dem unendlichen Himmel. Angst packt dich; du möchtest zurück in dein Heim, dein gemütliches Heim, ummauert und umzäunt – da ist nichts Unbegrenztes, da hast du keine Angst.

Das Unendliche sieht immer wie der Tod aus. Du hast dich an das Endliche gewöhnt, mit seinen klar gezogenen Grenzen, wo die Unterschiede deutlich sind. Daran liegt es, dass du die Gedanken nicht fortwerfen kannst, dass du den Eimer nicht fortwerfen kannst. Lieber machst du den Eimer immer noch größer und größer; und er ist wie dein Bauch: je mehr Gedanken du hineinstopfst, desto weiter dehnt er sich aus. Und der Bauch kann platzen, wenn du zuviel isst, aber nicht der Kopf. Ein gewöhnliches Gehirn kann alle Bibliotheken der Welt enthalten.

In deinem kleinen Kopf gibt es Millionen Zellen, und jede einzelne kann eine Million Informationseinheiten fassen. Noch kein Computer ist entwickelt worden, der mit deinem Gehirn verglichen werden kann. In deinem kleinen Kopf trägst du die ganze Welt. Und sie dehnt sich ständig weiter aus.

Chiyono studierte immerzu. Sie füllte den alten Eimer mit immer mehr Wasser. Sie konnte keine Erleuchtung finden.

> Eines Abends trug sie einen alten Eimer voll mit Wasser.
> Während sie ging, beobachtete sie den Vollmond,
> der sich im Wasser des Eimers spiegelt.

Der Vollmond stand hoch oben am Himmel und im Wasser des Eimers spiegelte er sich wider. Und sie sah ihn an.

Genauso ergeht es allen und jedem. Dies ist keine Geschichte, dies ist keine Anekdote. Es ist eine Tatsache – so ergeht es dir. Du hast noch nie auf den Vollmond geblickt. Du kannst es nicht. Du blickst immer nur auf den gespiegelten Mond in deinem Wasser, in deinen Gedanken. Aus diesem Grund sagen die Hindus, alles, was du kennst, ist *Maya*, ist Illusion. Es ist so, als blicktest du auf den Mond im Wasser, auf die Spiegelung, und nicht auf den wirklichen Mond. Aber du hältst sie für den Mond. Was immer du siehst, siehst du durch Spiegelung. Deine Augen spiegeln; eure Augen sind lediglich Spiegel. Eure Ohren spiegeln – alle eure Sinne sind nur Spiegel, sie reflektieren. Und dann gibt es den größten aller Spiegel: euren Geist. Er reflektiert. Er spiegelt nicht nur – er kommentiert und deutet. Zugleich mit der Reflexion liefert er einen Kommentar. Er verzerrt.

Habt ihr schon mal Zerrspiegel gesehen? Ihr braucht nirgends hinzugehen, ihr habt ihn in euch – er verzerrt alles. Was immer ihr bis jetzt kennt, ist nicht der wirkliche Mond am Himmel, denn wie wollt ihr durch diesen alten Eimer voll Wasser auf den wirklichen Mond schauen? Ihr schaut nur immer auf das Spiegelbild, und das Spiegelbild ist Illusion. Das ist die Bedeutung von *Maya*: Illusion. Was ihr auch kennen mögt – es ist *Maya*, ist Schein, ist nicht das

Wirkliche. Das Wirkliche kommt erst, wenn der Eimer zerbrochen ist – das Wasser fließt heraus, das Spiegelbild verschwindet.

> Plötzlich rissen die Bambusstreifen,
> die den Eimer zusammenhielten,
> und das Gefäß brach auseinander ...

Es geschah plötzlich; es ist wie ein Unfall. Versucht, dies Phänomen zu verstehen: Erleuchtung ist immer wie ein Unfall, weil sie unvorhersehbar ist, weil sie sich nicht kontrollieren lässt. Du kannst sie nicht herbeimanipulieren, du kannst sie nicht veranlassen. Wenn du sie veranlassen könntest, würde sie nie über deinen Geist hinausgehen. Wenn du sie herbeimanipulieren könntest, würde sie nur ein Trick deines Geistes sein.

Viele Leute versuchen sie zu arrangieren. Sie tun dies, sie tun das, um die Ursache für die Erleuchtung herbeizuführen, aber sie ist nicht etwas, das man verursachen kann. Wenn du sie verursachst, ist sie völlig wertlos. Sie geschieht; sie kann nicht verursacht werden. Sie ist nicht die Fortsetzung deines Geistes, sie ist ein unvermittelter Abgrund. Plötzlich bist du nicht, und sie ist. Wie willst du das manipulieren? Solange du manipulierst, bist du noch da.

Als Gautam Siddhartha erleuchtet wurde, ein Buddha wurde, war er da noch der gleiche Mensch? Nein! Wenn der gleiche Mensch erleuchtet würde ... es ist unmöglich. Der Faden ist gerissen; der alte Mensch ist einfach verschwunden. Dieser hier ist ein absolut neuer Mensch.

Siddhartha Gautam, den Prinzen, der seinen Palast, der Frau und Kind zurückgelassen hatte, gibt es nicht mehr. Dies Ego ist nicht mehr, dieser Geist ist nicht mehr. Der alte Mensch ist tot – der alte Eimer ist zerbrochen. Dieser jetzt ist absolut neu. Dieser war noch nie da! Darum geben wir ihm einen neuen Namen: wir nennen ihn Buddha. Wir lassen den alten Namen fallen, denn jener alte Name gehörte zu einer anderen Identität, zu einer anderen Persönlichkeit, zu einem andern. Jener alte Name hatte nie etwas mit diesem Menschen zu tun.

Erleuchtung ist ein übergangsloses Phänomen. In ihr setzt sich nichts fort, denn wenn sich in ihr etwas fortsetzen würde, könnte sie höchstens eine Modifikation der Vergangenheit sein. Sie wäre nicht absolut neu, denn das Vergangene ginge noch weiter – modifiziert, hie und da ein wenig abgeändert, frisch gestrichen und aufpoliert, aber das Alte ginge weiter. Vielleicht besser, aber es bliebe trotzdem das Alte.

Erleuchtung ist wie ein Unfall. Aber missversteht mich nicht. Denn wenn ich sage, Erleuchtung ist wie ein Unfall, sage ich damit nicht: tut nichts dafür. Das ist nicht gemeint. Wenn du gar nichts dafür tust, wird selbst der Unfall nicht passieren. Der Unfall passiert nur denen, die sehr viel dafür getan haben; aber er passiert nicht wegen ihres Tuns. Das ist das Problem; er passiert nie wegen ihres Tuns, aber ohne ihr Tun passiert er niemals.

Das Tun ist nicht die Ursache, warum es passiert. Das Tun ist nur die Ursache ihrer inneren Bereitschaft, für den Unfall anfällig zu werden. Das ist alles. Alle eure Meditationen erzeugen nur eine Unfall-Anfälligkeit, mehr nicht. Daher kann nicht einmal ein Buddha sagen, wann deine Erleuchtung passieren wird. Leute kommen zu mir und sie fragen … Ich sage ihnen „bald". Es heißt nichts. „Bald" kann heißen im nächsten Augenblick; „bald" kann erst in vielen Leben sein, denn ein Unfall lässt sich nicht vorhersagen. Wenn er vorhersagbar ist, ist es überhaupt kein Unfall. Dann ist er eine Konsequenz.

Aber hört nicht auf, etwas zu tun! Denkt nicht, wenn es passiert, passiert es eben; sonst passiert es nie. Man muss bereit dafür sein, bereit für den Unfall, bereit für das Unbekannte – vorbereitet, abwartend, empfänglich. Andernfalls mag der Unfall kommen und an dir vorbeigehen. Du magst gerade schlafen. Das Unbekannte mag anklopfen und du hörst es vielleicht nicht. Du bist vielleicht fest am Schlafen oder redest mit jemandem oder deutest es vielleicht als den Wind, der an der Tür rüttelt. Oder du kannst alles mögliche denken – jeder ist ein großer Denker. Sei auf den Unfall vorbereitet! Und merk dir: Alles, was du tun kannst, kann nicht seine Ursache sein. Alles, was du tust, stellt lediglich eine Situation in dir her.

Alles, was du tun kannst, ist keine Ursache, sondern nur eine Einladung. Der Unterschied ist groß, denn wenn du es für eine Ursache hältst, fängst du zu fordern an. Wenn du es für eine Ursache hältst, dann sagst du: „Warum passiert es nicht? Warum ist es mir bis jetzt noch nicht passiert?" Es ruft eine innere Spannung hervor, und wenn du verspannt bist, kann es unmöglich passieren. Es muss dich unvorhergesehen treffen. Du solltest warten, aber nicht ungeduldig – entspannt. Du solltest es einladen, aber sei nicht sicher, dass der Gast kommen wird.

Letztlich hängt es vom Gast ab, nicht von dir. Aber ohne die Einladung wird der Gast nie kommen, soviel steht fest. Auf deine Einladung hin ist es nicht sicher, dass er kommen wird, aber bei deiner Nichteinladung ist es sicher, dass er nicht kommen wird. Mit deiner Einladung mag er kommen; die Möglichkeit besteht. Warte also an der Tür, aber sei nicht ungeduldig, sei nicht zu sicher. Gewissheit kommt aus dem Kopf. Warten kommt aus Bewusstheit. Und der Kopf ist oberflächlich, alle seine Gewissheiten sind flach. Es kann jeden Moment passieren. Wann immer du bereit bist, zu sehen, hinzusehen, wirst du erkennen, dass es sich schon seit eh und je ereignet hat, gleich neben dir. Aber du hast nicht darauf geachtet, in die Ecke hattest du nicht gesehen.

Ich habe gehört:
Mulla Nasruddin ruhte sich einmal auf seinem Sessel aus. Seine Frau sah auf die Straße hinaus, und er sah auf die Wand. Sie saßen Rücken an Rücken, wie Eheleute immer sitzen. Plötzlich sagte seine Frau: „Nasruddin, schau! Der reichste Mann der Stadt ist gestorben, und Tausende geben ihm das letzte Geleit!"
Mulla Nasruddin sagte: „Wie schade, dass ich nicht in diese Richtung sehe."

Er will nicht hinsehen. Nur eine Wendung des Kopfes ... Aber genau das ist auch mit euch der Fall: Wie schade! Ihr seht nicht in die Richtung, wo der Unfall vorbeigeht, wo das Unbekannte vorbeigeht. Alle Meditationen helfen euch nur, auf das Unbekannte zu sehen, auf das Ungewohnte zu sehen, auf den Fremden zu sehen. Sie werden dich offener machen, offener für den Unfall. Aber verursachen kannst du ihn nicht. Selbst wenn du bereit bist, kann es sein, dass du warten musst. Du kannst es nicht erzwingen. Du kannst es dir nicht selbst bringen. Wenn du es erzwingen könntest, dann wäre Religion dasselbe wie Wissenschaft.

Das ist aber der grundlegende Unterschied zwischen Religion und Wissenschaft: die Wissenschaft kann Dinge erzwingen, denn sie hängt von Ursachen ab, nicht von Einladungen. Die Wissenschaft kann alles machen, sobald sie die Ursache herausfindet. Kennt sie einmal die Ursache, kann alles mögliche getan werden. Die Wissenschaft weiß, dass Wasser, auf hundert Grad erhitzt, verdampft. Das ist die Ursache. Du kannst sicher sein: ist die Temperatur auf 100 Grad, fängt das Wasser an zu verdampfen. Man kann das Wasser zwingen zu verdampfen, indem man es erhitzt. Man kann Sauerstoff mit Wasserstoff mischen und zwingen, Wasser zu werden. Man kann verursachen. Die Wissenschaft will die Ursache wissen.

Religion ist anders, grundsätzlich anders. Und Religion kann nie in diesem Sinne zur Wissenschaft werden, denn sie forscht nach dem Nicht-Verursachten. Sie sucht nach dem Unbegründbaren. Sie sucht nach der absoluten Umkehrung. Eine relative Umkehrung kann verursacht werden. Eine teilweise Verwandlung kann verursacht werden. Aber eine absolute? Nichts Altes mehr und alles neu? – das muss eine Lücke geben. Da kann es kein Bindeglied geben. Da muss ein Sprung sein! Plötzlich also hört das Alte zu existieren auf und das Neue fängt zu existieren an. Und sie sind nicht miteinander verbunden – da ist eine Lücke. Siddhartha Gautam verschwindet einfach, Gautam Buddha erscheint – da ist eine Lücke.

Diese Lücke darf nicht vergessen werden. Darum sage ich, dass Erleuchtung genau wie ein Unfall ist. Aber ihr müsst dauernd daran arbeiten. Das ist das Paradoxe. Wenn ihr mir zuhört, dürft ihr nicht faul werden. Wenn ihr mir zuhört, schlaft nicht einfach ein. Wenn ihr mir zuhört, fangt nicht an zu denken und zu vernünfteln – „Wenn es ein Unfall ist und wir ihn nicht verursachen können, wozu dann meditieren? Wozu dann dies und jenes tun?

Dann warte doch einfach ab!" Nein! Warten darf kein faules Warten sein. Dein Warten muss lebendig sein! Du musst beim Warten absolute Energie zur Verfügung haben. Du darfst nicht warten wie ein Toter. Du musst jung, frisch, lebendig, pulsierend warten. Nur dann kann dir jenes Unbekannte zustoßen. Wenn du auf der Höhe deines Lebens stehst, auf dem Höhepunkt deiner Möglichkeiten, wenn du am allerlebendigsten bist, wenn du auf dem Gipfel bist – nur dann passiert es. Nur ein Gipfel kann jenem großen Gipfel begegnen. Nur die Gipfel – nur Gleiches kann Gleichem begegnen.

Arbeite soviel du kannst, aber leite daraus keine Ansprüche ab. Sag nicht: „Ich hab dies getan, jetzt muss es passieren." Da gibt es kein Muss. Es ist ein Fremder. Du kannst ihm immerzu Einladungen schreiben, aber er hat keine Adresse, sodass du sie nicht abschicken kannst. Du wirfst deine Einladungen in alle Winde; vielleicht kommen sie an, vielleicht auch nicht. Gott ist immer ein „Vielleicht". Aber es ist schön, wenn die Dinge „Vielleicht" sind. Wenn die Dinge gewiss sind, geht die Schönheit verloren.

Habt ihr je bemerkt, dass im Leben nur der Tod gewiss ist und alles übrige ungewiss? Alles ist ungewiss! Ob die Liebe kommen wird oder nicht, keiner weiß es. Ob du ein Lied wirst singen können oder nicht – keiner weiß es. Eins ist sicher: der Tod. Gewissheit gehört zum Tod, nie zum Leben. Und wenn du nach dem ewigen Leben suchst, dann lebe im „Vielleicht". Lebe offen, abwartend, aber erinnere dich ständig, dass du es nicht verursachen kannst. Wenn es geschieht, wirst du verschwinden.

Das ist der Sinn dieses schönen Unfalls:

> Plötzlich rissen die Bambusstreifen,
> die den Eimer zusammenhielten,
> und das Gefäß brach auseinander ...

Plötzlich geschah es. Aber sie hatte gearbeitet, studiert, meditiert. Sie war eine große Nonne. Sie hatte mindestens dreißig, vierzig Jahre beim Meister verbracht, und sie hatte ungeheuer gearbeitet. Ich muss euch etwas über Chiyono erzählen. Sie war eine sehr schöne Frau ...

ungewöhnlich schön, einmalig. Als sie noch jung war, waren sogar die Kaiser und die Fürsten hinter ihr her. Sie lehnte ab, denn sie wollte nur eine Geliebte des Göttlichen sein; niemand also war gut genug für ihre Ansprüche, keiner konnte sie erfüllen. Sie ging von einem Kloster zum andern, um Sannyas zu nehmen, um Nonne zu werden. Aber selbst große Meister wiesen sie ab, weil sie so schön war, dass sie nur Unruhe stiften würde.

Unter lauter Mönchen ... und Mönche sind natürlich verklemmte Leute. Und sie war so schön, sie hätten Gott und alles andere vergessen. Sie war wirklich schön, und so wurden ihr überall die Türen versperrt. Der Meister sagte: „Deine Suche ist okay, aber ich muss mich auch um meine Jünger kümmern. Hier sind fünfhundert Sannyasins, die würden wahnsinnig werden. Sie würden ihre Meditationen vergessen, ihre Schriften, alles! Du würdest zu ihrem Gott. Also, Chiyono, störe diese armen Leute nicht. Zieh weiter!" Was also tat Chiyono?

Da sie keinen Ausweg sah, versengte sie sich ihr Gesicht, entstellte sie ihr ganzes Gesicht. Und als sie nun zu einem Meister kam, konnte er nicht einmal erkennen, ob sie eine Frau oder ein Mann war. Erst so durfte sie Nonne werden. Sie war absolut bereit. Ihre Suche war echt. Sie war es würdig, dass ihr der Unfall passierte. Der Unfall war verdient. Sie hatte studiert und meditiert, dreißig, vierzig Jahre lang, ununterbrochen. Dann plötzlich, eines Nachts, kam der Fremde an die Tür.

Plötzlich rissen die Bambusstreifen,
die den Eimer zusammenhielten,
und das Gefäß brach auseinander.
Das Wasser floss heraus,
das Spiegelbild des Vollmonds verschwand –
und Chiyono wurde erleuchtet ...

Sie hatte auf den Mond geschaut – er war schön! Selbst Spiegelbilder sind schön, denn sie sind der Abglanz der „Absoluten Schönheit". Die Welt ist ebenfalls schön, denn sie ist ein Spiegel Gottes. Nennt die Welt also nicht hässlich! Wie kann das Spiegelbild hässlich sein, wo es doch das Göttliche spiegelt? Die also, die die Welt hässlich nennen und ihr den Rücken kehren, sind absolut im Irrtum. Denn wenn du diese Welt ablehnst, lehnst du tief drinnen auch ihren Schöpfer ab. Kehrt euch nicht ab! Selbst das Gesicht einer Frau ist schön, denn es spiegelt etwas wider. Das Gesicht eines Mannes ist schön, der Körper ist schön, denn sie spiegeln etwas wider. Die Bäume sind schön, die Vögel sind schön, denn sie spiegeln etwas wider. Das Spiegelbild ist so schön – was soll man erst vom Original sagen?

Ein wirklicher Sucher ist also nicht gegen die Welt. Ein wirklicher Sucher liebt die Welt so sehr, er liebt das Spiegelbild so sehr, dass er das Original sehen möchte. Er liebt dies Spiegelbild so sehr, dass ein Wunsch entsteht, das Original zu sehen, den vollen Mond am Himmel zu sehen. Er verlässt dies Spiegelbild nicht, weil er dagegen ist, er verlässt dies Spiegelbild nur, weil er nach dem sucht, was sich in ihm widerspiegelt. Er ist nicht gegen die Liebe; seine Andacht ist nicht gegen die Liebe. Er hat solche Schönheit in der Liebe erfahren, dass er jetzt tiefer gehen möchte. Andacht ist die tiefste Form der Liebe. Er hat im Spiegelbild so viel erkannt, und es war so schön, so duftend, eine solche Musik war darin, dass jetzt ein Verlangen entstanden ist, den Ursprung kennenzulernen. Und wenn das Spiegelbild so melodisch ist, was für eine Harmonie muss da in der ursprünglichen Quelle sein!

Ein wahrer Sucher ist niemals gegen irgendetwas. Er ist für etwas, aber nie gegen etwas. Er ist für Gott, aber nie gegen die Welt, denn schließlich gehört die Welt Gott. Wenn ich dein Gesicht in einem Spiegel sehe, und es ist schön, sollte ich da gegen den Spiegel sein? Wirklich, ich sollte dankbar sein, dass er dich gespiegelt hat. Ich will mich aber nicht an den Spiegel halten; ich will mich auf die Suche nach dir machen, der da im Spiegel zu sehen war. Ich werde den Spiegel verlassen müssen, aber nicht, weil ich gegen ihn bin. Ich werde mein Gesicht vom Spiegel abwenden, nicht, weil ich gegen ihn bin. Ich werde ihm dankbar sein, weil er etwas gespiegelt hat, dessen Spiegelbild so schön war, dass ich jetzt hingehen und die ursprüngliche Quelle finden muss!

Das Wasser floss heraus,
das Spiegelbild des Vollmonds verschwand –
und Chiyono wurde erleuchtet.

Sie sah auf den Mond, der sich im Eimer spiegelte. Plötzlich fiel der Eimer hin, das Wasser floss heraus, und der Mond verschwand – und das war der auslösende Punkt.

Es gibt immer einen auslösenden Punkt, von wo das Alte verschwindet und das Neue beginnt, wo du wiedergeboren wirst. Dies wurde zum auslösenden Punkt: plötzlich floss das Wasser heraus, und es war kein Mond mehr da. Sie muss nach oben geschaut haben – und der wirkliche Mond war da. Und das wurde zum Gleichnis für ein inneres Phänomen – innen war es das gleiche: alles wurde durch den Geist gesehen – er war ein Spiegel. Plötzlich wurde ihr diese Tatsache bewusst, dass alles eine Reflexion war, eine Illusion, weil es durch den Geist gesehen wurde. Als der Eimer zerbrach, zerbrach auch innen der Geist. Er war reif. Alles, was getan werden konnte, war getan. Was immer nur möglich war – sie hatte es getan. Nichts blieb übrig; sie war bereit. Sie hatte es verdient. Dieser gewöhnliche Vorfall wurde zum Auslöser.

Aber denkt dran: folgt Chiyono nicht! Es wird dir nicht genauso passieren. Da du die Geschichte kennst, kannst du nun auch einen Eimer zerbrechen – das Wasser fließt heraus, das Spiegelbild verschwindet ... und nichts passiert in dir. Es kann nicht zum Ritual gemacht werden. Aber genau so hat sich die törichte Menschheit seit vielen, vielen Jahrhunderten benommen. Die Auslösermomente sind bekannt, aber sie sind immer individuell und einmalig. Sie können nicht wiederholt werden, weil niemand wieder eine Chiyono sein kann.

Die Welt wiederholt sich nie. Gott ist so originell, er wiederholt sich nie. Chiyono wurde nur einmal geboren, nie wieder – nie, nie wieder! Also kannst du es auch nicht wiederholen, denn du bist nicht Chiyono. Aber genau das spielt sich überall ab, denn der Verstand geht logisch, systematisch vor. Wenn es bei Chiyono so passierte, dass sie einen Wassereimer trug, der Eimer hinunterfiel, zerbrach, das Wasser herausfloss, das Spiegelbild weg war und die Erleuchtung geschah – dann mach ein Ritual daraus! Das ist es, was ständig in Kirchen, Moscheen und Tempeln gemacht wird – Rituale.

Wie geschah es bei Buddha? Setz dich genauso hin; pflanze einen Bodhibaum, setze dich drunter mit geschlossenen Augen, ganz wie Buddha, und – du bist einfach dumm. Du wirst kein Buddha werden, du bist einfach dumm! Sonst hättest du nicht wiederholt. Rituale werden von Idioten wiederholt. Denn soviel Einsicht ist nötig – dass es nicht darauf ankommt, unter einem Bodhibaum zu sitzen. Die lange Vorbereitung, die Buddha durchmachte, die Millionen von Leben, durch die er gegangen war – Buddha ist eine einmalige Persönlichkeit. Jetzt kommt der letzte Auslöser; es ist ein Abschließen. Viele, viele Leben der Mühe, der Suche, und dann kommt dieser Höhepunkt.

Dies ist rein zufällig, dass er dabei unter einem Bodhibaum saß. Es wäre ohnehin passiert. Hätte er nicht dort gesessen, dann wäre es auch passiert. Wenn kein Baum dagewesen wäre, wäre es auch passiert. Es war nicht notwendig, dass er saß – er hätte auch gehen können, und es wäre passiert. Es ist ein Schlusspunkt! Es ist reiner Zufall, dass er in einer bestimmten Pose unter dem Bodhibaum saß. Diese Pose ist nicht der Anlass, der Baum ist nicht der Anlass, die Art wie er saß, ist nicht der Anlass. Wäre das ein Anlass, dann könnt ihr es wiederholen. Man erhitze Wasser auf hundert Grad, und es verdampft. Man sitze unter einem Bodhibaum, genau in Buddhapose, sogar noch vollendeter als er, und die Erleuchtung passierte.

Nein! So geht es nicht. Und seid nicht dumm, folgt nicht blind, und macht nichts zum Ritual. Einsicht wird gebraucht, nicht Ritual. Es ist gut, in Buddhapose zu sitzen, aber merk dir gut, dass du nicht Buddha bist! Und derselbe Auslöser wird bei dir nicht funktionieren. Irgend etwas anderes! Und wenn du immer nur Buddha folgst, absolut blind, dann kannst du leicht deinen eigenen Auslöser verpassen; das ist das Problem, weil es nicht durch ein Wiederholungsritual geschieht. Du musst deinen eigenen Punkt suchen. Nimm von allen Buddhas Hilfe an, aber sei nicht blind.

Verstehe sie, so tief du kannst, denn sie sind angekommen – aber es gibt keinen Weg. Die spirituelle Dimension ist genau wie der Himmel: keine Spur bleibt zurück, du kannst nicht folgen. Ein Vogel fliegt, keine Spur bleibt zurück. Der Himmel bleibt leer, kein Pfad wird geschaffen. Er ist ganz anders als die Erde. Wo viele Leute gehen, entsteht ein Pfad, dem du folgen kannst. Die spirituelle Dimension ist die Dimension des Himmels; und weil sie nicht stofflich ist, nicht irdisch, bleibt keine Spur zurück. Buddha fliegt – schaut dem Fliegen zu, wie schön! Was für ein Lichtblick, was für ein Licht! Genießt es, versteht es, aber versucht nicht, ihm zu folgen. Seid nicht blind. Blindheit hilft nicht.

Chiyono wurde erleuchtet, und so wie es bei ihr geschah, geschah es bei keinem anderen. Buddha trug keinen Eimer Wasser; weder Mahavir, noch Krishna, noch Laotse, noch Zarathustra – keiner sonst trug einen Eimer Wasser. Aber nach Chiyono haben ihn viele getragen, weil es so einfach scheint. Das kannst du auch, es scheint ganz einfach, da gibt es keine Schwierigkeit. Eine Vollmondnacht kommt jeden Monat, die kannst du abwarten und es dann wieder so machen. Seid keine Ritualisten! Ritual ist nicht Religion. Ritual ist die unreligiöseste Sache von der Welt. Du bist einzigartig – erinnere dich! Und etwas Einmaliges wird dir geschehen, etwas, das nie zuvor geschehen ist, das nie wieder geschehen wird. Nicht nur sind deine Fingerabdrücke einzigartig – deine Seele ist es auch.

Ich habe gerade eine wissenschaftliche Studie gelesen, die beweist, dass jeder Körperteil einzigartig ist – nicht nur die Fingerspitzen. Jeder von euch hat eine andere Leber, eine andere Art Herz, einen anderen Magen; niemand sonst hat ihn! Und in den Fachbüchern, in denen ihr lest und die Abbildung des Magens findet, – diesen Magen werdet ihr nirgends finden, der ist nur Durchschnitt, imaginär. Wenn ihr euch den Magen bei wirklichen Leuten anseht, werden sie alle verschieden sein.

Der Durchschnitt ist nicht die Wahrheit. Der Durchschnitt ist lediglich eine mathematische Annäherung. Er ist keine Tatsache. Die Tatsache ist immer einzigartig. – Du hast eine besondere Wesensart, und sie unterscheidet sich in jeder Weise! Und es ist gut, und es ist schön, dass du anders bist, keine Wiederholung, nicht wie ein Ford-Auto. Eine Million Autos können produziert werden – alle gleich. Du bist keine Maschine, du bist ein Mensch.

Und was macht dein Menschsein, deine Menschlichkeit aus? Was unterscheidet dich von einer Maschine? Deine Einzigartigkeit! Maschinen sind wiederholbar, sie können nachgemacht werden, sie können ersetzt werden. Man kann einen Ford durch einen andern Ford ersetzen, kein Problem. Aber kein Mensch ist ersetzbar. Niemals! Das ist ein so einzigartiges Blühen, es geschieht nur einmal. Seid also nicht so ritualisiert. Versteht! Lasst Einsicht euer Gesetz sein, das einzige Gesetz, das befolgt werden muss.

Sie schrieb später dieses Gedicht. Sie feierte dies Ereignis mit einem Gedicht, mit einem Lied. Sie schrieb:

> Auf diese und auf jene Art
> wollte ich den Eimer zusammenhalten,
> hoffend, der schwache Bambus werde nie reißen.
> Plötzlich fiel der Boden heraus.
> Kein Wasser mehr – kein Mond mehr im Wasser.
> Leere in meiner Hand.

Auf diese und auf jene Art wollte ich den Eimer zusammenhalten ... Ihr versucht auch schon lange, auf diese oder jene Art, den Eimer zusammenzuhalten. Ihr versucht euren Geist auf jede Weise zu unterstützen, damit er zusammenhält. Und der Geist ist die Schranke; und ihr glaubt, der Geist ist der Freund. Das Denken ist der Feind, und ihr stützt es, wo ihr nur könnt.

Ich sage viele Dinge zu euch, die gegen den Geist gehen, und ihr nehmt diese Dinge geistig auf und macht Stützen daraus. Wenn ihr alles was ich sage, zu Wissen macht, dann seid ihr, wenn ihr mich verlasst und von mir geht, nur gelehrter geworden. Dann sind sogar Dinge, die gegen den Geist gehen, zu Stützen umgewandelt worden. Was ich auch sage – macht es nicht zu Gelehrtheit. Macht es nicht zu eurem Wissen. Seht lieber, was ich sage, und lasst alles fallen, was ihr wisst. Fügt es nicht eurem alten Wissen hinzu!

Auf diese und auf jene Art
wollte ich den Eimer zusammenhalten,
hoffend, der schwache Bambus werde nie reißen.

Lässt sich Schwächeres finden als der Geist? Lässt sich Trüberes finden als Gedanken? Lässt sich Impotenteres finden als Gedanken? Nichts entsteht aus ihnen. Sie gehen immer nur weiter. Sie sind aus dem gleichen Stoff, aus dem die Träume sind – in Wirklichkeit nicht-existent. Nur Strudel in der Leere deines Seins.

Plötzlich fiel der Boden heraus.

Und Chiyono sagt: „Es ging ganz ohne mich. Im Gegenteil, ich versuchte ja, auf jede mögliche Weise den Eimer zusammenzuhalten und hoffte, der schwache Bambus werde niemals reißen. Plötzlich fiel der Boden heraus. Es war nicht mein Tun, es war nicht mein Verdienst."

Plötzlich fiel der Boden heraus.

Es war ein Unfall.

Kein Wasser mehr - kein Mond mehr im Wasser.
Leere in meiner Hand ...

„Und das Wasser verschwand ... der Eimer verschwand ... nur Leere in meiner Hand!" Und das ist es, was ein Buddha ist: „Leere in der Hand". Wenn du „Leere in der Hand" hast, hast du alles, denn Leere ist nicht etwas Negatives. Leere ist das Positivste überhaupt, weil alles aus nichts kommt.

Dies Alles wird aus der Leere geboren. „Leere in der Hand" heißt: Ursprung in der Hand. Da ist ein Same, so klein, und dann wird ein großer Baum daraus geboren. Woher kommt dieser Baum? Schau in den Samen hinein, brech ihn auf und suche es herauszufinden. Brichst du das Samenkorn auf, findest du dort Leere.

Aus dieser Leere kommt dieser große Baum. Aus der Leere kommt dies ganze Universum. Aus Nichts kommt Sein. Leere in meiner Hand heißt: alles in meiner Hand; der Ursprung selbst, aus dem alles entsteht und wohin alles zurückkehrt, heimkehrt. Leere in meiner Hand heißt: alles in meiner Hand, jedes in meiner Hand.
„Und plötzlich passierte es. Ich kann mir nicht deshalb gratulieren. Plötzlich passierte es! Ich tat im Grunde genau das Gegenteil." Genau deswegen sagen die Heiligen immer – die, die an Gott glauben oder in Begriffen von Gott reden, sie sagen, es geschehe durch Gottes Gnade.

Chiyono glaubt, wie auch alle Buddhisten, an keinen Gott; sie benutzen diese Symbolik nicht. Chiyono kann also nicht sagen „durch Gottes Gnade", das kann sie nicht sagen.

Meister Ekkehart würde sagen: „Durch Gottes Gnade – nicht mein Verdienst! Nicht, dass ich etwas dafür getan hätte. Ich habe es nicht verursacht." Meera würde sagen: „Krishnas Gnade". Die Heilige Therese würde sagen: „Jesus und seine Gnade".

Die Buddhisten glauben an keinen personifizierten Gott. Ihr Ansatz geht endgültig über alle personifizierten Symbole hinaus. Sie sind nicht anthropozentrisch.

Chiyono kann also nicht „Gnade" sagen. Sie sagt einfach: „Plötzlich passierte es", aber die Bedeutung ist die gleiche. „Plötzlich passierte es. Ich tat im Grunde genau das Gegenteil. Alles verschwand. Das Wasser floss heraus, der Mond verschwand – Leere in meiner Hand."

Und das ist Erleuchtung: *Leere in deiner Hand,* alles leer, niemand mehr da, nicht einmal du – denn wenn du da bist, ist der Eimer da, der alte Eimer. Wenn du nicht da bist, und der Raum absolut leer ist, und dein Wesen mit gar nichts gefüllt, dann bist du zum Ursprung geworden. Du hast dein ursprüngliches Gesicht erlangt. Und das ist der seligste Augenblick, der überhaupt möglich ist. Und dieser Augenblick wird ewig, er hat nun kein Ende mehr.

Dieser Moment wird Ewigkeit. Nun kannst du nie mehr etwas anderes sein, weil du nicht mehr bist. *Wer* kann traurig sein? *Wer* kann Kummer haben? *Wer* kann enttäuscht sein? *Wer* kann begehren und sich frustriert fühlen? Leere kann nicht frustriert werden. Leere kann nicht begehren. Leere kann nichts erwarten. Also verharrt sie in absoluter Seligkeit.

Wenn du bist, bist du im Unglück. Wenn du nicht bist, kann es kein Unglück geben. Das ganze Problem ist also: Sein oder nicht sein? Und Chiyono fand plötzlich, dass sie nicht ist:

Leere in meiner Hand.

2

Nur ein Dach für die Nacht

Es gibt in einigen Zen-Tempeln Japans eine alte Sitte:
Gewinnt ein Wandermönch das buddhistische Streitgespräch
mit einem der Mönche des Tempels, so kann er die Nacht
über bleiben.
Wenn nicht, muss er weiterwandern.
Im Norden Japans gab es einen solchen Tempel,
der von zwei Brüdern geleitet wurde.
Der ältere Bruder war sehr gelehrt,
der jüngere aber ziemlich dumm, und er hatte nur ein Auge.
Eines Abends kam ein Wandermönch und bat um Unterkunft.
Der ältere Bruder war sehr müde, weil er viele Stunden studiert
hatte, und so bat er den Jüngeren,
das Streitgespräch zu übernehmen. „Mach es zur Bedingung,
dass das Gespräch in Schweigen stattfindet",
sagte der ältere Bruder.
Etwas später kam der Wanderer zum älteren Bruder und sagte:
„Das ist ein toller Bursche, dein Bruder! Er hat die Debatte sehr
schlau gewonnen. Ich muss also weiter. Gute Nacht."
„Bevor du gehst", sagte der ältere Bruder,
„erzähl mir doch bitte den Ablauf des Gesprächs."
„Nun", sagte der Wanderer,
„zuerst hielt ich einen Finger hoch – der repräsentierte Buddha.
Dann hielt dein Bruder zwei Finger hoch –
für Buddha und seine Lehre

Daraufhin hielt ich drei Finger hoch,
für Buddha, seine Lehre und seine Anhänger.
Da hielt mir dein Bruder die geballte Faust vors Gesicht,
was hieß, dass alle drei aus einer Erkenntnis kommen."
Und damit verabschiedete sich der Wanderer.
Kurz darauf kam der jüngere Bruder herein.
Er sah sehr verstört aus.
„Ich höre, du hast die Debatte gewonnen!", sagte der Ältere.
„Gewonnen? Von wegen!", sagte der Jüngere,
„dieser Wandermönch ist ein ganz frecher Kerl."
„So?", sagte der Ältere, „erzähl mir,
worüber habt ihr debattiert?"
„Nun", sagte der Jüngere, „kaum hatte er mich gesehen,
da hielt er einen Finger hoch, um mich zu kränken,
weil ich nur ein Auge habe.
Aber da er ein Fremder war, wollte ich höflich sein,
also hielt ich zwei Finger hoch,
um ihm zu seinen zwei Augen zu gratulieren.
Daraufhin hielt der unverschämte Mensch drei Finger hoch,
um mir zu zeigen, dass wir zusammen nur drei Augen hätten.
Da wurde ich wütend und drohte ihm mit der Faust –
und da ging er."
Der ältere Bruder lachte.

Nur ein Dach für die Nacht

ALLE DEBATTEN SIND SINNLOS UND DUMM. DISKUTIEREN IST VON vornherein dumm, weil kein Mensch durch Diskussionen, durch Debatten zur Wahrheit gelangt. Du gewinnst höchstens ein Dach für die Nacht, mehr nicht. Daher die Sitte.

Diese Sitte ist wunderschön. In jedem Zen-Kloster Japans – das ist seit Jahrhunderten so – muss man diskutieren, wenn man um Unterkunft bittet. Wenn du die Debatte gewinnst, kannst du für eine Nacht bleiben. Das ist sehr symbolisch: nur für diese eine Nacht! Am Morgen musst du weiter. Damit wird gesagt, dass du durch Debatten, durch Logik und Räsonieren nie ans Ziel kommst; du kannst allenfalls ein Dach für die Nacht bekommen. Und bilde dir nicht ein, dass ein Dach für die Nacht das Ziel wäre. Du musst weiterziehen. Am Morgen musst du wieder auf den Beinen sein.

Aber viele machen sich etwas vor. Sie halten das, was immer sie durch Logik gefunden haben, für das Ziel. Aus einer Bleibe für die Nacht ist nun der Weisheit letzter Schluss geworden. Sie ziehen nicht mehr weiter, und viele Morgen sind schon verstrichen … Die Logik kann zu hypothetischen Schlüssen führen, aber nie zur Wahrheit. Logik kann zu etwas führen, das der Wahrheit nahe kommt, niemals aber zur Wahrheit selbst.

Und merkt euch: das, was der Wahrheit nahe kommt, ist auch Lüge, denn was soll das heißen? Entweder etwas ist wahr, oder es ist nicht wahr; es gibt kein Dazwischen. Entweder etwas ist wahr, oder es ist nicht wahr. Man kann nicht von einer „Halbwahrheit" sprechen. So etwas gibt es nicht – genauso wenig, wie es einen Halbkreis gibt. Denn das Wort „Kreis" selbst meint den vollen Kreis. Halbkreise gibt es nicht. Die Hälfte ist kein Kreis. Halbwahrheiten gibt es nicht. Wahrheit ist das Ganze; sie ist nicht stückweise zu haben, sie ist nicht in Raten zu haben. Annähernde Wahrheit ist Täuschung, aber Logik kann nur zu Täuschung führen. Du magst dir durch sie ein Dach für die Nacht erwerben, nur um auszuruhen, um zu entspannen, aber du darfst dich nicht häuslich einrichten. Am Morgen musst du wieder weiter, die Reise kann hier nicht zu Ende sein. Jeden Morgen geht sie von neuem los. Erhole dich in der Logik, in der Vernunft, aber bleibe nicht darin, bleibe nicht dabei stehen. Und denk ständig daran, dass du weiterziehen musst.

Diese Sitte ist wunderschön. Eines muss über diese Sitte und ihre Bedeutung verstanden werden: sie ist symbolisch. Und das zweite: alle Diskussionen sind dumm; denn wer in Diskussionsstimmung ist, kann niemals den anderen verstehen. Was er auch sagt, wird missverstanden. Der Geist, der unbedingt gewinnen will, erobern will, kann nicht verstehen. Das ist unmöglich, denn zum Verstehen gehört ein nichtgewaltsamer Geist. Wenn es dir darum geht zu siegen, bist du gewaltsam.

Debattieren ist ein Akt der Gewalt. Du kannst damit töten – du kannst damit nicht wiederbeleben. Du kannst damit kein Leben zeugen, du kannst damit morden. Wahrheiten können durch Debatten gemordet werden, aber sie können nicht wiedererweckt werden. Es ist Gewalt. Die ganze Einstellung ist gewaltsam. In Wirklichkeit willst du nicht die Wahrheit, sondern den Sieg. Wenn der Sieg das Ziel ist, wird die Wahrheit geopfert. Wenn die Wahrheit dein Ziel ist, kannst du den Sieg opfern.

Und die Wahrheit sollte dein Ziel sein, nicht der Sieg. Denn wenn der Sieg dein Ziel ist, bist du Politiker, kein religiöser Mensch. Du bist dann aggressiv, du willst den andern irgendwie überwältigen, du willst irgendwie unterwerfen und herrschen. Und Wahrheit kann nie zu Herrschaft werden, sie kann nie den andern zerstören. Die Wahrheit kann nie Sieg bedeuten in dem Sinne, dass du den andern bezwungen hast. Wahrheit bringt Demut, Bescheidenheit. Sie ist kein Egotrip; aber alle Debatten sind Egotrips. Das Debattieren kann also nie zum Wirklichen führen; es führt immer zum Unwirklichen, zur Unwahrheit. Denn schon das ganze Phänomen, den Sieg zu wollen, ist dumm.

Wahrheit heißt: nicht „du", nicht „ich". In einer Debatte gewinnst entweder du oder gewinne ich; die Wahrheit gewinnt nie. Wirkliche Sucher erlauben der Wahrheit, beide zu gewinnen. Debattierer wollen, dass der Sieg „mir" gehöre, er darf nicht dem anderen zufallen. Für die Wahrheit gibt es den andern gar nicht. In der Wahrheit begegnen wir uns und werden eins. Wer soll also Sieger und wer Verlierer sein? In der Wahrheit wird niemand besiegt. In der Wahrheit gewinnt die Wahrheit, und wir sind verloren. Aber in der Diskussion bin ich ich, und du bist du. Da gibt es wirklich keine Brücke.

Wie kannst du den andern verstehen, wenn du gegen ihn bist? Verständnis ist ausgeschlossen. Verständnis erfordert Sympathie, Verständnis braucht Anteilnahme. Verständnis heißt, dem andern rückhaltlos zuzuhören: nur so blüht Verstehen auf. Aber wenn du über etwas diskutierst, debattierst, streitest, vernünftelst, dann hörst du dem andern gar nicht zu. Du tust nur so, als würdest du zuhören, und tief drinnen bereitest du dich vor. Tief drinnen hast du schon den nächsten Zug gemacht und liegst in Bereitschaft, wenn der andere aufhört: du weißt schon, was du sagen wirst. Du schickst dich an, ihn zu widerlegen. Du hast ihm gar nicht zugehört und denkst dir schon aus, wie du ihn widerlegen kannst.

Wirklich, die Wahrheit spielt in einer Debatte, in einer Diskussion keine Rolle. Eine Debatte ist daher nie eine Kommunikation, und es ist unmöglich, durch Debattieren zu einer Kommunikation zu kommen. Ihr könnt nur streiten, und je mehr ihr euch streitet, desto mehr fallt ihr auseinander. Je mehr ihr euch streitet, desto weiter wird die Kluft zwischen euch – sie wird zum Abgrund. Es kann keinen gemeinsamen Boden geben. Darum kommen Philosophen nie zusammen, kommen Gelehrte nie zusammen. Sie sind große Streiter – es gähnt ein Abgrund. Sie können einander nicht begegnen. Unmöglich!

Nur Liebende können sich begegnen, aber Liebende können in keiner Debatte sein; sie können kommunizieren. Darum wird im Osten so viel Wert auf *Shradda* gelegt – Vertrauen, Glaube. Wenn du dich mit deinem Meister streitest, weitet sich die Kluft. Dann ziehst du besser weiter; Lass diesen Meister ein Obdach für die Nacht sein, aber zieh weiter! Bei ihm zu sein, führt nirgends hin, die Kluft vertieft sich nur. Wenn du streiten willst, kann die Kluft nicht überbrückt werden. Das ist unmöglich.

Vertrauen heißt Sympathie; Vertrauen heißt, dass du nicht streitest, dass du gekommen bist, um hinzuhören, nicht um zu streiten. Du bist gekommen, um zu verstehen, nicht um zu diskutieren. Du bist nicht gekommen, um zu gewinnen, vielmehr bist du bereit, zu verlieren. Ein wirklicher Jünger sucht immer danach, sich vom Meister besiegen zu lassen. Das ist der größte Augenblick im Leben des Jüngers, wenn er völlig zerstört und geschlagen ist. Nicht, dass der Meister gewinnt; er wird besiegt, der Jünger wird besiegt. Und wenn der Jünger nicht mehr da ist, völlig geschlagen, wenn er verschwunden ist, nur dann ist die Kluft überbrückt. Der Abgrund ist fort, und der Meister kann in dich eindringen.

So kam es, dass Jesus sein ganzes Land durchwanderte, aber die einzigen Jünger, die er um sich sammeln konnte, waren einfache Männer – nicht ein einziger Gebildeter, nicht ein einziger Gelehrter. Nicht, dass es keine Gelehrten gegeben hätte – es gab zu jener Zeit große Gelehrte. Die Juden standen auf dem Höhepunkt ihres Ruhms; eben darum konnten sie einen Sohn wie Jesus hervorbringen. Jesus war der Höhepunkt; Jesus war möglich – was zeigt, dass die Juden an ihre höchste Möglichkeit reichten. Sie werden nie wieder zu einem solchen Gipfel aufsteigen.

Es gab große Gelehrte, und große Debatten wurden veranstaltet. Die jüdische Synagoge war der Sitz der Gelehrsamkeit, eine regelrechte Universität. Leute kamen aus dem ganzen Land angereist, um zu debattieren, zu diskutieren, zu streiten und zu suchen. Aber es waren Streitgespräch. Und kein einziger Gelehrter folgte Jesus. In Wirklichkeit waren sich alle Gelehrten darin einig, dass dieser Mann vernichtet werden musste ... All die Schriftgelehrten und Gebildeten waren bereit, diesen Mann zu töten! Warum? Weil dieser Mann gegen das Streiten war. Er zog ihnen ihren ureigenen Boden unter den Füßen weg, der ganze Bau drohte einzustürzen. Dieser Mann sagte etwas, das gegen die Ratio ging.

Er redete von Glauben. Er redete von Liebe. Er redete davon, wie zwischen zwei Herzen eine Brücke zu finden sei. Diskussion ist zwischen zwei Hirnen, zwei Köpfen. Liebe, Kommunikation, Vertrauen ist zwischen zwei Herzen. Er erschloss eine neue Route – der Freundschaft, der Jüngerschaft, des Wachsens. Er dachte in Begriffen, die einer völlig anderen Dimension angehörten, von einer völlig anderen Qualität waren.

Er sagte: „Legt eure Schriften beiseite! Eure Bibeln werden nicht gebraucht, denn sie sind nichts als Worte." Der Schriftgelehrte, der Pandit – sie konnten es nicht dulden. Jesus wurde gekreuzigt.

Er konnte nur einfache Leute finden: einen Fischer, einen Holzfäller, einen Schuhmacher – einfache Menschen. Alle seine Jünger – mit Ausnahme von Judas – waren ungebildet. Nur Judas war ein wirklich gebildeter, feiner Herr. Und er verkaufte Jesus für dreißig Silberlinge. Dieser kultivierte, feine Judas verriet ihn. Und Jesus wusste es. Er wusste: wenn irgendeiner ihn betrügen konnte, dann Judas. Warum? Weil das Herz nur vom Kopf betrogen werden kann. Liebe kann nur von der Logik verraten werden. Nichts sonst kann Verrat üben. Das müsst ihr euch also als zweites klarmachen, bevor ich auf diese Geschichte eingehe: durch Logik, durch den Kopf, durch Argumentieren entfremdet ihr euch, werdet ihr euch gegenseitig fremd. Die Brücke zwischen euch geht verloren.

Wie könnt ihr zur Wahrheit gelangen, wenn ihr den andern nicht verstehen könnt, wenn ihr ihm noch nicht einmal zuhören könnt, wenn in euch die Gedanken nur immer weiter streiten und kämpfen wollen? Ihr seid gewaltsam, aggressiv. Diese Aggression wird nicht helfen. Alle Debatten sind also sinnlos, es kommt nie etwas dabei heraus. Selbst wenn ihr glaubt, euch geeinigt zu haben, ist diese Einigung erzwungen. Sie ist nicht Resultat der Diskussion. Ihr könnt den andern mundtot machen, aber überzeugen werdet ihr ihn damit nie und nimmer. Und ich sage das kategorisch: nie und nimmer.

Wer über ein paar logische Tricks verfügt, kann den andern zum Schweigen bringen. Er mag unfähig sein, dir zu antworten: du weißt mehr, als er weiß; du kennst mehr Tricks als er. Du kannst ihn in die

Ecke drängen mit Worten und Argumenten, und er wird nicht in der Lage sein, dir zu entgegnen. Aber auf diesem Wege überzeugst du ihn nicht. Tief drinnen weiß er: „Eines Tages werde ich gewitzter sein, und dann werd ich's dir zeigen. Im Augenblick muss ich klein beigeben, Okay, ich gebe mich geschlagen." Er ist besiegt, aber nicht gewonnen.

Und das sind zwei sehr verschiedene Dinge.

Wenn du das Herz eines andern gewinnst, ist er nicht besiegt – er ist glücklich. Er ist siegreich in deinem Sieg, er nimmt an ihm teil. Es ist nicht dein Sieg – die Wahrheit hat gewonnen, und ihr beide dürft feiern. Aber wenn du jemanden besiegst, ist er nie gewonnen. Er bleibt Feind. Tief drinnen wartet er auf den richtigen Augenblick, in dem er sich revanchieren kann. Keine Diskussion endet mit Überzeugung. Und wenn es zu keiner Überzeugung kommt, was kommt dann dabei heraus? Das Ergebnis ist erzwungen, es kommt immer zu früh. Es ist wie eine Abtreibung, es ist keine natürliche Geburt. Ihr habt Zwang gebraucht, es wird ein totes oder ein verkrüppeltes Kind geboren, und es wird verkrüppelt, schwach und leblos bleiben – sein Leben lang.

Sokrates pflegte zu sagen: „Ich bin eine Hebamme, ich helfe bei der natürlichen Geburt." Ein Meister ist eine Hebamme. Er wird nichts erzwingen, weil eine erzwungene Geburt keine wirkliche Geburt sein kann. Das wäre eher wie Tod und nicht wie Leben. Ein Meister argumentiert also nie. Und wenn es manchmal so aussieht, als würde er streiten, dann spielt er nur mit dir ... spielt aus einem ganz bestimmten Grund. Fall nicht drauf rein! Er spielt aus einem ganz bestimmten Grund: er kann den Streitsüchtigen nur spielen, um herauszufinden, ob das deine Streitsucht wecken wird oder nicht. Wird sie geweckt, bist du reingefallen. Wenn du dir seine Streitsucht anhören kannst, ohne selbst streitsüchtig zu werden, wird er das Spiel mit dir nicht spielen. Er muss in deinem Innern nachschauen.

Vielleicht hört dein Bewusstes zu, und dein Unbewusstes streitet. Dann muss er dein Unbewusstes an die Oberfläche bringen, damit du es dir bewusst machen kannst. Manchmal erscheint ein Meister aggressiv, und es sieht aus, als würde er dich gern besiegen. Aber er will nie *deine* Niederlage; nur die Niederlage deines Ego, nicht deiner selbst. Nur dein Ego will er zerstören, nicht dich. Und vergesst nicht: das Ego ist das Gift. Das ist es, was euch zerstört. Sobald das Gift zerstört ist, wirst du zum ersten Mal frei und lebendig sein. Du wirst zum ersten Mal von unendlichem Licht überflutet. Deine Krankheit zerstört er – nicht dich.

Manchmal muss er vielleicht streiten. Es hat Meister gegeben, die sehr streitsüchtig waren. Unmöglich, sie zu schlagen; unmöglich, das Spiel der Worte mit ihnen zu spielen. Aber sie taten es nur, um eurem Unbewussten an die Oberfläche zu helfen, sodass euch klar werden konnte, ob euer Vertrauen echt war oder nicht.

Folgende Geschichte:

Ein Sufi, Junnaid, wohnte bei seinem Meister. Der Meister war so streitsüchtig, dass er alles, was man auch sagte, sofort bestritt. Sagte man: „Es ist Tag", dann sagte er sofort: „Nein, es ist Nacht." Und das stimmte wirklich nicht, es war Tag. Junnaid konnte sagen, was er wollte – der Meister bestritt es. Und er verbeugte sich dann immer nur und sagte: „Ja, Meister, es ist Nacht."

Eines Tages sagte der Meister: „Junnaid, du hast gewonnen. Ich konnte keinen Streit in dir wecken. Und ich war so offensichtlich im Unrecht, dass sogar der friedlichste Mensch gesagt hätte: ‚Was für ein Unsinn! Es ist Tag. Da braucht man doch nicht erst zu streiten, so klar ist das.' Und trotzdem hast du gesagt: ‚Ja, Meister, es ist Nacht.' Dein Vertrauen ist tief. Von jetzt an werde ich nie wieder Streit mit dir suchen. Jetzt kann ich die Wahrheit sagen, denn du bist bereit."

Wenn das Herz total „Ja" sagt, dann bist du bereit, zuzuhören. Und nur dann kann dir die Wahrheit offenbart werden. Selbst wenn nur ein leises Nein in dir zurückbleibt, kann dir die Wahrheit nicht gesagt werden, weil dieses Nein die ganze Sache untergraben wird. Dieses Nein, und sei es noch so klein, ist mächtig, sehr mächtig; dann mag dir zwar die Wahrheit gesagt werden – offenbart wird sie dir nicht. Das Nein wird sie wieder verdecken. Darum sage ich, dass alle

Diskussionen überflüssig sind. Und darum wiederhole ich immer wieder, dass die gesamte Anstrengung der Philosophie nichts gebracht hat. Sie ist zu keinem Ergebnis gekommen – sie kann nicht.

Ich will euch eine Geschichte erzählen; danach gehen wir dann in diese Zen-Geschichte hinein.

Es geschah einmal, dass der große Premierminister eines sehr großen Königs starb. Der Premierminister war außergewöhnlich gewesen – hochintelligent, fast weise, sehr schlau und listig – ein großer Diplomat. Und es war sehr schwer, Ersatz für ihn zu finden. Im ganzen Reich wurde gesucht. Alle Minister wurden ausgesandt, mindestens drei Bewerber aufzutreiben. Danach würde eine endgültige Entscheidung fallen, einer von ihnen würde ernannt werden.

Die Suche dauerte Monate. Das ganze Reich wurde durchkämmt, jeder Winkel, jede Ecke durchsucht. Schließlich wurden drei Leute gefunden: der erste war ein großer Wissenschaftler, ein großer Mathematiker. Er konnte jedes mathematische Problem lösen; und Mathematik ist wirklich die einzige positive Wissenschaft, alle andern Wissenschaften sind nur Ableger von ihr. Er saß also an der Wurzel.

Ein anderer war ein großer Philosoph, er war ein großer Systematiker. Alles mögliche brachte er aus dem Nichts hervor. Einfach aus Worten konnte er die erstaunlichsten Systeme hervorbringen ... es war ein Wunder. Nur Philosophen bringen das fertig. Sie haben nichts in den Händen; sie sind die größten Zauberkünstler. Sie erschaffen Gott, sie erschaffen die Theorie der Schöpfung, sie erschaffen einfach alles. Und sie haben nichts in der Hand! Sie sind eben kluge Wortkünstler, sie können Wörter so zusammenfügen, dass sie dir das Gefühl von Substanz geben. Dabei ist nichts da!

Und der dritte war ein religiöser Mensch, ein Mann von Glaube, von Andacht, von Hingabe. Und die Leute, die diese drei Männer ausgesucht hatten, müssen sehr weise gewesen sein, um diese drei zu finden.

Diese drei repräsentieren drei Dimensionen des Bewusstseins. Dies sind die einzigen Möglichkeiten: ein Mann der Wissenschaft, ein Mann der Philosophie und ein Mann der Religion ... sie bilden die Grundlage. Der Mann der Wissenschaft befasst sich mit dem Experimentieren: solange etwas nicht durch Experiment bewiesen ist, ist es nicht bewiesen. Er ist empirisch, experimentell. Seine Wahrheit ist die Wahrheit des Experiments.

Ein Mann der Philosophie ist ein Mann der Logik, nicht des Experiments. Experimente sind ihm unwichtig. Allein durch Logik beweist und widerlegt er alles. Er ist ein reiner Mensch, reiner als der Wissenschaftler, denn der Wissenschaftler muss Experimente einbeziehen, das Labor mit einbringen. Ein Mann der Philosophie arbeitet ohne Labor – nur im Geiste, mit Logik, mit Kopfrechnen. Er hat sein ganzes Labor im Kopf. Er kann alles beweisen und widerlegen – einfach durch logische Argumente. Er kann jedes Rätsel lösen, oder auch jede Art von Rätsel stellen.

Und die dritte ist die religiöse Dimension. Dieser Mensch sieht das Leben nicht als Problem an. Das Leben ist kein Problem für den religiösen Menschen. Es ist nichts, was gelöst werden muss, es ist etwas, das gelebt werden muss. Der religiöse Mensch ist der Mensch der Erfahrung; der Wissenschaftler ist der Mensch des Experiments, der Philosoph ist der Mensch des Denkens. Der religiöse Mensch ist der Mensch der Erfahrung: er sieht aufs Leben als etwas, das gelebt werden muss. Wenn es irgendeine Lösung gibt, so wird sie durch Erfahrung kommen, dadurch, dass sie gelebt wird. Nichts kann im vorhinein durch Logik entschieden werden, denn das Leben ist größer als die Logik. Logik ist nur ein Bläschen auf dem unendlichen Ozean des Lebens, sie kann also nicht alles erklären. Und Experimente können nur gemacht werden, wenn du Abstand hältst, Experimente lassen sich nur an Objekten vornehmen. Das Leben ist kein Objekt. Es ist innerste Subjektivität.

Wenn du experimentierst, bist du abgetrennt. Wenn du lebst, bist du eins. Der religiöse Mensch sagt daher: „Solange du nicht mit dem Leben eins bist, kannst du es nie erkennen." Wie willst du es von außen erkennen können? Du magst drumherum gehen, immer im Kreis herum, aber du wirst nie ins Schwarze treffen. Also: weder Experimente, noch dein Denken – sondern Erfahrung, einfach, vertrauend … ein Mensch der Zuversicht.

Sie suchten und sie fanden diese drei, die daraufhin in die Hauptstadt berufen wurden für die endgültige Entscheidung. Der König sagte: „Drei Tage lang ruht ihr euch aus und bereitet euch vor. Am Morgen des vierten Tages findet die Probe statt, das Schlussexamen. Einer von euch wird gewählt und zu meinem Kanzler ernannt – und zwar der, der sich als der Weiseste herausstellt."

Jeder fing an, auf seine Weise zu arbeiten. Drei Tage waren nicht genug! Der Wissenschaftler hatte viele Experimente zu entwerfen und auszuarbeiten. Wer weiß, was das für eine Prüfung war? Und so konnte er drei Tage lang nicht schlafen, dafür war keine Zeit. Schlafen konnte er sein ganzes Leben lang, wenn er erst einmal gewählt war, warum sich also jetzt um den Schlaf kümmern? Er wollte nicht schlafen, er wollte nicht essen – dafür war jetzt nicht die Zeit, es gab so viel zu tun vor der Prüfung …

Der Philosoph fing zu denken an; da gab es viele Probleme zu lösen. „Wer weiß, was für ein Problem man mir stellen wird?" Nur der religiöse Mensch fühlte sich wohl. Er aß, und er aß gut. Nur ein religiöser Mensch kann gut essen, weil Essen für ihn Beten ist, es ist etwas Geheiligtes. Er schlief gut. Er betete nur, saß nur im Freien, ging spazieren, sah auf die Bäume und dankte Gott. Denn für einen religiösen Menschen gibt es keine Zukunft und gibt es kein Schlussexamen. Jeder Augenblick ist Examen, wie soll man sich also darauf vorbereiten? Wenn etwas in der Zukunft ist, kann man sich vorbereiten, aber wenn sich alles jetzt im Augenblick ereignet, hier, wie will man sich da vorbereiten? Man muss sich stellen. Und eine Zukunft gab es nicht. Ab und zu sagte der Wissenschaftler: „Was machst du? Zeit verschwenden? – du isst, du schläfst, du betest. Beten kannst du später." Aber dann lachte der religiöse Mensch nur und ließ sich nicht darauf ein; er war kein Mensch der Diskussion.

Und der Philosoph sagte: „Du schläfst immer nur, du sitzt nur draußen im Garten und schaust auf die Bäume! Das wird dir nicht helfen. Examen sind kein Kinderspiel. Du musst darauf vorbereitet sein." Aber er lachte nur. Er glaubte an Lachen mehr als an Logik.

Am Morgen des vierten Tages, als sie sich zum Palast aufmachten, zur Abschlussprüfung, war der Wissenschaftler nicht einmal in der

Lage zu laufen. Er war so müde von seinen Experimenten, als wäre alles Leben aus ihm gewichen. Todmüde, als wollte er jeden Augenblick zu Boden fallen und einschlafen. Seine Augen waren schwer von Schlaf und sein Kopf war durcheinander. Er war fast verrückt.

Und der Philosoph? Er war nicht ganz so müde, aber er war unsicherer denn je. Er hatte gegrübelt und gegrübelt und argumentiert und argumentiert und war mit keinem Argument zu einem Schluss gekommen. Er war verwirrt, wusste nicht mehr ein noch aus, er war das reinste Chaos. Am Tag seiner Ankunft hätte er noch so manche Antwort gewusst, aber nicht jetzt. Selbst seine Gewissheiten waren ungewiss geworden.

Je mehr du denkst, desto sinnloser wird Philosophie. Nur Idioten können an Gewissheiten glauben. Je mehr du denkst, desto mehr Intelligenz kommt zu dir, desto mehr erkennst du, dass das alles ja nur Worte sind, dass alle Substanz fehlt. Oft wollte er umkehren, denn es hatte ja keinen Zweck! Er war nicht in der richtigen Form. Aber der Wissenschaftler sagte: „Komm nur! Wir wollen es versuchen. Was haben wir schon zu verlieren? Wenn wir gewinnen, ist es okay. Wenn wir nicht gewinnen, ist es auch okay. Aber versuchen wollen wir's. Lass den Kopf nicht hängen."

Nur der religiöse Mensch ging vergnügt und sang. Er konnte die Vögel in den Bäumen hören, er konnte die Sonne aufgehen sehen, er konnte die Sonnenstrahlen auf den Tautropfen sehen. Das Leben war ein solches Wunder! Er machte sich keine Sorgen, denn es gab kein Examen! Er würde hingehen und sich der Sache stellen. Er ging einfach hin; er würde ja sehen, was passierte. Und er forderte nichts, er erwartete nichts. Er war frisch, jung, lebendig – und das ist alles. Genau so sollte man sich Gott nähern: nicht mit vorgefertigten Formeln, nicht mit fix und fertigen Theorien, nicht mit einem Haufen von Forschungsergebnissen, nicht mit lauter Doktortiteln. Nein, das hilft alles nicht.

Das ist die richtige Art, zum Tempel zu gehen – singend und tanzend. Sie kamen an. Der König hatte sich eine besondere Testsituation ausgedacht. Sie wurden in einen Raum geführt, in dem er ein Schloss anbringen ließ, das ein mathematisches Rätsel enthielt.

Es gab viele Zahlen auf dem Schloss, aber keinen Schlüssel. Diese Zahlen mussten auf eine bestimmte Weise eingestellt werden. Das war das Geheimnis; aber man musste es erst suchen und finden. Und wenn die Zahlen richtig eingestellt waren, würde sich die Tür öffnen. Der König führte sie hinein und sagte: „Dies ist ein mathematisches Rätsel, eins der größten, die bekannt sind. Jetzt müsst ihr das Geheimnis finden. Es gibt keinen Schlüssel. Wenn ihr das Geheimnis finden könnt, die Antwort dieser mathematischen Aufgabe, kann das Schloss geöffnet werden. Und der erste, der aus diesem Zimmer kommt, wird gewählt. So, und nun fangt an." Er schloss die Tür und ging hinaus.

Augenblicklich fing der Wissenschaftler an, auf Papier zu arbeiten. Lauter Experimente, alles mögliche, lauter Probleme. Er sah sich die Zahlen auf dem Schloss an, studierte sie. Es war keine Zeit zu verlieren, es ging um Leben und Tod.

Der Philosoph schloss die Augen und fing an, in mathematischen Begriffen darüber nachzudenken, was zu tun sei, wie dies Rätsel zu lösen sei. Das Rätsel war absolut neu. Das ist das Problem: wenn für den Kopf etwas alt ist, ist die Antwort zu finden; aber wenn ihm etwas absolut neu ist, wie soll der Kopf es da ausarbeiten können? Der Kopf ist sehr leistungsfähig, wenn es um das Alte, das Bekannte, die Routine geht, aber der Kopf ist absolut zu nichts zu gebrauchen, wenn ihm das Unbekannte ins Gesicht sieht.

Der religiöse Mensch ging gar nicht erst zu dem Schloss hin, denn was konnte er tun? Er wusste nichts von Mathematik, er kannte keine experimentelle Wissenschaft. Was konnte er tun? Er setzte sich in eine Ecke. Er sang ein bisschen, er betete zu Gott, schloss seine Augen. Die beiden andern dachten: „Der hat keinen Funken Wettkampfgeist. Na ja, ist ganz gut, denn so muss sich die Sache zwischen uns beiden entscheiden."

Da plötzlich wurden sie gewahr, dass er den Raum verlassen hatte. Er war nicht mehr da! Die Tür war offen!

Der König kam herein und sagte: „Was tut ihr noch? Schluss! Der dritte Mann ist draußen."

Sie fragten: „Aber wie? Er hat doch gar nichts getan?"

Sie wandten sich an den religiösen Menschen. Er sagte: „Ich hab nur dagesessen. Ich betete und saß nur da und eine Stimme in mir sagte: ‚Du Narr! Geh einfach hin und sieh nach. Die Tür ist nicht verschlossen.' Und ich ging einfach zur Tür. Sie war nicht verschlossen. Es gab überhaupt kein Problem zu lösen, also ging ich hinaus."

Das Leben ist kein Problem. Wenn ihr versucht, es zu lösen, geht ihr an ihm vorbei. Die Tür ist offen, sie ist nie verschlossen gewesen. Wenn die Tür verschlossen ist, dann werden die Wissenschaftler die Lösung finden. Wenn die Tür verschlossen ist, dann finden vielleicht die Philosophen ein System, mit dem sie sich öffnen lässt. Aber die Tür ist nicht verschlossen, also kann nur die Zuversicht durchgehen – ohne jegliche Lösung, ohne fix und fertige Antwort. Stoß die Tür auf und geh raus.

Das Leben ist kein Rätsel, das zu lösen wäre. Es ist ein Mysterium, das gelebt sein will. Es ist ein tiefes Mysterium, dem zu vertrauen und das zu betreten du dir erlauben musst. Da kann dir keine Diskussion helfen, weder mit andern, noch mit dir selbst, im eigenen Kopf – keine Diskussion. Alle Diskussionen sind sinnlos und dumm.

Und nun wollen wir in diese schöne Geschichte einsteigen:

> Es gibt in einigen Zen-Tempeln Japans ein alte Sitte:
> Gewinnt ein Wandermönch das buddhistische Streitgespräch
> mit einem der Mönche des Tempels,
> so kann er die Nacht über bleiben.
> Wenn nicht, muss er weiterwandern ...

Nur so viel können dir Argumente einbringen – ein Dach für die Nacht; aber das ist alles.

> Im Norden Japans gab es einen solchen Tempel,
> der von zwei Brüdern geleitet wurde.
> Der ältere Bruder war sehr gelehrt,
> der jüngere aber ziemlich dumm, und er hatte nur ein Auge ...

Zu einem Tempel braucht man zwei Typen von Leuten: eine gelehrte Person und eine sehr dumme – so funktionieren alle Tempel. Zweierlei Typen: die gelehrten Leute, die den Priester machen, und die dummen, die ihnen folgen. So funktioniert jeder Tempel. Somit sind diese Geschichten nicht irgendwelche Geschichten; sie sind Hinweise auf ganz bestimmte Tatsachen. Wenn die dummen Leute von der Erde verschwinden, wird es keine Tempel mehr geben.

Dualität ist Voraussetzung, dass ein Tempel bestehen kann. Daran liegt es, dass ihr Gott in keinem Tempel finden könnt. Denn ihr könnt ihn nicht in der Dualität finden. Den Tempel haben die schlauen Leute erfunden, um die Dummen auszubeuten. Alle Tempel sind Erfindungen der Schlauen, die andere ausbeuten – sie machen sich zu Priestern. Die Priester sind die gerissensten Leute, sie sind die größten Ausbeuter, und sie beuten in einer Weise aus, dass ihr euch nicht einmal gegen sie auflehnen könnt. Sie beuten euch um eurer selbst willen aus, sie beuten euch zu eurem eigenen Besten aus. Die Priester sind am gerissensten, denn aus dem Nichts heraus spinnen sie Theorien ... all die Theologien, was sie nicht alles geschaffen haben – ungeheuer!

Es gehört Klugheit dazu, religiöse Theorien zu schaffen. Und sie schaffen noch heute Gedankengebäude von solchen Ausmaßen, dass es für einen gewöhnlichen Sterblichen praktisch unmöglich ist, ihre Gebäude zu betreten. Und sie haben einen solchen Jargon, eine solche Spezialsprache, dass ihr nicht versteht, was sie sagen. Und wenn ihr sie nicht verstehen könnt, haltet ihr sie für sehr tiefschürfend.

Was immer ihr nicht verstehen könnt, haltet ihr für sehr tiefgründig – „da komm ich nicht mit!" Merkt es euch: Buddha spricht eine sehr gewöhnliche Sprache, die jeder verstehen kann. Es ist nicht die Sprache des Priesters. Jesus spricht in kleinen Gleichnissen; jeder Ungebildete kann sie verstehen. Er benutzt nie irgendeinen religiösen Jargon. Mahavir spricht und lehrt in der Sprache des allergewöhnlichsten und einfachen Volkes.

Mahavir und Buddha haben nie Sanskrit benutzt, niemals! Denn Sanskrit war die Sprache der Priester, der Brahmanen. Sanskrit ist die schwierigste Sprache überhaupt. Es ist eine Leistung der Priester, dass Sanskrit so schwierig geworden ist. Sie haben es mehr und mehr verfeinert und geschliffen. Das Wort selbst – Sanskrit – bedeutet „schleifen, verfeinern". Sie haben eine so feine Kunst daraus gemacht, dass man das, was sie sagen, nur verstehen kann, wenn man sehr gelehrt ist. Sonst geht es über deinen Horizont.

Buddha benutzte die Sprache des Volkes: *Pali*. *Pali* war die Volkssprache, die Sprache der Dorfbewohner. Mahavir benutzte *Prakrit*; *Prakrit* ist die ungefeilte Form von Sanskrit, die natürliche Form von Sanskrit; keine Grammatik – oder nur sehr wenig. Der Gelehrte ist noch nicht aufgetaucht, er hat die Worte noch nicht poliert, sodass sie über den Horizont des Volkes gehen. Aber die Priester haben seit je Sanskrit benutzt, und sie benutzen es heute noch. Kein Mensch versteht heute mehr Sanskrit, sie aber benutzen es weiterhin, weil ihr ganzer Beruf darauf angewiesen ist, dass ein Abstand, keine Brücke geschaffen wird – auf den Abstand kommt es an! Nur wenn das gemeine Volk nichts verstehen kann, können die Priester überleben. Würden die einfachen Leute verstehen, was sie sagen, wären sie verloren, denn sie sagen überhaupt nichts.

Mulla Nasruddin ging zum Arzt ... und Ärzte haben diesen Trick von den Priestern gelernt: sie schreiben lateinisch und griechisch, und zwar so, dass es selbst für sie schwierig ist, es wiederzuerkennen. Keiner soll verstehen, was sie schreiben.
Mulla Nasruddin ging also zu einem Arzt und sagte: „Bitte, drücken Sie sich einfach aus. Nennen Sie die Dinge beim Namen. Reden Sie bitte kein Latein und kein Griechisch."
Der Arzt sagte: „Gut, wenn sie darauf bestehen ... Wenn ich offen mit Ihnen sein darf: sie sind gar nicht krank. Sie sind nur stinkfaul."
Nasruddin sagte: „Okay, Dankeschön. Und jetzt geben Sie mir das bitte auf Griechisch und Latein, damit ich es meiner Familie zeigen kann."

Die Schlauen haben seit eh und je die einfachen Leute ausgenutzt. Darum sind Buddha, Jesus und Mahavir nie von den Brahmanen und Schriftgelehrten – eben den schlauen Leuten geachtet worden; denn für diese sind sie zersetzende Elemente, die Ihnen ihr ganzes Geschäft kaputtmachen. Sobald die Menschen verstehen können, wird der Priester überflüssig. Warum? Weil der Priester ein Vermittler ist. Er versteht die Sprache des Gottes.

Darum sagen sie, Sanskrit sei *Devbhasa* – „die Sprache des Gottes". „Du kannst kein Sanskrit? Ich kann's, also mach ich den Vermittler. Ich bin dein Dolmetscher. Sag du mir, was du möchtest, und ich sag es auf Sanskrit Gott, denn er versteht nur Sanskrit." Und natürlich musst du dafür zahlen. Dies sind die beiden Typen, die zu einem Tempel gebraucht werden.

> Es gab einen solchen Tempel,
> der von zwei Brüdern geleitet wurde.
> Der ältere Bruder war sehr gelehrt,
> der Jüngere aber ziemlich dumm, und er hatte nur ein Auge …

Was ist der Symbolismus des einen Auges in dieser Geschichte? Ein dummer Mensch ist immer eingleisig: er zögert nie, er ist immer sicher. Und ein gelehrter Mensch ist immer zweigleisig: er zögert, er spaltet sich ständig. Er argumentiert immerzu mit sich selbst, innen läuft ununterbrochen ein Dialog; er kennt beide Seiten. Ein gelehrter Mensch ist eine Dualität – zwei Augen. Ein dummer Mensch ist einäugig – er ist immer sicher, er kennt keine Auseinandersetzungen, er ist nicht gespalten.

Wenn man sich daher einen dummen Menschen ansieht, dann sieht der Dumme eher dem Heiligen ähnlich als der Gelehrte. Wenn man sich einen Heiligen ansieht, erkennt man eine irgendwie ähnliche Eigenschaft auch in ihm – er hat etwas vom Dummen, vom Narren. Die Qualität ist anders, aber etwas ist gleich; die Ebenen sind verschieden. Der Narr steht erst auf der ersten Sprosse und der Heilige auf der letzten, aber beide sind am Ende der Leiter. Der Narr hat nichts erkannt, darum ist er einfach, einäugig. Der Heilige hat voll erkannt, darum ist er einfach. Er ist ebenfalls einäugig; und sein eines Auge nennt er „das dritte Auge". Beide Augen haben sich im dritten Auge aufgelöst. Auch er ist einäugig – eins! Er ist eine Einheit, und ein Narr ist auch eine Einheit. Aber was ist der Unterschied?

Unwissenheit hat auch eine gewisse Unschuld an sich, genau wie der Weisheit eine gewisse Unschuld eigen ist. Und der gelehrte Mensch steht genau zwischen beiden: er ist unwissend und glaubt, er sei weise. Das ist die Spaltung des gebildeten Menschen: er ist unwissend und glaubt, er sei weise. Er steht weder auf dieser noch auf jener Stufe – er hängt dazwischen. Aus diesem Grund ist er immer angespannt; ein Unwissender ist immer entspannt; ein Weiser ist entspannt. Der Unwissende hat seine Reise noch gar nicht begonnen, er ist zu Hause. Der Weise hat das Ziel erreicht; er ist zu Hause. Der gelehrte Mensch ist dazwischen: ein Obdach in einem Kloster zu suchen, wenn auch nur für eine Nacht, ist okay – er ist ein Wanderer.

Buddhistische *Bhikkhus* sind seit je Wanderer, und Buddha hat gesagt: „Sei ein Wanderer, bis du ankommst. Sei ein Wanderer! Nicht nur innerlich, sondern auch äußerlich – sei ein Wanderer, bis du ankommst. Halte nicht vorher an."

Wenn du angekommen bist, wenn du ein *Siddha*, ein Buddha geworden bist, dann – dann darfst du dich setzen. Unwissenheit und Weisheit haben eine Eigenschaft, die ähnlich ist – und zwar Unschuld; beide sind sie nicht verschlagen. So konnte es manchmal geschehen, dass ein Mann Gottes als närrischer Mensch bekannt wurde, als Narr – Narr Gottes. Franz von Assisi wurde „Narr Gottes" genannt. Er war es!

Aber ein Narr Gottes zu sein, ist die größte Weisheit, die es gibt, weil das Ego verloren gegangen ist. Du sagst nicht, dass du weißt, und so bist du ein Narr, denn du erhebst keinen Anspruch auf Wissen. Wenn du keinen Anspruch erhebst, wer soll dann annehmen, dass du ein Wissender bist? Selbst wenn du den Anspruch erheben würdest, würde es dir niemand abnehmen. Du musst es den andern in die Köpfe hämmern. Du musst sie zum Schweigen bringen, musst es beweisen! Wenn sie nichts mehr sagen können, dann nehmen sie es vielleicht widerwilligen Herzens hin, dass du vielleicht einer bist. Aber sie werden immer sagen: „Wer weiß ...?" Sie werden an der Möglichkeit festhalten, dass sie es eines Tages bestreiten können.

Wenn du keinen Anspruch erhebst, wer wird dich da akzeptieren? Und wenn du selbst sagst: „Ich weiß nichts, ich bin unwissend", wer soll dich da für einen Wissenden halten? Wenn du sagst „Ich weiß nicht", akzeptieren die Leute das sofort. Das nehmen sie dir sofort ab. Sie werden sagen: „Das haben wir gleich gewusst. Wir glauben dir gern, wir sind völlig deiner Meinung, dass du nicht weißt."

Narr Gottes! Wenn ihr Dostojewski lest – er ist einer der größten Romanschreiber – bekommt ihr ein Gefühl davon, was mit „Narr Gottes" gemeint ist. In Dostojewskis vielen Romanen kommt jedes Mal eine Person vor, die der „Narr Gottes" ist. In den „Brüdern Karamasow" kommt er vor: unschuldig, leicht auszubeuten. Du kannst ihn noch so sehr ausbeuten, er vertraut dir. Du kannst ihn zerstören, aber sein Vertrauen kannst du nicht zerstören ... das ist das Schöne. Und du? Wenn dich ein Mensch betrügt, wird gleich die ganze Menschheit zum Betrüger. Wenn einer dich betrügt, verlierst du dein Vertrauen in die Menschheit – nicht nur in diesen einen Menschen, sondern in die Menschheit überhaupt. Wenn zwei oder drei Leute dich betrügen, kommst du zu dem Schluss, dass kein Mensch es wert ist, dass man ihm glaubt. Alles Vertrauen ist hin.

Es scheint fast, als ob du im Grunde gar nicht vertrauen wolltest, und dass dir diese zwei oder drei nur als Vorwand dienen. Sonst würdest du sagen: „Dieser Mensch ist nicht vertrauenswürdig – aber die ganze Menschheit?! Ich weiß es nicht, also muss ich vertrauen, bis das Gegenteil bewiesen ist."

Und wenn du ein wirklich vertrauender Mensch bist, dann sagst du nicht nur: „Diesem Menschen ist jetzt im Augenblick absolut nicht zu trauen; diesem Menschen war auch gerade eben nicht zu trauen, aber im nächsten Augenblick – wer weiß? Schließlich können aus Heiligen Sünder und aus Sündern Heilige werden."

Leben ist Bewegung. Nichts steht fest. In jenem Moment war dieser Mensch schwach, aber im nächsten Moment mag er die Kontrolle zurückgewinnen und nicht mehr betrügen.

Wenn er also am nächsten Tag kommt, wirst du ihm wieder glauben, denn heute ist ein anderer Tag, und dieser Mensch ist ein anderer. Sehr viel Wasser ist im Ganges geflossen, es ist nicht mehr der gleiche Fluss.

Es geschah einmal:
Es kam ein Mann zu Mulla Nasruddin und bat um etwas Geld. Nasruddin kannte den Mann und wusste sehr wohl, dass das Geld nie zurückkommen würde. Aber es war ein so kleiner Betrag, dass er dachte: „Soll er es haben, selbst wenn er es nicht zurückgibt, ist nichts verloren. Warum wegen einer solchen Kleinigkeit nein sagen?" Er gab ihm das Geld.
Nach drei Tagen kam der Mann wieder. Nasruddin wunderte sich. Es war nicht möglich, es war ein Wunder, dass dieser Mann zurückkam! Nach wiederum zwei, drei Tagen kam er von Neuem, aber diesmal wollte er einen großen Betrag haben. Nasruddin sagte: „Also! Letztes Mal hast du mich betrogen!" Das will ich nicht noch einmal erleben."
Der Mann antwortete: „Wieso? Das letzte Mal hab ich das Geld doch zurückgebracht!"
Nasruddin sagte: „Okay, zurückgebracht hast du es, aber betrogen hast du mich trotzdem, denn ich hatte nie damit gerechnet, dass du mir das Geld wiedergibst. Diesmal also – nein! Was genug ist, ist genug. Letztes Mal hast du dich anders verhalten, als ich es erwartet hatte. Schluss, diesmal gebe ich dir nichts."

So macht es der Schlaukopf. Der eine im Tempel war unwissend – ein einfältiger Mann, einäugig, sicher. Der andere war gelehrt, und ein Gelehrter ist immer müde, weil er so schwer arbeitet – um nichts und wieder nichts. So ohne Geschäft geschäftig, war er immerzu müde.

> Eines Abends kam ein Wandermönch und bat um Unterkunft.
> Der ältere Bruder war sehr müde,
> weil er viele Stunden studiert hatte ...

Einen Gelehrten, der nicht müde wäre, könnt ihr nicht finden. Geht und seht! Geht zu den Pandits von Kashi und seht! Immer müde, immer müde. Wie hart sie arbeiten! ... mit Worten. Vergesst nicht, kein Arbeiter ist so müde, denn er arbeitet mit dem Leben. Wenn man nur mit Worten arbeitet, mit sinnlosen Wörtern, nur mit dem Kopf, wird man müde. Leben flößt Kraft ein! Leben verjüngt! Wenn du in den Garten gehst und arbeitest, schwitzt du zwar, aber du gewinnst an Energie, statt welche zu verlieren. Du gehst spazieren, und du gewinnst mehr Energie, weil du im Moment lebst. Wenn du dich nur in deiner Studierstube einsperrst und nur mit lauter Wörtern denkst und denkst und denkst – ein völlig toter Ablauf, und immer bist du müde! Ein gelehrter Mann ist immer müde. Ein Narr ist immer frisch, ein Heiliger ist ebenfalls immer frisch. Sie haben viele gemeinsame Eigenschaften.

> ... und so bat er den Jüngeren,
> das Streitgespräch zu übernehmen.
> „Mach es zur Bedingung,
> dass das Gespräch in Schweigen stattfindet",
> sagte der ältere Bruder ...

... weil er wusste, dass sein Bruder dumm war. Schweigen ist also Gold, wenn du dumm bist; und Schweigen ist ebenfalls Gold, wenn du weise bist. Wenn du etwas weißt, bewahrst du Schweigen. Wenn du nichts weißt, bewahrst du besser Schweigen. Ein Weiser wird still, weil er weiß, und weil das, was er weiß, nicht gesagt werden kann. Ein Dummkopf muss still sein, denn was er auch sagen mag – er wird erkannt. Ein Dummkopf kann täuschen, wenn er still bleibt, aber nicht, wenn er redet, denn was immer aus ihm herauskommt, bringt seine Dummheit zum Vorschein. Dieser gelehrte Bruder wusste sehr wohl, dass sein jüngerer Bruder kein Mann der Worte war, sondern ein einfältiger Mensch, unschuldig, unwissend.

Und so sagte er:

> „Mach es zur Bedingung,

dass das Gespräch in Schweigen stattfindet."

Etwas später kam der Wanderer zum älteren Bruder und sagte:

„Das ist ein toller Bursche, dein Bruder!

Er hat die Debatte sehr schlau gewonnen ..."

Dieser andere Mann muss ebenfalls ein gelehrter Mensch gewesen sein. Und wenn ein Dummkopf still bleibt, kann er einen Gelehrten schlagen. Sprichst du, wirst du ertappt, denn dann betrittst du die Welt des Gelehrten. Mit Worten kannst du da nicht gewinnen. Dieser andere war ebenfalls Gelehrter, ein Mann der Worte. Es muss ihm sehr schwer gefallen sein, still zu bleiben und zu diskutieren. Wie denn? Wenn du nicht reden darfst, wenn du nur Gesten benutzen darfst, wird das Ganze stumm, und deine ganze Klugheit ist umsonst. Denn Reden ist das einzige, was du kannst. Wenn also ein Gelehrter den Mund halten muss, kann er sogar durch einen Dummkopf geschlagen werden, denn seine ganze Geschicklichkeit ist hin – sie gehörte den Worten.

Schweigt er still, ist er ein Dummkopf. Das ist der Sinn. Genau deswegen können die Pandits nie still sein, sie müssen immerzu schwatzen. Wenn niemand da ist, schwatzen sie mit sich selbst. Aber schwatzen müssen sie. Sie reden, reden, reden, innen wie außen, weil durch ihr Reden ihre Geschicklichkeit immer mehr wächst, weil sie so immer gewitzter werden. Aber wenn sie der Stille begegnen, ist plötzlich ihre ganze Kunst fort. Sie sind dümmer als ein Dummkopf. Selbst ein Dummkopf kann sie schlagen. Sie sind außerhalb ihres Metiers, sie sind einfach ausgeschaltet. Er muss in größten Nöten gewesen sein. Er sagte:

„Das ist ein toller Bursche, dein Bruder!

Er hat die Debatte sehr schlau gewonnen.

Ich muss also weiter. Gute Nacht."

Wenn du einen Gelehrten triffst, bleibe still. Begegne ihm nur mit Gesten. Du wirst ihn schlagen, denn er versteht nichts von Gesten. Er versteht nichts vom Schweigen. Es ist wirklich sehr schwer für ihn, wortlos zu bleiben. Er glaubte sofort, geschlagen worden zu sein – er muss weiter, muss ein anderes Kloster finden, bevor es zu spät ist, muss einen finden, der in Worten diskutieren kann, intellektuell. Gesten sind lebendig. Wenn du deine Hand bewegst, wird sie durch dein ganzes Wesen bewegt. Wenn du mit deinen Augen blickst, strömt dein ganzes Wesen durch sie hindurch. Wenn du gehst, gehst du als ganzer Mensch. Deine Beine können nicht von sich aus laufen, aber dein Kopf kann immerzu von sich aus kreisen. Der Kopf kann sich selbständig machen. Kein anderer Körperteil kann autonom werden.

Willst du also einen Menschen studieren, so hör nicht auf das, was er sagt, sondern sieh auf die Art, wie er etwas tut, wie er ins Zimmer kommt, wie er sitzt, wie er geht, wie er blickt. Schau dir seine Gesten an; sie verraten die Wahrheit.

Wörter sind Betrüger. Wir reden nicht, um zu enthüllen, sondern um zu verhüllen. Sei also still und schau dir den Menschen an: wie er steht, wie er sitzt, wie er blickt, was für Gebärden er macht. Die Körpersprache ist ehrlicher als eure Kopfsprache. Und die Körpersprache ist sehr, sehr natürlich; sie kommt direkt aus der Quelle, es ist also sehr schwer, mit ihr zu täuschen. Du magst das eine sagen, aber dein Gesicht sagt unentwegt etwas anderes. Du magst sagen, dass du recht hast, aber deine Augen, dein ganzes Benehmen, die Art, wie du dastehst, besagt, dass du weißt: du hast unrecht. Du magst mit Worten schwören, dass du zuversichtlich bist, aber von deinem ganzen Körper geht ein Zittern aus; er zeigt an, dass du nicht zuversichtlich bist.

Wenn ein Dieb hereinkommt, tut er das auf eine ganz spezifische Art. Wenn ein Mann von Wahrheit geht, geht er anders. Er hat nichts zu verbergen, er hat keinen Grund, zu täuschen. Er ist wahr, sein Gang ist unschuldig. Tu einmal etwas, das du verbergen musst, und dann beobachte dich dabei – du wirst sagen, dass plötzlich alles anders wird. Sogar dein Gang verbirgt etwas: dein Magen ist angespannt, du bist hellhörig, deine Augen sind überall und spähen, ob dich jemand sieht, ob du ertappt worden bist. Deine Augen sind listig, keine Brunnen der Unschuld – verschlagen.

Beobachte deine Körperbewegungen, sie geben dir ein wahreres Bild von dir wieder. Hör nicht auf Worte. Ich muss das ständig so machen. Die Leute kommen mit allen möglichen Vortäuschungen zu mir. Ich muss auf ihre Gesten sehen, nicht auf das, was sie sagen. Sie mögen mir die Füße berühren, doch ihre ganze Gestik drückt Ego aus, sodass das Berühren der Füße sinnlos ist. Sie manipulieren sich. Sie machen nicht nur mir etwas vor, sie machen sich selbst etwas vor. Ihre ganze Geste sagt: „Ich!" Und alles, was sie in Worten sagen, ist Demut.

Du kannst nicht mit dem Körper täuschen. Dein Körper ist ehrlicher als dein Kopf. Und alle Religionen, die von Priestern erfunden wurden, predigen euch: „Seid gegen den Körper und haltet zum Kopf!" Denn ein Priester lebt mit Kopf, beutet mit Hilfe des Kopfes aus. Mit dem Körper kann man unmöglich ausbeuten, der Körper ist aufrichtig. Selbst Jahrhunderte von unaufrichtigem Leben haben die Aufrichtigkeit des Körpers nicht zerstören können. Der Körper bleibt aufrichtig, er zeigt deutlich, wer du bist.

> „Er hat die Debatte schlau gewonnen.
> Ich muss also weiter. Gute Nacht."
> „Bevor du gehst", sagte der ältere Bruder,
> „erzähl mir doch bitte den Ablauf des Gesprächs."

Er muss sich gewundert haben. Wie kann dieser dumme Bruder von ihm so klug sein? Was war passiert? Er ist ein völliger Idiot – wie könnte er diskutieren, wie könnte er debattieren, wie könnte er gar gewinnen? Also fragte er:

> „Bevor du gehst,
> erzähl mir doch bitte den Ablauf des Gesprächs".
> „Nun", sagte der Wanderer,
> „zuerst hielt ich einen Finger hoch, der repräsentierte Buddha."

Weil ein Mann von Gelehrsamkeit, auch wenn er Gesten macht, Gesten wie Worte gebraucht, denn er kennt nur eine Sprache. Wenn er die Geliebte küsst, sagt er innen das Wort „Küssen". Das ist eine Dummheit: er küsst – unnötig also, im stillen „Küssen" zu sagen; aber er tut es.

Beobachtet euch, während ihr euch liebt, sagt ihr im Stillen: „Jetzt machen wir Liebe." Was für ein Unsinn! Niemand hat gefragt. Es ist niemand da, dem man es sagen könnte. Wozu es ständig wiederholen? Warum wiederholt ihr in Worten, was ihr gerade macht? Weil ihr euch ohne Verbalisierung unwohl fühlt. Ihr fühlt euch nur mit Worten wohl. Mit Gott könnt ihr euch nicht wohlfühlen, aber mit dem Wort „Gott" ist es okay. Darum geht ein kluger und gebildeter Mensch lieber zum Tempel, zur Moschee, zur Kirche, und da schwatzt er dann weiter. Er schwatzt mit Gott, aber … Worte.

Kierkegaard, Søren Kierkegaard hat gesagt: „Als ich begann, zur Kirche zu gehen, habe ich immer geredet. Es gab immer etwas zu sagen, zu beklagen, zu bitten. Aber dann kam ich mir allmählich dumm vor. Ich rede mit ihm, und gebe ihm keinerlei Gelegenheit, keine Chance, auch mit mir zu reden. Und es ist besser, hinzuhören, wenn du vor Gott stehst, zu lauschen …"

Also ließ er das Reden sein. Nach und nach hörte er ganz mit dem Beten auf. Nun ging er einfach in die Kirche und setzte sich still hin, aber selbst in seinem Schweigen waren noch Worte. Äußerlich gebrauchte er keine Worte, aber im Innern kreisten sie. Und so musste er nach und nach auch die Worte im Innern fallenlassen – denn nur dann wird ein Lauschen möglich. Dann betrittst du eine völlig neue Dimension … die des Lauschens, der Passivität, der Empfänglichkeit. Du wirst zum Schoß. Dann kannst du die Wahrheit empfangen, dann redest du nicht, dann bist du nicht aggressiv. Dann wirkt nur Gott, und du erlaubst ihm zu wirken. So wurde Kierkegaard vollkommen still, und er hörte auf, zur Kirche zu gehen. Natürlich fragte man ihn: „Warum? Warum hast du aufgehört, zur Kirche zu gehen" Er antwortete: „Weil ich jetzt gelernt habe, was ‚Kirche' bedeutet: nämlich still zu sein und zu lauschen. Das kann man überall, und es ist besser, man tut es woanders, denn so viele Leute gehen zur Kirche, um dort zu schwatzen. Sie stören. Es ist besser unter einem Baum, es ist besser unterm Himmel."

Die Kirche ist größer dort, natürlicher. Und wenn du still bist, ist Gott überall. Wer unbedingt reden will, gehe zum Tempel. Aber wer still sein will – warum irgendwo hingehen?

Gott ist überall, aber ihr könnt nicht still sein. Ihr tut etwas und wiederholt es im Innern. Ihr fühlt Hunger und sagt: „Ich bin hungrig ... " Genügt es nicht, den Hunger zu spüren? Ihr fühlt euch nur wohl, wenn ihr es auch sagen könnt. Ihr seid süchtig nach Wörtern.

Dieser Mann – es muss ein gebildeter Mann gewesen sein, ein wirklich sehr gebildeter Mann – sagte ...

„Nun", sagte der Wanderer,
„zuerst hielt ich einen Finger hoch, der repräsentierte Buddha.
Dann hielt dein Bruder zwei Finger hoch
für Buddha und seine Lehre – das Dhamma."

Einer, der keine Geste ohne Worte machen kann, wird auch die Geste des andern in Worte übersetzen! Schaut euch die Verbindung an. Was passiert? Genau so, wie ihr die Worte des andern interpretiert, tut ihr es auch mit seinen Gesten. Er dachte: „Dieser Finger ... ein Finger repräsentiert ..."

Ein Finger repräsentiert niemanden! Ein Finger ist sich selbst genug. Ein Finger ist ein Finger. Warum soll er für etwas repräsentativ sein? Er ist kein Repräsentant für irgend jemanden. Und ein Finger ist so schön, wieso sollte er etwas repräsentieren?

Aber der Kopf schätzt Dinge aus zweiter Hand. Dein Finger an sich ist nicht genug, er muss jemanden repräsentieren. Wenn ihr eine Blume anseht, könnt ihr die Blume nicht direkt sehen; sie muss augenblicklich für etwas stehen. Also sagst du: „Wie das Gesicht meiner Frau!" Sogar vom Mond sagst du: „Wie das Gesicht meiner Geliebten!" Was für ein Unsinn. Der Mond ist der Mond. Und wenn dieser Mann in das Gesicht seiner Geliebten sieht, wird er sagen: „Wie der Mond!" Weder der Mond an sich genügt, noch das Gesicht der Geliebten. Und alles ist an sich genug.

Nichts steht für anderes. Jeder repräsentiert nichts als sich selbst. Jeder ist ein Original, einmalig. Niemand ist eine Kopie. Und wenn man sagt, der Finger repräsentiere Buddha, dann ist Buddha das Original und der Finger die Kopie. Nein. Das kann Buddha nicht zulassen. Ich kann es nicht zulassen. Der Finger ist schön, wie er ist, ohne jemanden zu repräsentieren. Und wenn du glaubst, dein Finger stehe für Buddha, dann stehen die zwei Finger des andern für Buddha und sein *Dhamma* – seine Lehre. Denn du verstehst den andern nicht, indem du ihm zuhörst – du verstehst den andern, indem du deinem eigenen Kopf zuhörst. Du interpretierst den andern. Wenn ich etwas sage, glaubt nie, dass es das ist, was ihr hört. Wenn ich etwas sage, hört ihr zwar etwas, aber das hat nichts mit mir zu tun. Es knüpft sich in eure eigenen Gedankenprozesse.

Sein Gedankenprozess war: „Dieser Finger steht für Buddha." Als nun der andere zwei Finger hochhielt, war ihm selig unbewusst, was er damit meinte. Du kannst den andern nicht verstehen, wenn du ein Wort in dir hast, denn dann verknüpft sich alles mit deinem Wort, mit deinem Gedankenstrom, und wird so gefärbt.

Er glaubte, es gäbe hier zwei Dinge, nicht nur eins: Buddha und sein *Dhamma* – seine Lehre, sein Gesetz.

„Daraufhin hielt ich drei Finger hoch…"

Seht euch die innere Verknüpfung an. Du kommunizierst überhaupt nicht mit dem andern. Du kommunizierst mit dir selbst. Genau das bedeutet Wahnsinn. Wahnsinn heißt, nicht auf den andern bezogen sein, einfach nur nach innen zu gehen und deinen neuen Augenblick an die Vergangenheit zu knüpfen, dein neues Erlebnis an die Vergangenheit zu knüpfen, es so zu interpretieren, so zu färben.

„Daraufhin hielt ich drei Finger hoch…"

Denn wenn er sagt, „Buddha, Dhamma", dann sage ich, „Buddha, *Dhamma, Sangha*" – Buddha, seine Lehre und seine Gemeinschaft. Diese drei gibt es; dies sind die drei buddhistischen Zufluchten. Wenn ein Suchender eingeweiht werden möchte, *Bhikkhu* werden möchte, sagt er: *Buddham Sharanam Gachhami* – ich nehme Zuflucht in Buddha. *Dhamma Sharanam Gachhami* – ich nehme Zuflucht in der Lehre. *Sangham Sharanam Gachhami* – ich nehme Zuflucht in der *Sangha*, in der Gemeinschaft Buddhas."

Dies sind die drei Zufluchten, die drei Edelsteine des Buddhismus. Aber dieser Mann achtet gar nicht darauf, was der andere tut. Völlig bezugslos!

> „Daraufhin hielt ich drei Finger hoch,
> für Buddha, seine Lehre und seine Anhänger.
> Da hielt mir dein Bruder die geballte Faust vors Gesicht,
> was hieß, dass alle drei aus einer Erkenntnis kommen."
> Und damit verabschiedete sich der Wanderer.
> Kurz darauf kam der jüngere Bruder herein.
> Er sah sehr verstört aus.
> „Ich höre, du hast die Debatte gewonnen?" sagte der Ältere.
> „Gewonnen? Von wegen!" sagte der Jüngere,
> „dieser Wandermönch ist ein ganz frecher Kerl."
> „So?" sagte der Ältere,
> „erzähl mir, worüber habt ihr denn debattiert?"
> „Nun", sagte der Jüngere,
> „kaum hatte er mich gesehen, da hielt er einen Finger hoch,
> um mich zu kränken, weil ich nur ein Auge habe."

Du verstehst nach deinem Maß. Du liest ein Buch und verstehst nur das, was du schon weißt. Du hörst zu, aber deutest durch Vergangenes, deine Vergangenheit mischt sich ein. Ein Mann mit einem Auge ist sich ständig der Wunde bewusst. Er trägt eine Wunde mit sich und sucht überall nach Beleidigung. Niemand kümmert sich um dich, aber wenn du ein Minderwertigkeitsgefühl hast, dann suchst du nach jemandem, der dich beleidigt. Du bist dir ganz sicher, und dann interpretierst du es.

Der andere mag Buddha sagen, du siehst darin nur, dass er darauf aufmerksam macht, dass du nur ein Auge hast. Niemand achtet auf deine Augen, aber wir interpretieren so, wie wir es verstehen.

Es kam einmal ein Mann zu Bayazid, einem Sufi-Mystiker, und

stellte ihm eine Frage. Bayazid sagte: „Komm in einem Jahr wieder, denn so wie du jetzt bist, bist du krank. Dein Inneres ist durcheinander, und ich kann die Wahrheit nicht sagen – du würdest sie nicht verstehen. Du würdest sie missverstehen. Versuche also, ein Jahr lang gesund zu leben, still und meditativ, und dann komm. Wenn ich das Gefühl habe, dass du zuhören kannst, dann werde ich sie dir sagen. Wenn nicht, geh zu einem andern." Der Mann hörte zu und ging heim. Ein Jahr lang gab er sich alle Mühe, gesund zu leben, still und friedlich, aber er kam nie zurück.

Da erkundigte sich Bayazid: „Was ist aus diesem Suchenden geworden?"

Jemand sagte: „Wir haben ihn gefragt. ‚Warum kommst du nicht?' Da sagte er: ‚Jetzt brauche ich nicht mehr zu kommen, denn ich kann hier, wo ich bin, verstehen, was Bayazid mir sagen kann'. "

Das ist das Paradox: wenn du noch nicht so weit bist, fragst du, aber dann kann dir nichts gesagt werden. Wenn du so weit bist, fragst du nicht mehr, aber erst dann kann dir etwas gesagt wer den. Wenn du einäugig bist, suchst du immer nach Beleidigungen, und wenn du nach Beleidigungen suchst, wirst du sie auch finden – das ist das Problem. Wenn du etwas suchst, – das ist das Pech – dann findest du es auch. Nicht, dass dich jemand beleidigt; du wirst es finden. Suche also nicht nach solchen Dingen, sonst findest du sie überall. Jemand lacht zum Beispiel, nicht über dich, denn wer bist du schon? Wieso glaubst du, im Mittelpunkt der Welt zu stehen? Das ist ein egoistischer Zug. Du gehst auf der Straße und jemand lacht, und du denkst, „Sie lachen über mich". Warum über dich? Wer bist du? Wieso ist es für dich selbstverständlich, dass du der Nabel der ganzen Welt bist? Einer lacht – man lacht über dich! Jemand beleidigt. Man beleidigt dich! Jemand ist wütend – wütend über dich.

In meinem ganzen Leben ist mir noch kein Mensch begegnet, der auf mich wütend gewesen wäre. Viele Leute waren wütend, aber niemand war wütend auf mich; denn ich bin nicht der Nabel der Welt. Warum sollten sie auf mich wütend sein? Sie sind wütend, aber das hängt mit ihrem eigenen Wesen zusammen, nicht mit mir.

Mir sind Leute begegnet, die sogar Gewalt gegen mich anwendeten, aber sie waren nicht gewaltsam gegen mich.

Diese Gewalt kam aus ihrer Vergangenheit. Ich war nicht die Ursache ihrer Entstehung. Ich mag der Vorwand sein, aber ich war nicht die Ursache. Vorwand also – wäre ich nicht gewesen, jeder andere wäre ihnen ebenso recht gewesen; jemand anders wäre Opfer geworden. Reiner Zufall also, dass ich da war. Wenn deine Frau wütend auf dich wird, ist es Zufall, dass du da bist. Lauf weg! Und sei nicht so sicher, dass sie wütend auf dich ist. Sie war wütend, du warst da, das ist alles. Sonst wäre sie auf die Putzfrau wütend geworden, auf das Kind, auf das Klavier, auf irgendwas! Jeder lebt aus der eigenen Vergangenheit. Nur Buddhas leben in der Gegenwart. Niemand lebt in der Gegenwart. Dieser Mann dachte: „Nun, er zeigt mir, dass ich nur ein Auge habe, er ist unverschämt. Er beleidigt mich wegen meines einen Auges."

„Aber da er ein Fremder war, wollte ich höflich sein ..."

Aber sobald du glaubst, höflich sein zu müssen, bist du nicht höflich. Wie solltest du? Der Gedanke ist da. Wenn du glaubst, der andere sei unverschämt geworden, bist du unverschämt geworden. Da gibt es keine Frage, denn schon die bloße Vorstellung „Der andere ist unverschämt!" kommt daher, dass deine eigene Grobheit hochgekommen ist. Durch deine Grobheit erscheint dir der andere grob. Du hast den anderen gefärbt. Der andere zeigt seinen Finger und meint Buddha. Er hat dein Auge nicht einmal gesehen. Es kümmert ihn gar nicht, er will nur ein Dach überm Kopf. Ein Buddha, und interpretiert wird es so, dass er dem Bruder zeigt, nur ein Auge zu haben; wie grob! Wenn du jemanden für grob hältst, dann sieh dich um: du bist grob. Darum deutest du es so.

Aber warum bist du grob? Weil deine Grobheit ein Mittel ist, deine Wunde zu schützen. Leute, die grob sind, leiden immer unter Minderwertigkeitsgefühlen. Wenn jemand in keiner Weise von einem Minderwertigkeitskomplex bedrückt wird, wird er nie grob. Grobheit ist Verteidigung. Durch Grobheit schützt man seine

Wunde. Er sagt: „Ich lass nicht zu, dass du meine Wunde berührst. Ich erlaube dir nicht, mich zu schlagen." Er schützt sich, aber aus Schutz wird Projektion. Er hält dich für grob, nur so darf er grob sein. Es ist eine Möglichkeit, selbst grob zu werden. Erst musst du beweisen, dass der andere grob ist; aber noch sagt dein Ego: „Ich will versuchen, höflich zu sein."

Wenn du höflich bist, ist deine Höflichkeit nichts als Fassade. Innen ist die Grobheit aufgetaucht und wird früher oder später explodieren.

> „Aber da er ein Fremder war, wollte ich höflich sein,
> also hielt ich zwei Finger hoch,
> um ihm zu seinen zwei Augen zu gratulieren."

Das ist einfach verlogen. Wie kannst du jemandem gratulieren, wenn du dich beleidigt fühlst? Wenn du fühlst, dass du nur ein Auge hast, wo andere zwei haben, wie kannst du da gratulieren? Tief drinnen kannst du eifersüchtig sein, aber kannst du gratulieren?

Wie kann aus Eifersucht ein Glückwunsch kommen? Aber alle eure Glückwünsche kommen so heraus. Es ist die höflichste Art, es ist Anstand, Etikette. Selbst wenn du von jemandem besiegt wirst, gratulierst du ihm zu seinem Sieg. Was für eine Verlogenheit! Wenn du wirklich so ein Mensch wärst, hättest du gar nicht erst gekämpft. Als du kämpftest, warst du Gegner. Aber nun bist du besiegt, und du gehst hin und gratulierst. Aber tief drinnen ist Eifersucht, du brodelst. Du würdest den Mann am liebsten umbringen. Du wirst es in Zukunft versuchen, und du wirst ja sehen!

Aber die Gesellschaft braucht Etikette. Warum braucht die Gesellschaft Anstandsregeln? Weil jeder so gewaltsam ist. Gäbe es keine Etikette, würden wir einander ständig an die Kehle springen. Die Gesellschaft muss Schranken errichten. Ihr dürft einander nicht ständig an die Kehle springen. Andernfalls ist kein Leben möglich. Aber ihr springt euch ständig an die Kehle. Eure Etikette, eure Kultur, eure zivilisierte Art, eure Anständigkeit ist nur dazu da, die Tatsache zu verheimlichen. Genau dadurch wird verhindert, dass eine wahre Zivilisation entsteht. Reine Fassade – darum wird alle zehn Jahre ein großer Krieg gebraucht, in dem alle Etikette, aller Anstand, alle Moral fortgeworfen wird, und ihr euch gegenseitig an die Kehle springen dürft ... ohne alle Schuldgefühle. Dann wird Töten das Spiel, je mehr du mordest, desto größer bist du. Je gemeiner du bist, ein umso größerer Soldat bist du. Und zurück in der Heimat werdet ihr als Helden empfangen. Und ihr erhaltet das *Padmabushan*, das Mahavir-Chakra, das Victoria-Kreuz. Ihr bekommt Orden. Wofür werden diese Orden verliehen? Auf dass ihr barbarisch, auf dass ihr zu Mördern werdet. Weil du ein großer Mörder warst, verleiht dir dein Land diese Auszeichnung. Und solche Länder nennen wir zivilisiert, und Mörder werden anerkannt, Mörder werden geschätzt.

Wohlgemerkt: Massenmörder. Einzelmörder – da kommst du ins Gefängnis. Das kann nicht geduldet werden. Nur manchmal, wenn die gesamte Gesellschaft verrückt wird, gibt es Krieg. Alles wird beiseite geschoben, eure wahre Natur wird zugelassen. So kommt es, dass alle froh sind, wenn Krieg ist.

Es sollte anders sein ... niemand sollte froh sein, wenn es Krieg gibt. Aber alle sind sie froh, denn jetzt dürfen sie Tiere sein. Das wolltet ihr schon immer. Was ihr Kultur, Etikette, gute Manieren nennt, ist nur eine elegante Art, das Tier hinter der Fassade zu verstecken.

Dieser Mann sagte:

„Also hielt ich zwei Finger hoch,
um ihm zu seinen zwei Augen zu gratulieren.
Daraufhin hielt der unverschämte Mensch drei Finger hoch,
um zu zeigen, dass wir zusammen nur drei Augen hätten."

Was immer du tust – deine Wunde mischt sich ein. Der andere sagt: „Die drei Edelsteine Buddhas", aber für dich ist es nur deine Wunde, die zurückkommt. Du versuchst, höflich zu sein, du hast dich bemüht, nicht grob zu werden, du hast sogar versucht, ihm zu gratulieren! Aber du bist du, deine Welt bleibt deine Welt.

Jetzt zeigt er drei Finger. Wieder mischt sich deine Projektion ein und sagt: „Dieser Schuft! Er will sagen, dass wir beide zusammen nur drei Augen haben." Wieder weist er darauf hin, dass du nur ein Auge hast. Jetzt wird es dir zuviel. Jetzt reicht es!

> „Da wurde ich wütend und drohte ihm mit der Faust –
> und da ging er."

Er war von Anfang an wütend. Bevor sie sich überhaupt begegnet waren, war er wütend. Denn Wut lässt sich nicht hervorrufen, es sei denn, sie ist schon da. Man kann nur Dinge hervorrufen, die schon da sind, man bringt sie nicht aus dem Nichts hervor. Ein nicht-manifester Zustand wird lediglich manifest. Die Wut ist da, ihr braucht sie nicht erst zu erzeugen. Irgendwer wird zum Vorwand ... und sie kommt hoch. Du bist nicht auf ihn böse, er ist nicht die Ursache. Du trugst schon die Wut in dir – er ist nur deine Ausrede. Wahnsinn ist in dir; niemand kann dich wahnsinnig machen, wenn du nicht schon wahnsinnig bist.

Aber wir denken immer, dass es ein anderer ist, der uns wütend macht, dass uns ein anderer depressiv macht, dass uns ein anderer dies und jenes macht. Niemand macht dich irgendwas. Selbst wenn man dich allein ließe, würdest du verrückt, würdest du wütend. Selbst wenn die ganze Welt verschwände, würde es Momente geben, in denen du traurig bist, würde es Momente geben, in denen du glücklich bist, würde es Momente geben, in denen du wütend bist, und Momente, in denen du voller Vergebung bist – obwohl niemand da ist.

Es ist die eigene innere Geschichte, die sich entfaltet. Das ist es, was ein Mensch von Einsicht zu verstehen beginnt: dass das Ganze eine Entfaltung meiner selbst ist. Ihr gebt mir nur die Situation, die Gelegenheit; aber das Ganze ist nur eine Entfaltung meiner selbst. Ein Same fällt zu Boden, keimt, ein Baum fängt zu wachsen an. Der Boden, die Luft, die Regenfälle, die Sonne – sie alle geben nur die Gelegenheit. Aber der Baum war im Samen verborgen. Du trägst den ganzen Baum deiner Entfaltung in dir, und alle andern bieten dir nur die Gelegenheit. Wann immer etwas geschieht – schau nicht nach außen, schau nach innen; denn die Sache, so wie sie sich abspielt, hängt mit deiner Vergangenheit zusammen, nicht mit diesem Menschen hier.

„Da wurde ich wütend und drohte mit der Faust – und er ging."
Der ältere Bruder lachte …

Der ältere Bruder konnte beide Standpunkte sehen. Er konnte sehen, dass der gelehrte Wanderer nie mit diesem Mann gesprochen hatte, in keiner Zeichensprache mit ihm geredet hatte. Er konnte sehen, wie dieser dumme Bruder überhaupt nicht verstanden hatte, was die Gesten meinten. Es hatte keine Berührung stattgefunden – ein Abgrund klaffte, ohne Brücke. Sie hatten debattiert und waren zu Schlüssen gekommen. Der eine war besiegt, der andere siegreich, und sie waren überhaupt nicht zusammengekommen – nicht für einen einzigen Augenblick! Er lachte. Dies Lachen kann zu Erleuchtung werden. Dies Lachen kann zu einer tiefen Einsicht werden, zu einer Transformation.

Falls dies Lachen nicht der Dummheit des Bruders gilt, oder der Dummheit jenes Wanderers, wenn dies Lachen der ganzen Situation gilt – wie der Kopf funktioniert, wie zwei Köpfe nie zusammenkommen können, wie zwei Vergangenheiten sich nie begegnen können, wie zwei Gesinnungen immer getrennt bleiben, wie es für sie keine Möglichkeit gibt, sich zu treffen und ineinander zu verschmelzen!

Wenn er über diese ganze Situation lacht, nicht über diesen Bruder oder jenen gelehrten Wanderer … denn würde er über diesen Bruder oder über jenen Wanderer lachen, kann aus diesem Lachen keine Erleuchtung werden, er wird der gleiche bleiben …

Aber falls er über die ganze Situation lacht; darüber, wie der Verstand funktioniert, wie der Verstand streitet, wie der Verstand immer um sich selber kreist und nie nach außen geht; wie der Verstand immer geschlossen ist, niemals offen; wie der Verstand lediglich ein innerer Traum ist, ein Alptraum …

Falls er das versteht, wird dies Lachen ihn überwältigen.

Der Eimer, der alte Eimer wird zu Boden fallen, das Wasser wird herausfließen – kein Wasser, kein Mond.

3

So?

Der Zen-Meister Hakuin wurde von seinen Nachbarn geachtet,
als einer, der ein reines Leben führte.
Eines Tages entdeckte man, dass ein schönes Mädchen,
das in Hakuins Nähe wohnte, schwanger war.
Die Eltern waren sehr erzürnt.
Anfangs wollte das Mädchen nicht sagen, wer der Vater war,
aber nach vielem Zusetzen nannte sie Hakuin.
Wutentbrannt kamen die Eltern zu Hakuin,
aber er sagte lediglich: „So?"
Als das Kind geboren war, wurde es zu Hakuin gebracht,
der inzwischen seinen guten Ruf verloren hatte,
obwohl ihn das nicht sehr zu kümmern schien.
Hakuin sorgte liebevoll für das Kind,
beschaffte bei Nachbarn Milch und Nahrung und alles,
was das Kind sonst brauchte.
Nach einem Jahr konnte die junge Mutter es nicht
mehr aushalten und sagte ihren Eltern die Wahrheit –
der wahre Vater war ein junger Mann,
der auf dem Fischmarkt arbeitete.
Die Eltern des Mädchens gingen gleich zu Hakuin,
erzählten ihm die Geschichte, entschuldigten sich umständlich,
baten ihn um Vergebung, und nahmen das Kind zurück.
Indem der Meister ihnen das Kind bereitwillig überließ,
sagte er: „So?"

So?

WAS IST EIN REINES LEBEN? WAS NENNT IHR REINHEIT? DENN WAS immer ihr Reinheit nennt, ist nicht die wahre Reinheit. Eure Reinheit ist Berechnung, eine moralische Berechnung. Eure Reinheit ist nicht die Reinheit eines Heiligen – seine Reinheit ist Unschuld. Eure Reinheit ist eine Art List, eine Art Schläue.

Das muss zuerst verstanden werden. Wenn ihr das wirklich begriffen habt, erst dann könnt ihr verstehen, was ein weiser Mann ist, was ein Heiliger ist, was ein Wissender ist. Denn wenn euer Maßstab nicht stimmt, wenn die Grundlage eures Urteils falsch ist, stimmt alles nicht mehr.

Wahre Reinheit ist wie ein Kind – unschuldig gegenüber Gut und Böse; unschuldig, was jede Unterscheidung betrifft. Wirkliche Reinheit weiß nicht, was Gott und was Teufel ist. Aber eure Reinheit ist eine Wahl, die ihr trefft – eine Entscheidung für Gott und gegen den Teufel, eine Entscheidung für das Gute und gegen das Böse. Ihr habt bereits eine Unterscheidung getroffen, ihr habt bereits das Dasein gespalten. Und ein gespaltenes Dasein kann nicht zu Unschuld führen. Unschuld blüht nur, wenn das Dasein ungeteilt ist. Du nimmst es, wie es ist. Du wählst nicht, du teilst nicht, du machst überhaupt keine Unterscheidungen. Du weißt nicht wirklich, was gut und was schlecht ist. Wenn du es weißt, wirst du berechnend, dann wird die Reinheit künstlich hergestellt. Dann wird sie kein Erblühen sein.

Ich will euch eine Anekdote erzählen. Khalil Gibran hat eine wunderschöne Geschichte geschrieben: Ein Priester war auf dem Weg zum Tempel. Direkt am Wegrand sah er einen Mann im Sterben liegen – blutend, röchelnd, als wäre er sehr übel überfallen worden; Wunden überall, das Blut floss, er lag im eigenen Blut.

Der Priester hatte es eilig – er musste pünktlich im Tempel sein. Es würden ihn dort Leute erwarten. Aber er war ein Mann von Moral – ich sage nicht: ein Mann von Reinheit – er war ein Mann von Moral. Er überlegte, was zu tun sei. Er kalkulierte und dachte schließlich: „Es ist besser, diesem Sterbenden zu helfen; das ist es, was auch Jesus gesagt hat. Es ist besser, Tempel und Andächtige zu vergessen, mögen sie ein bisschen warten. Aber diesem Mann muss sofort geholfen werden, sonst wird er sterben." So näherte er sich dem Mann, aber in dem Moment, als er dessen Gesicht sah, bekam er einen Schreck. Dies Gesicht sah vertraut, sah sehr böse aus. Da erinnerte er sich plötzlich, dass in seinem Tempel ein Bild des Teufels hing – und dies ist der Mann! Dies ist der Teufel, kein anderer. Da rannte er davon – zum Tempel.

Der Teufel rief und sagte: „Priester, hör zu! Wenn ich sterbe, wirst du es ewig bereuen. Denn wenn ich sterbe, wenn das Böse stirbt, wo bleibt dann dein Gott? Wie willst du wissen, was gut ist, wenn das Schlechte stirbt. Dich gibt es, weil es mich gibt. Bedenke das!"

Der Priester blieb stehen. Der Teufel hatte recht: wenn der Teufel stirbt, wird es keine Hölle geben. Und wenn keine Angst da ist, wer wird dann Gott anbeten? Alle Gebete beruhen auf Angst. Du hast Angst, deine Liebe zu Gott beruht auf der Furcht vor dem Teufel. Deine Gutheit wird am Bösen gemessen. Gott braucht den Teufel.

Der Teufel sagte: „Gott braucht mich! Er kann nicht ohne mich sein. Alle Tempel werden einstürzen und niemand wird kommen, ihn anzubeten. Und wenn ich nicht da bin, wirst du keinen einzigen Menschen finden, der religiös ist. Ich bringe sie in Versuchung; durch meine Versuchung werden sie Heilige. Hast du je von einem Heiligen gehört, der nicht vom Teufel in Versuchung geführt wurde? Euer Jesus, euer Zarathustra, euer Buddha – alle wurden sie von mir in Versuchung geführt! Ich bin es, der Heilige aus ihnen gemacht hat. Komme also zurück!"

Der Priester zögerte etwas, aber was der Teufel sagte, war logisch; und der Teufel ist immer logisch – er ist die Logik in Person. Man kann mit ihm nicht vernünfteln, man kann mit ihm nicht streiten. Wenn du streitest, verlierst du. Du kannst kein Streitgespräch mit dem Teufel gewinnen. Der Priester musste einlenken und zustimmen. Er sagte: „Du scheinst recht zu haben. Wo wären wir ohne dich?" Und so trug er den Teufel auf seinem Rücken zum Krankenhaus. Dort wartete er, bis er wusste, dass der Teufel außer Gefahr sei und überleben würde. Und mit dem Teufel überlebten alle Tempel, alle Priester und alle Religionen!

Dieser Priester ist ein moralischer Mann, aber kein reiner Mensch. Sein Leben ist mathematische Berechnung. Und wenn du kalkulierst, hat der Teufel dich schon besiegt. Du kannst nicht besser kalkulieren als er. Wenn du argumentierst, wenn du das Leben spaltest, wenn es zum logischen Problem wird, gibt es keine Chance, dass du es je gewinnst. Das Spiel ist schon verloren. Du kämpfst eine verlorene Schlacht.

Ein Mensch von Unschuld weiß nicht, wer Gott ist oder wer der Teufel ist. Ein Mensch von Unschuld lebt aus seiner Unschuld, nicht aus seinen Berechnungen heraus. Er ist nicht verschlagen, er ist einfach. Er lebt von Augenblick zu Augenblick, weder Vergangenheit noch Zukunft bedeuten ihm etwas. Dieser Augenblick an sich ist genug. Aber eure Moral! Eure Moral ist vom Priester geschaffen, vom nämlichen Priester, der dem Teufel half. Denn der Teufel hatte argumentiert, und er hatte richtig argumentiert. Eure Moral ist nicht rein. Wenn da also einer ist, der sich so benehmen kann, wie es eurer Vorstellung von einem reinen Menschen entspricht, einer, der sich selbst manipulieren kann, dann ehrt ihr ihn, achtet ihr ihn, nennt ihn einen Heiligen. Eure Heiligen sind so unecht wie ihr, denn ihr entscheidet und urteilt, wer ein Heiliger ist.

Eure Moral ist nur Angst, versteckte Angst. Und die Tarnung ist so gut getarnt, dass sie euch nie bewusst wird. Wie kann Berechnung unschuldig werden? Und ohne unschuldig zu werden – unschuldig wie die Bäume, unschuldig wie die Tiere, unschuldig wie die Babys – wie kann euch da Reinheit zuteil werden? Sie ist nicht etwas, das ihr kontrollieren könnt. Wenn du kontrollierst, ist es Unterdrückung, und das Gegenteil ist darin enthalten. Wenn du zölibatär wirst, ist der Sex trotzdem da, im Unbewussten versteckt, und wartet seinen Augenblick ab, um sich zu behaupten, um zu rebellieren. Wenn du gewaltlos wirst, ist Gewalt da. Das Gegenteil kann nicht verworfen werden. Sobald du wählst, wird das Gegenteil unterdrückt – und das ist alles, was du tun kannst. Nur in einem unschuldigen Gemüt verschwindet das Gegenteil, denn es ist nichts gewählt worden. Das Gegenteil kann ohne Wahl nicht existieren.

Daher betonte Krishnamurti ständig, nicht zu wählen, wahllos zu bleiben; das ist die Grundlage der Unschuld. Aber man kann sich täuschen und die Wahllosigkeit wählen. Krishnamurti sagt: „Sei wahllos, also will ich wahllos sein." Wenn du entscheidest, hat sich der Wille eingeschlichen, und der Wille ist schlau. Wenn du wählst, wahllos zu sein, wird deine Wahllosigkeit deiner Moral angehören, aber nicht der Reinheit.

Verstehe einfach, wähle nicht. Wähle nicht einmal die Wahllosigkeit. Verstehe lediglich die ganze Situation: dass alles, was du wählen magst, was du auch tun magst, aus deinem berechnenden Verstand kommt. Es kann nicht das Wahre sein. Dein Geist kann nur Träume hervorbringen, er kann nicht die Wahrheit hervorbringen. Die Wahrheit kann nicht hervorgebracht werden, niemand kann sie hervorbringen. Sie ist da! Sie muss gesehen werden. Nichts muss getan werden, nur ein Blick ist nötig … ein Blick ohne jedes Vorurteil, ein Blick ohne jede Wahl, ein Blick ohne alle Unterscheidungen.

Ein Mann Gottes, der sich unterdrückt, der den Teufel verleugnet hat, ist kein wahrer Mann Gottes. Der Teufel wartet gleich um die Ecke. Hast du einmal geteilt, verfängst du dich im Kampf der Gegensätze – du wirst erdrückt. Wenn du nicht entscheidest, weißt du nicht, was gut und was schlecht ist. Was immer geschieht, akzeptierst du einfach. Es passiert … was kannst du tun? Nichts kannst du tun. Also treibst du wie eine weiße Wolke. Du weißt nicht, wohin du gehst oder warum du gehst. Der Wind bläst nach Norden – du gehst nach Norden; und dann schlägt der Wind nach Süden um – du treibst nach Süden. Du treibst mit dem Wind! Du sagst nicht: „Ich gehe nach Süden, ich kann nicht nach Norden gehen." Du kämpfst nicht.

Ein Mensch von Reinheit ist kein Soldat. Er ist ein Heiliger. Und ein Mensch von Moral ist ein Soldat, er ist kein Heiliger. Natürlich findet der Kampf innen, nicht außen statt. Natürlich ist der Kampf nicht gegen einen andern gerichtet, sondern gegen sich selbst – aber es ist Kampf da. Du brauchst kein Kämpfer zu sein. Und wenn du kämpfst, wirst du die Schlacht verlieren. Wie kannst du das Ganze bekämpfen? Du bist nur ein winziger Teil, ein Atom. Wie kannst du gegen das Ganze kämpfen?

Ein Mensch von Reinheit kämpft weder, noch kapituliert er – denn auch Kapitulation gehört zum Soldaten. Erst kämpft er, dann sieht er, dass es unmöglich ist zu gewinnen, dann ergibt er sich. Seine Kapitulation ist ebenfalls aus zweiter Hand – sie kommt durch Kampf. Ein Mensch von Reinheit ist einfach da. Er ist kein Kämpfer, er braucht sich nicht zu ergeben. Da gibt es nichts zu ergeben, niemanden, der sich ergeben kann. Wer soll sich ergeben und was soll aufgegeben werden? Er hat nie gekämpft. Einsicht führt dich zum Akzeptieren, und dies Akzeptieren gibt dir Reinheit. Aber diese Reinheit kann nicht von den Leuten, von den Nachbarn geachtet werden, sie können sie nicht verstehen. Moral gehört einem Land an, Reinheit gehört keinem Land an. Moral gehört zu einer Epoche, Reinheit ist nicht-zeitlich! Moral gehört zu dieser oder jener Gesellschaft; es gibt so viele Moralsysteme wie es Gesellschaften gibt. Reinheit ist eins. Wo immer du hingehst, ist sie gleich – wie der Geschmack des Meeres: wohin du auch gehst, es ist salzig.

Ein Buddha, oder ein Jesus, oder ein Ramakrishna – kostet von ihnen, sie alle sind wie das Meer: gleich. Aber Moralmenschen unterscheiden sich. Ein Mann von Moral unterscheidet sich, wenn er Muslim ist von einem Hindu, er kann ihm nicht gleich sein. Ist er Christ, ist er wieder anders. Ein Mann von Moral muss dem Kodex folgen, dem Gesetz der Gesellschaft. Gesellschaften gibt es viele, Moralsysteme zu Tausenden. Gesellschaften ändern sich, Moralsysteme ändern sich. Reinheit ist ewig – sie übersteigt Zeit und Raum. Sie übersteigt Klima, Länder; sie übersteigt Volksstämme. Sie übersteigt alles Menschenwerk. Reinheit ist nicht Menschenwerk. Moralsysteme sind Menschenwerk.

Jetzt sollten wir aber in diese schöne Geschichte hineingehen – sie ist wirklich geschehen, sie ist historisch.

Der Zen-Meister Hakuin wurde von seinen Nachbarn geachtet, als einer, der ein reines Leben führte.

Sie wussten nicht, es war ihnen nicht klar, dass die Art von Reinheit, die ihren Vorstellungen entsprach, nicht auf diesen Mann anwendbar war. Sie merkten es nicht! Sie hielten ihn für einen moralischen Mann, aber er war kein moralischer Mann. Er war ein reiner Mensch, ein Unschuldiger, aber kein Moralist. Er war ein religiöser Mensch – bedenkt den Unterschied – er gehörte der ewigen Unschuld an, er war wie ein Kind. Aber die Menschen ehrten ihn, weil ihnen der Unterschied zwischen Moral und amoralischer Reinheit noch nicht bewusst geworden war. Sie hielten ihn für einen Heiligen, aber er war kein Heiliger nach ihren Vorstellungen. Er war ein Heiliger, aber er war kein Heiliger nach eurem Maß. Eure Maßstäbe gelten hier nicht. Ihr werdet eure Maße wegwerfen und hinsehen müssen. Ihr werdet eure Urteile verwerfen und hinsehen müssen; nur dann wird euch der Heilige – ein wahrer Heiliger – offenbart.

> Eines Tages entdeckte man, dass ein schönes Mädchen, das in Hakuins Nähe wohnte, schwanger war.
> Die Eltern waren sehr erzürnt.
> Anfangs wollte das Mädchen nicht sagen, wer der Vater war, aber nach vielem Zusetzen nannte sie Hakuin.
> Wutentbrannt kamen die Eltern zu Hakuin,
> aber er sagte lediglich: „So?"

Er wollte nicht leugnen, er wollte nicht zugeben. Er ließ sich auf gar nichts ein. Er sagte nicht: „Ich bin nicht verantwortlich." Er sagte nicht: „Ich bin verantwortlich." Er sagte einfach etwas sehr Unverbindliches – er sagte: „So?" Als hätte es nichts mit ihm zu tun – so unbeteiligt, so absolut außerhalb stehend. Er fragte nur: „So? Bin ich der Vater des Kindes?" Was bedeutet das?

Das bedeutet ein so totales Akzeptieren, dass nicht einmal Akzeptieren nötig ist. Denn wenn du sagst: „Ich akzeptiere es", hast du es tief drinnen abgelehnt. Wenn du Ja sagst, ist das Nein darin enthalten. Er sagte nicht einmal Ja. Wer war er, Ja oder Nein zu sagen? Wenn es geschehen ist, wenn dies eine Tatsache ist, dann ist er nur Zeuge. Wenn Leute zu dem Schluss gekommen sind, dass er der Vater ist, warum sie dann unnötigerweise stören und sich so oder so dazu äußern? Er wählt nic. Das ist Wahllosigkeit.

Er ist weder dies noch das, er verteidigt sich nicht. Reinheit verteidigt sich nie. Moral verteidigt sich immer, darum fühlt sich Moral immer so leicht beleidigt. Sieh einen Moralisten, einen Puritaner auch nur an, und schon fühlt er sich beleidigt. Wenn du etwas sagst, fühlt er sich beleidigt; er wird es sofort bestreiten und sich verteidigen. Aber das ist eine von den grundsätzlichen psychologischen Einsichten aller Sucher. Sobald du etwas verteidigst, heißt das, dass du Angst hast.

Wäre dieser Hakuin ein gewöhnlicher Heiliger gewesen, so hätte er sich verteidigt. Und er hätte mit seiner Verteidigung sogar recht gehabt – keine Frage. Später stellte sich heraus, dass das Kind nicht von ihm war; er war nicht der Vater. Ein gewöhnlicher Heiliger, ein sogenannter Heiliger, ein Mann von Moral, hätte sich verteidigt, selbst wenn er der Vater gewesen wäre. Und dieser Hakuin – der nicht der Vater war, wehrte sich nicht im geringsten. Unschuld ist Schuldlosigkeit, eben darum ist sie Unschuld. Wenn du sie verteidigst und absicherst, ist es nicht mehr Unschuld – Berechnung hat sich eingeschlichen.

Was muss in Hakuin vorgegangen sein? Nichts! Er hörte sich einfach den Umstand an, dass Leute zu dem Glauben gekommen waren, dass er der Vater war, und so fragte er: „So?" Das war alles. Das ist alles! Er reagierte in keiner Weise – weder so noch so. Er wollte nicht ja sagen, er wollte nicht nein sagen. Er wehrte nicht ab, er war offen und verwundbar. Unschuld ist verwundbar, ist absolute Verwundbarkeit, Offenheit.

Wann immer du abwehrst, wann immer du sagst, dass es nicht so ist, hast du Angst. Nur Angst wehrt ab. Furchtlosigkeit kann nicht abwehrend sein. Angst panzert sich immer. Wenn dich jemand unehrlich nennt, verteidigst du dich sofort. Warum? Warum sich so aufregen? Warum reagieren? Weil du weißt, dass du unehrlich bist, darum tut es weh. Die Wahrheit tut sehr weh, weil die Wunde da ist. Du weißt, dass du unehrlich bist; und wenn jemand sagt, dass du unehrlich bist, kannst du nicht lachen, wirst du ernst. Du musst dich verteidigen, sonst wird die Sache bekannt. Du musst kämpfen, sonst fängt jeder andere an, genauso zu denken. Und wenn die Leute erfahren, dass du unehrlich bist, dann wird es schwer, unehrlich zu sein. Denn nur solange die Leute dich für ehrlich halten, kannst du weiter unehrlich sein. Das ist die einfache Rechnung.

Die Leute müssen glauben, dass du ein ehrlicher Mensch bist, nur dann kannst du lügen. Wenn alle wissen, dass du ein Lügner bist – Schluss! Wie kannst du dann lügen? Selbst um lügen zu können, musst du ein gewisses Vertrauen ausstrahlen. Du kannst nur Dieb sein, wenn die Leute dich für einen Heiligen halten. Dann ist es sehr leicht, ein Dieb zu sein, denn die Leute versuchen nicht, sich gegen dich zu schützen. Ein unmoralischer Mensch wird seinen Charakter immer verteidigen. Er wird nachzuweisen versuchen, dass er ein Mann von Charakter ist, aber das zeigt, dass er charakterlos ist. Wenn du nicht unehrlich bist, und dich jemand unehrlich nennt, sagst du: „So? Mag sein, vielleicht, wer weiß?"

Du wirst sagen: „Ich will noch mal nachschauen, ich will noch mal in mich hineinschauen. Du magst recht haben."

Aber das ist Ehrlichkeit. Wie kann dieser Mann unehrlich sein, der sagt: „Ich will nachschauen, ich will sehen, ob es stimmt. Du magst recht haben." Das ist authentische Ehrlichkeit. Dieser Mann kann nicht unehrlich sein. Aber du bist unehrlich, und wenn dir jemand das sagt, fühlst du dich beleidigt. Du verteidigst dich nur, weil du dich beleidigt fühlst. Du bist immer darauf gefasst und hast die Antwort parat. Du trägst Charakterzertifikate mit dir herum, die sagen: „Ich bin ein Mann von Charakter."

Furcht erzeugt einen Panzer. Heute hat die Tiefenpsychologie erkannt, dass alle Charaktere Panzer sind. Ein Kind wird geboren – es weiß nicht, was gut ist, was schlecht ist. Dann muss ihm beigebracht werden, Unterschiede zu machen. Es wird bestraft, wenn es Dinge weitertut, die für schlecht gelten. Was passiert mit dem Kind? Was passiert in seinem Bewusstsein? In seiner Unschuld kann es nicht sehen, was schlimm daran sein soll. Warum ist es schlimm? Aber Vater und Mutter – und sie sind mächtig – sie sagen: „Das ist schlecht, und wenn du das tust, wirst du bestraft. Wenn du es nicht tust, ist das gut, wirst du belohnt."

Es muss auf Vater und Mutter hören, weil sie mächtig sind, und es muss sich selbst unterdrücken und seine eigene Unschuld. Ein Panzer wird ihm angelegt. Es bekommt vor bestimmten Dingen Angst, die es nicht tun darf, weil es sonst bestraft würde. Gewisse Dinge soll es tun, dann wird es belohnt. Gier wird erzeugt, Furcht wird erzeugt. Und dann erlebt das Kind viele Male, wie es bestraft wird, wie es belohnt wird. Nach und nach legt es sich einen Charakter um sein Bewusstsein herum. Charakter heißt: Verhaltensweisen zu erzeugen, die von der Gesellschaft für gut befunden werden, und Verhaltensweisen zu zerstören, die von der Gesellschaft für schlecht befunden werden – das ist Charakter. Und dieser Charakter ist ein Panzer, denn wenn du ihn dir nicht schaffst, wird die Gesellschaft dich zerstören. Die Gesellschaft wird dich nicht leben lassen. Um zu existieren, um zu überleben, musst du dir einen Charakter zulegen, sonst findest du dich im Gefängnis wieder – zur Strafe.

Warum seid ihr so sehr gegen Kriminelle? Warum bestraft ihr sie so hart? Nicht, weil ihre Verbrechen so groß sind, nicht, weil es die Gerechtigkeit verlangt. Nein! Ihr nehmt Rache. Sie haben der Gesellschaft nicht gehorcht, euch nicht gehorcht, dem System, dem Establishment. Sie sind rebellisch. Ihr habt gesagt: „Das ist schlecht", und sie haben es trotzdem getan – die Gesellschaft rächt sich. Und eure Gerichte und eure Richter sind keine wirklichen Männer der Gerechtigkeit, sie sind Henker. Sie sind die von der Gesellschaft bestellten Mörder, die im Namen der Gerechtigkeit Rache nehmen. Sie morden, sie töten – aber im Namen der Gerechtigkeit.

Ein Mann stiehlt, er ist ein Dieb. Er wird für zehn Jahre ins Gefängnis gesteckt, für fünf, für sieben Jahre. Hilft ihm das in irgendeiner Weise? Wird es ihn, wenn er herauskommt, davon abhalten, erneut zu stehlen? Nein, im Gegenteil, er wird nur als noch besserer Dieb herauskommen, denn dort im Gefängnis wird er Meister treffen. Dort erlernt er die Berufsgeheimnisse, dort lernt er, warum er geschnappt wurde, was er falsch gemacht hat. Nächstes Mal wird es nicht so leicht sein, ihn zu schnappen. Er wird gewitzter sein, er wird besser aufpassen. Eure Strafen haben noch nie einen Menschen verändert. Aber ihr bestraft immer weiter und sagt dazu: „Wir bestrafen ihn nur, damit er sich ändert." Ein Mann begeht einen Mord; daraufhin mordet ihn die Gesellschaft, weil sie sagen: „Wieso hast du gemordet?" Aber das scheint absurd. Er hat gemordet, er hat falsch gehandelt, und nun mordet ihn die Gesellschaft, und die Gesellschaft handelt richtig! Und wie soll euer Töten ihn ändern? Er wird nicht mehr da sei.

Nein! Ihr nehmt Rache. Und ihr wisst tief drinnen, dass nicht nur die Gesellschaft das tut, sondern dass du es auch tust. Du bist Vater oder Mutter – du bestrafst dein Kind. Hast du je deinen Gedankenprozess dabei beobachtet? Beobachte, wieso du strafst. Schau tief in dich hinein, und du wirst die Rachehaltung erkennen. Du wirst sagen: „Wir erziehen es. Wie soll es lernen, wenn wir es nicht bestrafen?" Aber das sind nur Rationalisierungen. Innen fühlt sich der Vater verletzt, weil das Kind nicht gehorcht hat; es ist rebellisch geworden, es hat etwas getan, was ihm verboten war – Vaters Ego ist verletzt.

Wenn ihr in die alten Schriften schaut, ins Alte Testament, in den Koran und andere Schriften, dann spürt ihr sofort, dass Gott sehr rachsüchtig ist. Er wird dich in die Hölle schicken, nicht wegen der Gerechtigkeit, sondern weil du ungehorsam warst. Im Alten Testament steht: Gehorsam ist Tugend, Ungehorsam ist Sünde. Es kommt nicht darauf an, was von euch verlangt wird – Gehorsam ist Tugend, Ungehorsam Sünde. Wenn Gehorsam aufgezwungen wird, entsteht Charakter. Dann fängt das Kind nach und nach zu lernen an; es lernt, es wird berechnen – was es zu tun, was es zu lassen hat. Das unschuldige wird vergiftet. Die Unschuld ist nicht mehr da, jetzt ist Berechnung mit im Spiel. Und es weiß, wie es beeinflussen kann, wie es euch manipulieren kann, wie es das artige Kind spielen kann. So wird es dafür belohnt, „kein unartiges Kind" zu sein. Und dieser Charakterpanzer funktioniert auf doppelte Art und Weise: einerseits schützt er vor der Gesellschaft; aber tief im Innern weiß das Bewusstsein nicht, was gut und schlecht ist. Also musst du ständig gegen dich selbst kämpfen. So wird Charakter zu einer zweischneidigen Angelegenheit: nach außen ist er ein Schutz gegen die Gesellschaft, im Innern ein ständiger Kampf.

Du verliebst dich in eine Frau, und sie ist nicht deine Frau. Was tun? Die Gesellschaft hat dich gelehrt, dass dies unmoralisch ist. Aber dein Bewusstsein hat sich trotzdem verliebt, denn das Bewusstsein weiß nicht, was unmoralisch und was moralisch ist. Es passiert etwas, du kannst nichts daran ändern. Dein Charakter fängt an zu kämpfen und sagt: „Dies ist unmoralisch, verhindere es, kontrolliere es! Geh auf diesem Pfad nicht weiter, dies ist unrecht!" Dann fängst du zu kämpfen an. Dieser Kampf erzeugt Ängstlichkeit, und deine Spontaneität geht verloren. In den Augen der andern bist du ein Mann mit Charakter, und du darfst diesen Ruf nicht verlieren, denn sonst verlierst du dein Ego.

Und innen hältst du dich auch für einen Mann mit Charakter. Du fängst an, dich zu strafen. So viele Mönche fasten in so vielen Klöstern! – nicht aus religiöser Andacht, sondern nur aus Selbstbestrafung. Sie fühlen sich schuldig, ununterbrochen schuldig. Und es ist sehr schwer, einen Mönch zu finden, der sich nicht schuldig fühlt, sehr schwer. Denn alles ist falsch: eine schöne Frau anzusehen, ist falsch; wohlschmeckende Speisen zu essen, ist falsch; es sich bequem zu machen, ist falsch; alles ist falsch.

Ständige Schuldgefühle, was also tun? Da bleibt nur eines ... Und ein Verbrecher ist er auch nicht, denn er hat nichts getan, die Gesellschaft kann ihn also nicht bestrafen. Und ihr achtet ihn alle. Was also kann er tun? Er muss sich selbst bestrafen. Er fastet. Sieben Tage lang bleibt er ununterbrochen wach. Er erlaubt sich keinen Schlaf, er erlaubt sich keinen Komfort, er will nichts essen, was schmeckt, er will nichts sehen, was schön ist – er will sich an nichts freuen. Das ist seine Art zu strafen. Und je mehr er sich bestraft, desto achtbarer wird er in euren Augen. Dabei ist er nur ein kranker Mann, pervers. Er ist pathologisch, er ist ein „Fall". Er muss studiert werden, nicht geachtet. Etwas ist mit ihm schiefgelaufen. Sein Gemüt ist gestört – gespalten, zersplittert. Er ist ständig gegen sich selbst. Das ist es, was Angst bedeutet: wenn du gegen dich selbst bist, hast du Angst. Wenn du ständig gegen dich ankämpfst, erzeugst du Verkrampfung.

Und du kannst dir nichts erlauben, weil du immerzu Angst hast, dass, wenn du nachgibst, alles hochkommt, was du unterdrückt hast. Du kannst dich nicht entspannen. Eure sogenannten Heiligen können sich nicht entspannen. Selbst im Schlaf können sie sich nicht loslassen, weil sie vor der Gelöstheit Angst haben. Wenn sie nachgeben, was passiert dann? Dann wird der Körper sagen: „Mach dir's bequem!" Dann wird der Kopf flüstern: „Such dir was Schmackhaftes, such dir was Gutes." Dann wird der Körper begehren: „Such dir eine Frau, such dir einen schönen Körper, den du umarmen kannst. Such dir jemanden, mit dem du dich vereinigen und verschmelzen kannst!"

Wenn du dich entspannst, entspannt sich auch alles, was du unterdrückt hast. Daher können sich eure Heiligen nicht entspannen, sie haben Angst vor der Entspannung. Sie sind verklemmt, ständig verklemmt, man kann ihre Verklemmtheit fühlen. Wenn man sich einem Heiligen nähert, ist ein Ring von Verklemmtheit um ihn herum. Du wirst dich ebenfalls verklemmen, wenn du einem Heiligen nahekommst. Anders bei einem wirklichen Heiligen, einem Weisen, der ein Mann von Reinheit ist – nicht ein Mann von Moral – er ist ständig entspannt. Wenn du dich ihm näherst, wirst du dich entspannen. Aber dann fürchtest du dich vielleicht, denn wenn du dich entspannst, werden deine Verdrängungen anfangen, aufzusteigen.

Viele Leute kommen zu mir und sagen: „Das ist gefährlich! Denn wenn wir meditieren und uns entspannen, fangen uns viele Dinge zu quälen an, die uns vorher nicht gequält hatten." Erst vor ein paar Tagen kam ein verheirateter Mann, Vater von sechs Kindern, zu mir und er sagte: „Nie in meinem Leben habe ich eine andere Frau angesehen. Nie! Was ist los? Ich meditiere, und zum ersten Mal – und ich bin achtundvierzig, mit sechs Kindern und Frau, und alles ist okay – und nun plötzlich ziehen mich Frauen so an! Was soll ich tun?" Jetzt hat er Angst. Er muss das ständig verdrängt haben, achtundvierzig Jahre lang. Jetzt plötzlich hat er gelernt, sich zu entspannen. Aber wenn du dich entspannst, entspannst du total, sodass sich alles, was verdrängt wurde, mit entspannt.

Zum ersten Mal wird er wieder jung. „Wirklich", sagte ich zu ihm, „du bist nie jung gewesen! Jetzt wirst du wieder jung, also sind Frauen attraktiv geworden. Aber keine Angst, von jetzt ab wird alles attraktiv; die Bäume werden anders aussehen, die Blumen werden anders aussehen – und warum nicht eine Frau? Alles wird anders werden. Und wenn du davor Angst hast, dann kann die Schöpfung niemals schön für dich werden.

Und wenn die ganze Schöpfung schön geworden ist, bist du zur Tür des Göttlichen gekommen, eher nicht. Und du hast Angst vor einer Frau – was soll werden, wenn Gott kommt? Er wird so schön sein, dass du deine Frau völlig vergessen wirst! Was wirst du tun? Vor einer winzigen Frau hast du Angst – was wird mit dir geschehen, wenn eine ungeheure Schönheit über der ganzen Welt explodiert, überall? Verschließe dich also nicht." Aber er sagte: „Du magst recht haben, aber was soll aus meiner Familie werden? Ich habe Kinder."

Das sind die Ängste. Für ein unterdrücktes Gemüt ist Entspannung das Allergefährlichste. Ihr kommt zu mir und fragt: „Wie entspannen?" Ihr wisst nicht, worum ihr bittet, denn eure Gesellschaft hat euch dafür trainiert, euch nicht zu entspannen. Eure Gesellschaft hat euch beigebracht, wie ihr euch beherrschen könnt, und hier bringe ich euch nun bei, wie man sich entspannt. Das ist absolut anti-gesellschaftlich. Aber Gott ist antigesellschaftlich. Das Jenseits ist anti-sozial. Eure Gesellschaft wurde von Hirnen geschaffen, so pathologisch wie ihr. Sie haben Regeln und Gesetze aufgestellt, und pathologische Leute sind sehr gut im Gesetze machen und Regeln aufstellen. Sie selbst sind verklemmt und unglücklich, also wollen sie auch, dass andere verklemmt und unglücklich sind. Sie können euch nicht erlauben, glücklich zu sein.

Seht euch einen Lehrer in der Grundschule an, mit seinem Stock in der Hand, kleine Kinder tötend, die noch glücklich sind. Die Gesellschaft hat sie noch nicht zerstört, sie sind noch spontan. Seht euch diesen Schulmeister an: traurig, gereizt, immer ärgerlich, immer das Natürliche, das Tao, das Spontane tötend. Er wird erst zufrieden sein, wenn diese Kinder alle alt und tot sind. Dann fühlt er sich wohl, dann hat er seine Arbeit getan.

Die Psychologen sagen, dass Leute, die sich von Schulen, vom Lehrerberuf angezogen fühlen, sadistische Leute sind. Und es gibt nichts Besseres als eine Schule, wenn du Sadist bist, denn Kinder sind so schwach und hilflos, dass du mit ihnen machen kannst, was du willst. Du schlägst sie, und sie können nicht rebellieren. Du tust etwas, und sie dürfen keine Widerrede geben, sie müssen es sich gefallen lassen. Und du tust dies zu ihrem eigenen Wohl, also bist du über jeden Vorwurf erhaben. Du hilfst ihnen, aufzuwachsen. Pascal hat gesagt, dass die ganze Gesellschaft wahnsinnig ist und dass die Kinder in die Hände von lauter Wahnsinnigen fallen. Sie kommen unschuldig, aber sofort bemächtigen wir uns ihrer und machen Wahnsinnige aus ihnen. Ein paar fliehen durch die Hintertür; das sind die Verbrecher. Und ein paar fliehen durch die Vordertür; das sind die Weisen.

Weise und Verbrecher haben eine Eigenschaft gemeinsam, und das ist Auflehnung. Aber der Verbrecher hat mit seiner Auflehnung den falschen Weg eingeschlagen. Seine Auflehnung ist destruktiv, nicht kreativ. Und der Heilige hat ebenfalls den Weg der Auflehnung gewählt – aber kreativ.

> Die Eltern waren sehr erzürnt.
> Anfangs wollte das Mädchen nicht sagen, wer der Vater war,
> aber nach vielem Zusetzen nannte sie Hakuin.
> Wutentbrannt kamen die Eltern zu Hakuin,
> aber er sagte lediglich: „So?"
> Als das Kind geboren war, wurde es zu Hakuin gebracht,
> der inzwischen seinen guten Ruf verloren hatte,
> obwohl ihn das nicht sehr zu kümmern schien.

Ob ihr ihn ehrt oder ob ihr ihn entehrt, macht für den Weisen, für den Mann von Reinheit, keinen Unterschied. Was ihr über ihn denkt, ist wirklich egal. Warum ist es euch so wichtig, was andere denken? Warum ist euch die Meinung anderer so wichtig? Warum kümmert euch das so sehr? Weil ihr nicht wisst, wer ihr seid. Du verlässt dich auf ihre Meinung von dir. Das ist deine einzige Selbstkenntnis. Wenn sie sagen, dass du gut bist, bist du gut. Wenn sie sagen, dass du schlecht bist, bist du schlecht.

Du hast nichts in dir, das sagen kann: „Ihre Meinungen sind ihre Meinungen. Wenn ich gut bin, bin ich gut, ganz gleich, was sie sagen. Wenn ich schlecht bin, bin ich schlecht. Die ganze Welt mag mich wie einen Heiligen verehren, aber wenn ich schlecht bin, weiß ich, dass ich schlecht bin, und mein Ruf kann kein Ersatz sein; er ist nichts wert. Und wenn ich gut bin, kann die ganze Welt sagen, dass ich nichts tauge, dass ich schlecht bin, böse, der Teufel in Person – aber was ändert das? Wie sollte das etwas ändern?"

Einer, der sich selbst kennt, fühlt sich nie durch das beunruhigt, was ihr von ihm denkt. Aber wer sich nicht kennt, der ist immer beunruhigt, weil alles, was er weiß, nur aus euren Meinungen besteht. Alles, was er weiß, ist nur eine Akte, die er darüber angelegt hat, was andere von ihm denken. Das ist nicht Wissen, nicht Selbstkenntnis. Das ist Selbstunkenntnis, die ihr versteckt, die ihr mit den Meinungen anderer tarnt. Eure gesamte Identität, euer ganzes Selbstbild, stammt von anderen. Du kannst gar nicht anders, als ständig besorgt zu sein, denn die andern ändern dauernd ihre Meinungen. Meinungen sind wie das Wetter: unbeständig. Am Morgen war es bewölkt, und jetzt sind die Wolken fort. Jetzt ist es sonnig, und im nächsten Augenblick regnet es. Meinungen sind wie die Wolken, wie das Wetter. Was kannst du daran ändern? Seht euch Richard Nixon an – eben noch war er alles. Und einen Moment später – nichts. Die Meinung hat sich geändert, die Leute, die für ihn waren, sind gegen ihn – die gleichen Leute!

Das ist das Schöne: die gleichen Leute, die dich auf den Thron heben, werden dich wieder herunterzerren. Es gibt eine innere Dynamik, ein inneres Gesetz, dass die Leute, die dich achten, dich tief unten auch verachten. Die Leute, die dich lieben, hassen dich auch, denn sie sind gespalten. Sie sind nicht eins. Wenn sie dir also auf den Thron helfen, ist eine Seite von ihnen erledigt – die Liebesseite. Was passiert nun mit der Hassseite? Im selben Augenblick fängt die Hassseite zu arbeiten an. Sobald ein Mensch zu Ansehen kommt, schlägt das Wetter bereits um.

Sobald jemand zum Präsident oder Kanzler geworden ist, ändern die Wähler schon ihre Meinung. Ja, im selben Augenblick, da sie ihre Stimme abgaben, war die eine Seite erledigt – die Liebesseite. Jetzt wird die Hassseite aufsteigen. Es sind also die gleichen Leute, die dich auf den Thron bringen und die dich wieder herunterholen. Nur ein Weiser lässt sich nicht aus der Ruhe bringen. Warum? Weil er nie auf das achtet, was ihr sagt. Was ihr sagt, ist wirklich Unsinn. Ihr wisst nichts von euch und sagt etwas über Buddha, Mahavir, Christus. Ihr wisst nichts von euch selbst, und ihr seid euch über Jesus ganz sicher, dass er gut oder schlecht sei. Alles Unsinn! Und nur jemand, der genauso ist wie du, schenkt deinem Unsinn Beachtung. Ein Weiser ist nicht wie du, und das ist der Unterschied.

> Als das Kind geboren war, wurde es zu Hakuin gebracht,
> der inzwischen seinen guten Ruf verloren hatte ...

Natürlich, selbstverständlich, die gleichen Leute, die ihn für einen Weisen hielten, fingen jetzt an, ihn für einen Teufel zu halten. Er hatte die größte Sünde begangen: denn Sex ist für die Leute die größte Sünde. Ihr seid so sehr gegen das Leben, dass Sex zur größten Sünde geworden ist – weil er die Quelle des Lebens ist. Ihr seid so tot – darum ist der Sex zur größten Sünde geworden; denn der Sex ist das allerlebendigste Phänomen auf der Welt. Nichts anderes ist so lebendig wie der Sex. Ihr kommt aus ihm, die Bäume kommen aus ihm, die Vögel kommen aus ihm, alles kommt aus ihm. Was immer auch lebendig wird, kommt aus ihm. Er ist der Urquell.

Wenn sich irgendetwas in dieser Welt mit Gott vergleichen lässt, ist es Sex. Darum haben die Hindus *Shivalinga* zu ihrem Symbol gemacht. Die Hindus sind wirklich einmalig – so etwas gibt es nicht noch einmal auf der Welt. Ein wirklich mutiges Volk, *Shivalinga* – das Sexualorgan Shivas – zum Symbol der Gottheit zu machen!

Sex ist das Göttlichste auf der Welt. Aber warum nennt ihr ihn Sünde? Weil ihr von Anfang an belehrt worden seid, dass er Sünde sei. Ihr habt völlig vergessen, dass ihr aus ihm kommt. Und ihr habt völlig die Tatsache vertuscht, dass ihr sterben werdet, wenn in euch die Sexenergie erlischt. Es ist Sexenergie, was als Leben in euch pulsiert. Aus diesem Grund ist ein junger Mensch lebendiger und ein alter weniger lebendig.

Was ist der Unterschied zwischen einem jungen und einem alten Menschen? In jungen Menschen hat die Sexenergie Flut. In einem alten Menschen ist die Quelle versiegt, jetzt verebbt die Flut. Sie ist wie ein tröpfelndes Rinnsal geworden. Im Moment, da deine Sexenergie verschwunden ist, bist du tot. Sex ist Leben – und wir haben daraus die größte Sünde gemacht.

Tief drinnen sind wir gegen das Leben. Wenn ihr also davon hört, dass ein Heiliger eine sexuelle Beziehung gehabt hat, ist es augenblicklich um seinen guten Ruf geschehen. Wäre er zum Dieb geworden, wäre es nicht so schlimm, ihr hättet es ihm verzeihen können. Wenn er Geld gehortet hätte – eure Heiligen horten Geld! – hättet ihr verziehen. Es wäre kein so großes Problem gewesen, Besitzgier ist nicht so schlimm. Ganz gleich, was er getan haben mag, ihr hättet es ihm verziehen; aber Sex – unmöglich!

Wir sind solche Todfeinde des Sex geworden, dass die Christen sagen, Jesus sei ohne Sex geboren worden. Denn wie könnte ein Jesus aus dem Sex, der Erbsünde, geboren werden? Jesus – und aus dem Sex geboren? Jeder andere wird aus dem Sex geboren – nicht Jesus. Nur weil der Sex etwas so gefährliches ist, sagten sie, dass Jesus vom Heiligen Geist gezeugt wurde; einen Vater hatte Jesus nicht, Geschlechtsverkehr fand nicht statt. Er kam aus dem Mutterschoß, ohne dass es eine Berührung mit dem andern Geschlecht gab. Wozu dieser Unsinn? Aber lassen wir Jesus und die Christen beiseite.

Du! Auch nur zu denken, dass dein Vater irgendwann einmal mit deiner Mutter schläft, gibt dir Schuldgefühle. Aber wie wurdest du geboren? Du bist kein Bastard. Aber dir deinen Vater auch nur vorzustellen, wie er mit deiner Mutter schläft – das Ganze kommt dir hässlich vor. Die ganze Sache kommt dir so hässlich vor, dass du dir nicht vorstellen kannst, wie dein Vater so etwas tun kann. Andere mögen es tun, aber dein Vater? Unmöglich! Du stammst von einem *Brahmachari*-Vater ab, einem zölibatären Vater.

Das ist es, was die Christen von Jesus sagen. Und wenn ihr euch sicher seid, dass ein Heiliger, ein großer Weiser wie Hakuin, ein Mädchen schwanger gemacht hat, dann ist offensichtlich nicht nur die Hochachtung hin. Er muss auch nach Strich und Faden beleidigt worden sein. Es muss unmöglich für ihn gewesen sein, sich in der Stadt zu zeigen, zu betteln. Die Leute müssen ihn mit Steinen beworfen haben. Dieselben Leute, die ihm früher Girlanden und Blumen brachten, die sich vor seinen Füßen verbeugten – dieselben Leute!

Aber Hakuin störte sich nicht daran.

> Hakuin sorgte liebevoll für das Kind,
> beschaffte bei Nachbarn Milch und Nahrung und alles,
> was das Kind sonst brauchte.
> Nach einem Jahr konnte die junge Mutter es nicht
> mehr aushalten und sagte ihren Eltern die Wahrheit ...

Es muss ihr immer schwerer geworden sein, Hakuins Ruf tiefer und tiefer sinken zu sehen, die Beleidigungen zu sehen, die man gegen ihn schleuderte, zu sehen, wie die ganze Stadt gegen ihn war, zu sehen, wie er für das Kind, für die Milch, für sein Essen bettelte, und wie ihm die Türen vor der Nase zugeschlagen wurden. Es muss wirklich schwer gewesen sein. Und so sagte sie Ihren Eltern die Wahrheit ...

> ... der wahre Vater war ein junger Mann,
> der auf dem Fischmarkt arbeitete.

Sie arbeiten immer auf dem Fischmarkt – die wahren Väter.

> Die Eltern des Mädchens gingen gleich zu Hakuin,
> erzählten ihm die Geschichte,

entschuldigten sich umständlich,
baten ihn um Vergebung, und nahmen das Kind zurück.
Indem der Meister ihnen das Kind bereitwillig überließ,
sagte er: „So?"

Im Unglück, im Glück, der Weise bleibt gleich. Geachtet, beschimpft – der Weise bleibt gleich. Im Leben, im Tod – der Weise bleibt gleich. Wieder sagte er einfach dasselbe eine Wort: „So?" Wieder unverbindlich. Wieder lässt er sich auf nichts ein, sagt nichts, nimmt einfach eine Tatsache hin. „So? Okay." Das ist das Bewusstsein der Reinheit. Was immer das Leben bringt, heiße es willkommen. Wenn es Unglück und Beleidigung bringt, nimm es an, heiße es willkommen. Wenn es Ehre bringt, Glück – heiße es willkommen, nimm es an. Und mach keinen Unterschied zwischen diesen beiden.

Wenn du unterscheidest, geht dein Gleichgewicht verloren, und das Gleichgewicht ist die Reinheit. Wenn du ausgewogen bist, bist du ein Weiser. Wenn das Gleichgewicht verloren geht, gehst du verloren, bist du zum Sünder geworden. Sünde ist nicht etwas, das du tust. Sünde ist etwas, das in dir geschieht, wenn das Gleichgewicht verloren ist. Es geht nicht ums Tun, es geht um inneres Gleichgewicht.

Das ist es, was Mahavir *Samyaktva* nannte – inneres Gleichgewicht; weder dies, noch das. Was die Upanishaden *Neti-Neti* nannten – nicht dies, nicht das. Genau dazwischen, weder nach dieser noch nach jener Seite neigend. Denn wenn du dich bewegst, schon die geringste Bewegung, die niemand außer dir entdecken kann …

Merk dir: niemand kann dein inneres Gleichgewicht entdecken. Nur du kannst es entdecken, es ist so unmerklich. Aber nur die leiseste Bewegung, und dein Friede ist kein Frieden, du bist nicht mehr Zuhause; du hast das Göttliche verloren. Was bedeutet eine leichte Neigung? Es bedeutet, dass du gewählt hast. Es bedeutet, dass eine Unterscheidung getroffen wurde. Es bedeutet, dass du gesagt hast: dies ist gut, das ist schlecht. Es bedeutet, dass sich Erwartung eingemischt hat. Es bedeutet, dass das Verlangen sprießt. Es bedeutet, dass du jetzt motiviert bist.

Hätte Hakuin gesagt: „Na endlich! Ihr habt also die Wahrheit herausbekommen?", dann hieße das, dass er überhaupt kein Weiser war; dann hieße das, dass er das ganze Jahr über auf diesen Augenblick gewartet hat! Er wäre nicht in der Gegenwart gewesen, er hätte immer nur an die Zukunft gedacht: „Früher oder später kommt die Wahrheit heraus. Die Leute werden mich wieder achten. Wenn sie erfahren, dass das Kind nicht von mir ist, werden sie mich wieder achten. Mein guter Ruf wird zurückkehren." Dann hätte er gewartet, aber das Gleichgewicht wäre verloren gewesen.

Wäre Hakuin kein Weiser gewesen, er hätte sicher gegrübelt und Gott angefleht, den Leuten die Wahrheit zu offenbaren. Aber warum? Wenn es so ist, dass dir ein Kind in den Schoß fällt, und die Leute glauben, dass es dein Kind ist – er gab sich alle erdenkliche Mühe mit dem Kind, genau wie ein Vater – wenn das Leben dir dies Kind gebracht hat, was macht es dann für einen Unterschied, wer der wirkliche Vater ist? Absolut keinen! Das Kind braucht einen Vater – darum geht es. Und Hakuin war dem Kind ein liebevollerer Vater als nur irgendein Vater es sein kann. Selbst wenn es dein Kind gewesen wäre, du hättest es schwierig gefunden, dich so gut um das Kind zu kümmern, wie er es tat.

Es war nicht die Sünde des Kindes. Er hatte nichts gegen das Kind. Wärst du an Hakuins Stelle gewesen, du hättest das Kind sicherlich umgebracht, denn all dein Unglück hätte an ihm gelegen. Du hättest das Kind aussetzen müssen und wärst in ein neues Dorf gezogen, wo die Leute dich wieder hätten achten können, weil sie dich nicht kannten. Du hättest etwas tun müssen, um deine Ehre zu verteidigen – dein ganzer Ruf wäre ruiniert gewesen. Und Hakuin kümmerte sich nur um das Kind und machte sich um das Dorf keine Gedanken. Was die Leute sagen, darum geht es nicht, das ist gleichgültig. Das Kind brauchte einen Vater. Also wurde Hakuin der Vater. Es störte ihn nicht, er reagierte nicht. Und dann, nach einem Jahr, wenn du dich so liebevoll um ein Kind gekümmert hast, entsteht eine Bindung ... das muss so kommen. Selbst wenn das Kind nicht dir gehört, wird es zu deinem Kind. Mit einem Kind ein Jahr lang zusammenzuleben und so viel um des Kindes willen zu leiden, so viel für das Kind zu opfern – da entsteht ein festes Band, eine tiefe Beziehung. Man wird anhänglich. Aber als die Eltern wieder kamen und die ganze Geschichte erzählten, ihn um Verzeihung baten und das Kind mitnahmen, als der Meister ihnen das Kind willig überließ, geschah es ohne jede Spur von Besitzanspruch.

Er überließ ihnen das Kind einfach. Er sagte: „So?" – als wäre nichts geschehen. Dies ganze Jahr war ein Traum gewesen. Nur der Traum ist zerbrochen, und du bist wach. Ein Weiser lebt in dieser Welt unter euch, als lebte er in einem Traum. Ihr seid Schatten. Er lebt unter euch, als spielte er eine Theaterrolle, er ist nicht darin verwickelt. Er ist zwar da, aber er ist nicht darin, er bleibt Außenseiter. Und wenn du Außenseiter bleiben kannst, wirst du früher oder später erkennen: kein Wasser – kein Mond. Denn wenn du dich verwickeln lässt, entsteht Wasser; dann lebst du mit dem Spiegelbild, dann kommst du nicht an das Wirkliche heran, dann lebst du mit dem Unwirklichen.

Deine Gebundenheit führt zu Verblendung. Die Täuschung ist nicht etwas außerhalb von dir, die *Maya* ist nicht da draußen. Sie ist in dir, in deinen Einstellungen: du bindest dich, du wählst, du bist für dies und gegen das, machst Unterschiede, hast Vorlieben und Abneigungen. Sie ist in dir. Du erzeugst deine Illusion, und dann lebst du darin, bist von ihr umnebelt. In diesem umnebelten Zustand kannst du nur die Spiegelung erkennen, nie den wirklichen Mond.

Dieser Hakuin blieb im Gleichgewicht. Was auch geschehen mochte, es berührte sein Inneres überhaupt nicht.

Die Innenwelt blieb im Gleichgewicht – keine Wellen, keine Schwingungen der Außenwelt drangen ein. Er blieb so ruhig, als wäre es ein Traum. Und was auch kam – er nahm es hin. Er wurde nicht zum Tatmenschen, zum *Karta*; er blieb Zeuge.

Dies eine Wort „So?" kommt aus der zuschauenden Seele.

Ohne zu urteilen, nur das Wort „So?"

Und das ist alles, was in ihm war: „So? Wenn das so ist." Ein Weiser sagt zu allem, was passiert, okay, er trifft keine Wahl. Und wo kein Wählen ist, ist kein Wasser. Kein Wasser – die Spiegelung verschwindet, *Maya* verschwindet – kein Mond.

4

Das Klatschen der einen Hand

Mamiya, später selbst ein berühmter Meister,
wurde, als er bei einem Meister studierte, gebeten,
diesen Ton zu erklären: Das Klatschen einer Hand.
Obwohl Mamiya hart daran arbeitete,
sagte ihm der Meister eines Tages:
„Du arbeitest nicht hart genug.
Du hängst zu sehr am Essen, am Wohlstand, an Dingen –
und an diesem Ton. Besser wäre es, du stürbest."
Als Mamiya das nächste Mal vor den Meister trat,
wurde er erneut gefragt, was er vorzuweisen hätte,
das Klatschen einer Hand betreffend.
Mamiya fiel auf der Stelle zu Boden, wie tot.
„Tot bist du, das stimmt", sagte der Meister.
„Aber was ist mit dem Ton?"
Aufschauend sagte Mamiya:
„Ach, den hab ich noch nicht raus."
„Was?!" brüllte der Meister,
„Tote reden nicht. Hinaus mit dir!"

Das Klatschen der einen Hand

DAS ABSURDE IST NÖTIG, UM EUCH AUS DEM VERSTAND ZU HOLEN, weil der Verstand vernünftiges Denken ist. Durch vernünftiges Denken kommt ihr nicht aus dem Verstand heraus. Beim vernünftigen Denken bewegt ihr euch zwar immer weiter, aber ihr bewegt euch im Kreis herum.

Das ist es, was ihr schon seit vielen Leben tut. Eins führt zum anderen, aber „das andere" ist genauso Teil des Kreises wie das erste. Ihr habt das Gefühl, euch fortzubewegen, weil es Veränderungen gibt, aber ihr beschreibt einen Kreis. Ihr geht immer weiter im Kreis herum, rings herum – ihr könnt nicht ausbrechen. Je mehr ihr darüber nachdenkt, wie ihr herauskommen könnt, je mehr Systeme, Techniken und Methoden ihr entwickelt, um herauszukommen, desto mehr verstrickt ihr euch. Das Problem ist: die Vernunft kann euch nicht herausholen, weil gerade die Vernunft das Phänomen ist, weswegen ihr drin seid.

Etwas Irrationales ist nötig. Etwas ist nötig, das die Ratio übersteigt. Etwas Absurdes, Verrücktes ... nur das kann euch herausholen. Alle großen Meister haben sich Tricks einfallen lassen – ihre Tricks sind absurd. Wenn ihr über sie nachdenkt, kommt ihr nicht mit. Ihr müsst ihrer Linie folgen, ohne zu vernünfteln. Darum nützt Philosophieren nicht viel. Nur Religion kann helfen – Religion ist absoluter Wahnsinn!

Tertullian hat gesagt: „Ich glaube an Gott, weil Gott absurd ist." Es gibt keinen Grund, an ihn zu glauben. Gibt es irgendeinen Grund, an Gott zu glauben? Ist ein Mensch je in der Lage gewesen, Gottes Existenz zu beweisen? Es gibt keinen Vernunftsgrund, der seine Existenz schützen kann; deshalb: Glaube. Glaube bedeutet das Absurde. Glaube bedeutet: kein Grund zu glauben, und dennoch glaubst du. Glaube bedeutet: keine Argumente, keine Beweise, die es belegen – und dennoch setzt du dein ganzes Leben aufs Spiel; niemand kann nachweisen, dass es Gott gibt, und dennoch wagst du den Sprung in den Abgrund. Jeder Vernünftige wird denken, dass du verrückt geworden bist, und so haben es auch die Rationalisten aller Zeiten aufgefasst. Ein Buddha, ein Krishna, ein Jesus – sie sind verrückt geworden, sie reden Unsinn.

Es gibt im Westen eine ganze Schule, die beweist, dass Religion überhaupt Unsinn ist. Und ich, ein religiöser Mensch, ich sage, dass sie recht haben – aus falschen Gründen recht haben. Sie glauben, die Religion widerlegt zu haben, entwertet zu haben, indem sie beweisen, dass sie Unsinn ist. Nein! Religiöse Menschen haben seit jeher gesagt: „Wir sind absurd! Wir gehören nicht zu der Welt, die Sinn macht, wir gehören zu etwas, das darüber hinausgeht. Und dies Jenseits muss unweigerlich Unsinn sein." Was für einen Sinn kann Religion machen? Wenn das Religiöse für dich irgendeinen Sinn macht, hast du es verfehlt. Dann bist du in der Welt der Theologie, Philosophie, der Systeme – aber du kannst nie an jene Reinheit rühren, die immer jenseits von Vernunft ist.

Tertullian hat recht, er sagt die Wahrheit. Er sagt: „Ich glaube, weil Gott absurd ist." Glaube heißt: Glaube ans Absurde. An die Welt, die euch umgibt, braucht ihr nicht zu glauben – sie ist da! Keiner braucht an sie zu glauben. Wie kann man sie nicht glauben? Sie ist so unübersehbar da, zugegen. Alles beweist, dass sie da ist. Jemand kann einen Stein auf dich werfen, und es ist bewiesen; denn du wirst bluten. Du bist getroffen worden, den Stein gibt es. Aber Gott kann dich nicht treffen wie ein Stein. Du kannst ihn nicht einmal berühren. Es geht einfach nicht! Wie ihn riechen? Wie ihn sehen? Und dennoch glaubst du. Glaube heißt immer, an das Absurde glauben. Aber was geschieht, wenn einer fähig ist, tatsächlich das Absurde zu glauben? Er ist aus seinem Verstand heraus. Plötzlich hält der Kreislauf an, bleibt das Rad stehen, denn du treibst es nicht mehr an. Das Argumentieren hört auf, das Denken hört auf. Plötzlich bist du draußen, als wärst du aus dem Schlaf geweckt. Und der größte Schlaf ist der Schlaf der Vernunft, weil die Vernunft so schöne

Träume erzeugen kann und so wirkliche, dass jeder getäuscht wird.

Bist du erst einmal wach und aus dem Teufelskreis heraus, dann ist Gott da, und nichts sonst existiert. Dann ist es nicht mehr nötig, zu glauben. Dann weißt du! Aber bevor dies Wissen kommt, wird Glaube nötig sein. Und all jene Philosophien, die seit Jahrhunderten zu beweisen versuchen, dass Gott ist, sind nicht religiös, dienen nicht Gott; sie erweisen einen sehr schlechten Dienst. Denn wenn man einen Beweis liefert, machst du auch Gott zum Teil des Verstandes. Und wer an Gott glaubt, weil Gott bewiesene Tatsache ist, der kommt nicht mehr aus dem Verstand heraus.

Alle religiösen Menschen, alle die Meister, haben sich also Tricks einfallen lassen, um euch aus dem Verstand zu holen. Zen hat seine eigene, besondere Technik. Diese Technik ist als „Koan" bekannt. Ein Koan ist ein absurdes Rätsel. Du kannst es nicht lösen. Du kannst es drehen, wie du willst, deine Mühe ist umsonst. „Weiter, weiter!" treibt dich der Meister dauernd an, „du gibst dir nicht genug Mühe!" Und er täuscht dich; denn was du auch tust, es wird nie genug sein, um das Problem zu lösen – das Problem ist unlösbar. Es hängt nicht davon ab, wie viel oder wenig du daran arbeitest. Aber wenn du es tust, mit ganzem Einsatz tust, wird dir plötzlich die Absurdität bewusst – eher nicht. Plötzlich wirst du anfangen zu lachen. Das Ganze war Unsinn! Und dann kannst du das wahnsinnige Lachen lachen, welches kommt, wenn die Vernunft stillsteht – habt ihr schon einmal einen Wahnsinnigen lachen sehen?

Sein Lachen ist völlig anders, als euer Lachen. Euer Lachen ist vernunftbegründet, es gibt einen Grund dafür. Jemand hat einen Witz erzählt, jemand ist auf der Straße hingefallen, auf einer Bananenschale ausgerutscht, und ihr lacht. Es gibt einen Grund: es ist etwas Lächerliches passiert. Warum lacht ihr, wenn ein Mann auf der Straße hinfällt, auf einer Bananenschale ausrutscht? Warum? Was ist komisch daran? Da ist etwas dran. Das Ego ist das Lächerlichste am Menschen, und wenn ein Mensch auf einer Bananenschale ausrutscht, dann ist selbst eine Bananenschale stärker. Die ganze Absurdität des Ego ist erwiesen: jener Mensch ist nichts – selbst eine Bananenschale kann ihn aus dem Gleichgewicht bringen!

Die gesamte Zivilisation des Menschen ist ego-zentriert. Ganze Kulturen, Nationen, all die Träume von Größe, sind dem Menschen gekommen, weil er das einzige Tier ist, das auf zwei Beinen aufrecht steht – weshalb der Mensch immer denkt, er sei kein Tier. Er ist anders, er ist einzig, er gehört nicht der Tierwelt an. Aber wenn man auf einer Bananenschale ausrutscht, ist der aufrechte Gang plötzlich weg. Plötzlich fällt man in die Tierwelt hinein, ist man ein hilfloses Tier, mehr nicht. Darum ist es so lächerlich, jemanden hinfallen zu sehen. Und vergesst nicht, wenn ein Bettler auf einer Bananenschale ausrutscht, lacht ihr nicht so sehr, als wenn ein Premierminister hinfällt. Warum? Weil ein Bettler ein Bettler ist. Er hat schon zur Tierwelt gehört – unbedeutend. Aber dieser Premierminister, der Präsident, der König, die Königin – könntet ihr euch vorstellen, dass die Königin von England … ?

Genau wie menschliche Wesen?! Unmöglich! Sie haben sich den falschen Anschein gegeben, unfehlbar zu sein. Und nur eine Bananenschale macht das Ganze kaputt. Du bist bloßgestellt! Du bist einfach ein hilfloses menschliches Wesen. Und nicht nur ein hilfloses menschliches Wesen, ein Tier nur – auf allen Vieren, nicht auf zwei Beinen. Es ist lächerlich. Ihr lacht, aber das hat einen Grund. Beobachtet, wie ein Wahnsinniger lacht: da gibt es keinen Grund. Daher nennt ihr ihn ja wahnsinnig. Ihr fragt ihn: „Warum lachst du?" Wenn er auf das Warum antworten kann, dann ist er nicht wahnsinnig. Wenn er das Warum nicht beantworten kann, sagt ihr, dass er seinen Verstand verloren hat, dass er von Sinnen ist.

Was passiert, wenn ein Koan zum ersten Mal verstanden wird?

Nicht gelöst, denn ein Koan kann nicht gelöst werden, ein Koan ist unlösbar, er kann nicht gelöst werden. Es gibt keine Möglichkeit, ihn zu lösen, das ist eine Unmöglichkeit, er ist eine Sackgasse für den Geist – es geht nicht mehr weiter. Plötzlich steckst du fest, und der Meister treibt dich weiter an: „Arbeite hart! Du arbeitest nicht hart genug." Und je härter du arbeitest, desto mehr steckst du fest, du bewegst dich nirgendwohin. Du kannst nicht zurück, du kannst nicht vorwärts – festgefahren. Und der Meister hämmert immer weiter auf dich ein: „Los, los, mehr! Mehr!"

Es kommt ein Moment, wo du keinen Teil deines Wesens mehr zurückhältst, wo du dich mit deinem ganzen Sein einsetzt. Und trotzdem sitzt du fest. Plötzlich, wenn deine ganze Energie im Einsatz ist, wird es dir klar. Und das passiert nur, wenn du dich rückhaltlos einbringst. Du musst dich mit allem ins Zeug legen was du hast. Nur auf diesem Gipfel, auf diesem Höhepunkt der Energie wird dir bewusst, dass dies Problem absurd ist ... es kann nicht gelöst werden. Lachen breitet sich über dein ganzes Dasein aus – ein wahnsinniges Lachen. Und mit diesem Lachen ändert sich alles, wandelt sich alles. Das ist das erste.

Und das zweite – und dann können wir in die Geschichte einsteigen; das zweite ist: ihr seid alle große Nachahmer. Es ist leichter nachzuahmen, als authentisch zu sein, weil Nachahmung nur an der Oberfläche bleibt. Zur Authentizität brauchst du dein Zentrum, brauchst du dich in deiner Ganzheit. Das ist zuviel verlangt. Ihr lasst euch nur auf der Oberfläche ein, tief drinnen haltet ihr euch raus. Nachahmung ist sehr leicht; und jegliche Kultur und Gesellschaft beruht auf Nachahmung.

Jeder sagt dir, wie du dich zu verhalten hast; und was immer sie dir auch beibringen, es ist nichts als Nachahmung. Die frommen Leute – die sogenannten religiösen Leute, die Priester, die Theologen – sie lehren euch ebenfalls: seid wie Jesus, seid wie Buddha, seid wie Krishna! Keiner sagt euch je: Sei einfach nur du selbst. Keiner! Jeder, scheint es, ist gegen dich. Keiner erlaubt dir, du selbst zu sein, keiner lässt dir die geringste Freiheit. Du darfst in dieser Welt sein, aber du musst jemanden nachahmen. Das Ganze ist lächerlich, denn diese gleichen Dinge wurden auch zu Buddha gesagt. Zu Buddha sagte man: „Sei wie Ram, sei wie Krishna!" Er ist ihnen nicht gefolgt, nur so wurde er zu einem Buddha. Er wurde erleuchtet, weil er nie ein Opfer der Nachahmung wurde. Niemand kann nachahmen. Wenn du nachahmst, bleibst du unecht.

Ich habe gehört:
Ein Löwe und ein Hase betraten ein Gasthaus. Alles wurde aufmerksam, man traute seinen Augen nicht. Da sagte der Hase

zum Kellner: „Für mich bitte einen Kopfsalat – ohne Dressing!"
Der Kellner hatte Angst, fragte aber trotzdem: „Und ihr Freund? Was darf ich für ihn bringen?"
Der Hase sagte: „Nichts."
Der Kellner fragte: „Hat er keinen Hunger?"
Der Hase starrte den Kellner an und sagte: „Wenn er ein echter Löwe wäre, glauben Sie vielleicht, ich säße hier? Er ist Schauspieler."

Die ganze Welt ist unecht geworden – lauter Schauspieler. Niemand ist echt. Es ist sehr schwer, einen echten Menschen zu finden. Kannst du einen echten Menschen finden, verlass ihn nicht. Sei ihm einfach nahe, seine Echtheit wird ansteckend sein. Ihm einfach nur nahe zu sein, ist genug Veränderung für dich. Unnötig, irgend etwas zu tun.

Das ist es, was wir *Satsang* nennen: einem wahren Menschen nahe zu sein, einem echten Menschen, einem authentischen Menschen. Nichts anderes ist nötig! Ihm einfach nur nahe zu sein, ihm zuzusehen und sein Wesen zu fühlen – das ist genug. Aber die Gesellschaft hat Nachahmer aus euch gemacht, Schauspieler. Ihr seid nicht echt, ihr seid unecht. Ihr durftet nie ihr selbst sein, und doch ist das das einzige, was ihr sein könnt. Ihr könnt nichts anderes sein. Ihr könnt es versuchen; imitiert! Aber das wird nur an der Oberfläche bleiben, tief drinnen bleibt ihr ihr selbst – und so muss es auch sein. Das Unechte, das ihr euch übergestülpt habt, kann nicht euer Wesen werden. Wie denn? Es kann allerhöchstens ein Kleid sein, eine Pose, eine oberflächliche Geste.

Die ganze Welt hilft euch, Nachahmer zu werden. Und wenn ihr also in ein Kloster kommt, in die Nähe eines Meisters, versucht ihr es wieder mit den alten Tricks, die ihr in der Welt benutzt habt, ihr fangt auch da an, nachzuahmen. Dort helfen sie euch aber nicht im geringsten, dort bilden gerade sie die Schranke. In der Welt ist es okay, weil die ganze Welt voll von Nachahmern ist.

Wenn du da echt bist, bekommst du Schwierigkeiten; wenn du unecht bist, wirst du akzeptiert. Diese sogenannte Welt will dich nur als Schatten, nicht als wirklichen Menschen, denn ein wirklicher

Mensch ist gefährlich. Nur Schatten können unterdrückt werden. Schatten können gehorsam sein. Schatten können folgen. Was immer man ihnen zu tun befiehlt, das führen sie aus. Ein wirklicher Mensch wird nicht immer Ja sagen. Manchmal sagt er auch Nein, und er meint Nein! Ihr könnt ihn nicht unterwerfen, ihr könnt ihn nicht unterdrücken.

Also erziehen wir Kinder von Anfang an dazu, unecht zu sein. Und das ist es, was wir dann Charakter nennen. Wenn sie wirklich unwahr, unwirklich werden, dann loben wir sie und belohnen sie mit Orden, nennen sie wirklich. Dies Unechte heißt dann „wirklich", „ideal". Und wenn ein Kind rebelliert, wenn es versucht, es selbst zu sein, dann ist es ein Problemkind, es muss psychoanalysiert oder in irgendeine Anstalt gesteckt werden, wo man es schon wiederherstellen wird – etwas stimmt nicht mit ihm. Dabei ist nichts mit ihm verkehrt – es will sich nur behaupten. Es sagt: „Lasst mich sein, wie ich bin."

Der kleine Tommy, erlebte seine erste Hochzeitsfeier. Ein Gast fragte ihn: „Tommy, wen möchtest du denn heiraten, und wann?"
Tommy antwortete: „Nie! Ich möchte nie heiraten!"
Der Mann wunderte sich und fragte: „Warum nicht?"
Tommy antwortete: „Ich hab schon lange genug mit verheirateten Leuten gelebt – sie sind so verlogen." Und sein Vater und seine Mutter standen daneben. „Ich will nicht heiraten, weil ich ich selbst sein möchte."

Die Ehefrau erlaubt dem Ehemann nicht, er selbst zu sein. Der Ehemann erlaubt der Ehefrau nicht, sie selbst zu sein. Keiner erlaubt dem andern, so zu sein, wie er oder sie ist, weil das für gefährlich gilt. Unterdrücke! Und so ist die Gesellschaft unterdrückt worden. Wenn sie traurig ist, dann ist das nicht verwunderlich, dann ist das nur natürlich. Unechte Leute können nicht glücklich sein. Sie können allerhöchstens traurig sein. Allerhöchstens, auf ihrer höchsten Stufe, können sie traurig und deprimiert sein. Freud hat gesagt, dass es für die Menschheit keine Möglichkeit, keine Hoffnung auf wahres

Glück gibt. Und er hat recht. Der Weg, den die Menschheit beschritten hat ... wenn sie diesen Weg weiterverfolgt, ist nur Traurigkeit möglich, Depression, ein Zustand der Hoffnungslosigkeit. Man schleppt sich irgendwie weiter, wie eine Last – ohne Tanz, ohne sprudelnde Energie, ohne Vitalität, ohne Gesang, nichts, keine Blumen; nur ein Weiterschleppen.

Unechte Leute können nur so sein. Aber wenn diese unechten Leute sich zu sehr langweilen, wenn sie die sogenannte Gesellschaft satt haben, gehen sie zu einem Meister, auf die Suche nach Wahrheit. Dort versuchen sie dann auch ihre alten Tricks, aber da sind sie fehl am Platz. Es ist okay, unter unechten Leuten unecht zu sein, denn wenn man ehrlich mit ihnen ist, wird's schwierig. Aber wenn du wirklich auf der Suche nach Wahrheit bist, und du zu einem Meister kommst, und in dir regt sich der Drang zu wissen, was die Wirklichkeit ist, dann darfst du nicht nachahmen.

Wenn du nachahmst, hast du nur dein altes Muster fortgesetzt, deine alte Lebensweise, und diese Lebensweise wird zur Schranke. In der Religion ist keine Nachahmung erlaubt. Aber schaut euch die frommen Leute an: seht in die Kirchen, Tempel, Moscheen, dort findet ihr die größten Nachahmer. Mit anderen Worten – es gibt keine Religion mehr; Kirchen, Tempel, Moscheen sind heute tote Grabmale. Mit Jesus musste man wahr sein, aber mit dem Papst im Vatikan muss man Imitator sein. Heute ist die Christenheit des Vatikans Teil der Gesellschaft.

Jesus hat nie der Gesellschaft angehört. Er blieb ein Fremder. Alle wirklich religiösen Menschen sind Fremde geblieben; sie sind Außenseiter. Wenn sie sterben, werden über ihren Leichen Kirchen begründet; diese Kirchen sind ein Teil der Gesellschaft, sie werden von der Gesellschaft manipuliert, sie werden von der Gesellschaft kontrolliert. Die Gesellschaft kennt viele schlaue Mittel. Wenn ihr vom Marktplatz weglauft, lauft ihr der Kirche ins Netz, denn die Kirche ist nur eine Erweiterung des Marktes. Der Markt ernährt die Kirche, der Markt kontrolliert die Kirche, der Markt ist der wahre Besitzer der Kirche. Und ein Priester vertritt nicht das Göttliche, er vertritt den Markt. Der Priester vertritt die Ökonomie der

Gesellschaft. Und Marx hat recht, wenn er sagt, dass die Religion immer nur den Kapitalisten, den Feudalisten in die Hände spielt – oder den Ausbeutern und den Mächtigen. Religion wird gespielt als ein Instrument der Ausbeutung. Und Marx hat recht, was die Religion des Vatikans betrifft, oder was die Religion des Shankaracharya von Puri betrifft, oder was die Religion von Mekka und Medina angeht.

Aber er hat unrecht, was Mohammed betrifft, er hat unrecht, was den ursprünglichen Shankaracharya betrifft, er hat unrecht, was Jesus betrifft. Er hat nicht recht, denn sie standen außerhalb der Gesellschaft, sie lebten in der Wildnis, sie lebten als Fremde, sie lebten gegen die Gesellschaft und gegen Nachahmung. Sie existierten als göttliche Sendboten.

Das ist die Bedeutung von *Avatar*, das ist die Bedeutung von „Sohn Gottes", das ist die Bedeutung eines Propheten, eines *Paigamber*, sie lebten als Boten des Jenseits.

Bedenkt diese beiden Dinge, dann können wir mit dieser Geschichte beginnen.

Mamiya, später selbst ein berühmter Meister ...

Und vergesst nicht – nur wer ein wirklicher Jünger war, kann Meister werden. Einer, der nie Jünger war, einer, der nie erfahren hat, was Jüngerschaft bedeutet, einer, der nie Lernender war, kann nie ein Lehrender werden. Bevor du lehren kannst, musst du lernen. Aber jeder will Lehrer sein, ohne Lernender gewesen zu sein. Dein Ego will Meister sein und nicht Jünger – aber so wirst du zum falschen Meister. Und dann bist nicht nur du in Gefahr, du wirst auch viele andere in Gefahr bringen. Ein Blinder, der andere Blinde führt – das muss im Straßengraben enden. Bedenkt das; denn das Ego will lehren. Es ist so schön für das Ego zu beraten, zu belehren. Ertappe dein Ego ab und zu in dir, denn auch du tust das. Du kannst dir keine Gelegenheit zu lehren entgehen lassen. Tausende von Gelegenheiten zu lernen lässt du dir entgehen, aber eine Gelegenheit zu lehren kannst du dir nicht entgehen lassen.

Jemand redet – du steckst deine Nase hinein. Jemand stellt eine Frage – du weißt nicht, was die Frage bedeutet, du kennst die Antwort nicht, aber eine Antwort hast du, denn das Ego fühlt sich sehr gut, wenn du klug erscheinen kannst. Du weißt Bescheid, und der andere ist dumm. Darin liegt die große Anziehungskraft, Lehrer zu werden. Lehre!

Du bist der Wissende, und der andere wird zum Nichtwisser. Das ist der alte Trick: du hast die Schätze, und der andere ist arm; du hast den Posten, und der andere ist ein Niemand; du bist der Wissende, und der andere ist dumm. Sobald du das Gefühl haben kannst, dass der andere tief unter dir steht, bist du obenauf. Das ist Ausbeutung. Das ist der Grund, warum es auf der Welt so viele Lehrer gibt, aber sehr wenige wirkliche Meister. Aber das wird immer so sein, das ist immer so gewesen.

Als Mahavir geboren wurde, war er ein wirklicher Meister, und die Jainas in Indien hatten viele viele Jahre lang auf einen *Teerthanker* gewartet. Der vierundzwanzigste sollte noch kommen, der vierundzwanzigste wurde erwartet. Die Jainas rechnen damit, dass in jedem kalpa – in jeder Schöpfungsperiode – vierundzwanzig große Meister geboren werden. Dreiundzwanzig waren also schon geboren worden, und der vierundzwanzigste wurde erwartet. Es gab ein großes Warten auf den vierundzwanzigsten, aber wie sollte man erkennen, wer der vierundzwanzigste war? Als Mahavir kam, war er der vierundzwanzigste, aber acht andere beanspruchten, der wirkliche zu sein. Und diese acht anderen führten viele Leute in die Irre.

Sie waren große Lehrer, aber keine Meister. Sie konnten reden, konnten predigen, konnten argumentieren; sie waren streitbare Leute, Debattierer, und sie beeinflussten viele Leute – denn ihr lasst euch durch Argumente beeinflussen. Ihr lasst euch nicht durch das Wesen beeinflussen, denn um das Wesen zu sehen, müsst ihr euer Bewusstsein immer höher steigen lassen. Nur dann könnt ihr die Gipfel sehen. Wenn ihr im Tal lebt, wie könnt ihr dann die Gipfel sehen? Ihr müsst euch weiter nach oben begeben.

Mahavir zu sehen ist schwer; dafür gab es Goshalak, da gab es Prabuddha Kattyayan, da gab es Poorn Kashyap und andere. Sie waren gewöhnlich, doch außergewöhnliche Geister. Gewöhnlich in dem Sinn, dass sie kein entfaltetes Bewusstsein hatten, dass sie nicht erleuchtet waren. Aber sie waren große Gelehrte, größer als Mahavir, sie waren große Streiter. Sie konnten jeden mundtot machen – logische Schlächter, Haarspalter. Und als sie Ansprüche erhoben, hörten viele auf sie, während Mahavir zwölf Jahre lang absolut still blieb. Wer ging schon zu ihm? Er wurde aus jedem Dorf gejagt. Wohin er auch ging, vertrieben ihn die Leute, denn erstens verhielt er sich schweigend ... Und einen Schweiger verdächtigt ihr immer, vielleicht ist er vom CID, vom FBI. Jedes Dorf misstraute also Mahavir, weil dieser Mann nicht sprechen wollte; nicht einmal ansehen wollte er einen. Und er ging nackt! Das schuf erst recht Probleme, denn die Leute fragten natürlich: „Warum gehst du nackt?" Und jedes Mal blieb er still.

Entweder ist er also ein Krimineller, der sich versteckt, oder ein Irrer, der nackt herumläuft; schließlich laufen nur Verrückte nackt herum. Wieso sonst ist er nackt? – ein unmoralischer Mensch! Denn sich nackt in der Öffentlichkeit zu bewegen, ist das Unmoralischste, was es gibt. Und dann nicht mal zu antworten! Entweder ist er dumm und kann nicht antworten, oder er ist verdächtig: vielleicht ist er der Agent eines fremden Landes – oder sonst was. Man jagte ihn zum Ort hinaus, zwölf Jahre wurde er herumgejagt. Und wir behaupten, die Menschen hätten auf ihn gewartet! Aber nur zu warten, ist nicht genug. Man braucht auch Augen, die sehen. Die Juden warteten Tausende von Jahren auf Jesus. Sie warten immer noch, und Jesus hat sich längst ereignet. Was soll man vom menschlichen Geist sagen? Die Juden warten noch immer auf den Messias – und er ist längst gekommen!

Zwanzig Jahrhunderte sind vergangen. Er kam zu ihnen, klopfte an ihre Tür, sie weigerten sich, ihm zu glauben – weil er nicht so redete, wie sie es erwarteten. Und wie kann der göttliche Sendbote so reden, wie ihr es erwartet? Er gehört nicht zu euch, er kommt aus dem Jenseits, er kann eure Sprache nicht sprechen. Was immer er sagt, wird zerstörerisch für euch, er wird euch zerstören. So wie ihr seid, müsst ihr zerstört werden, nur dann wird das Neue geboren.

Aber die Juden wollten es nicht glauben, und sie warten noch heute. Und seid sicher: sollte er nochmal den Mut aufbringen – ich glaube zwar nicht, dass Jesus noch einmal den Mut aufbringen wird, denn nach allem, was ihr ihm angetan habt, reicht es! – sollte er noch mal den Mut aufbringen und vergessen, was vor zwanzig Jahrhunderten passiert ist: wie ihr ihn gekreuzigt habt, wie ihr ihn beleidigt habt, wie schlecht ihr euch benommen habt; sollte er das vergessen und wiederkommen und an die Tür der Juden klopfen – die nach wie vor warten – dann werden sie ihn erneut abweisen.

Gewöhnliche Leute mit einem außergewöhnlichen Geist können sie akzeptieren, aber Leute in einem außergewöhnlichen Seinszustand können sie nicht akzeptieren. Denn um ein solches Sein zu erkennen, müsst ihr euch ändern. So wie ihr seid, könnt ihr nicht erkennen; so wie ihr seid, könnt ihr Jesus nicht verstehen. Prägt es euch gut ein, dass das Ego gern ein Messias werden möchte. Das Ego möchte gern ein *Teerthanker* werden, das Ego möchte gern etwas beanspruchen, was gar nicht da ist. Das Ego ist ein großer Förderer. Es besitzt nichts, aber es erhebt Ansprüche – immerzu. Es gibt viele Lehrer – seid auf der Hut, sonst könnt ihr Opfer werden.

Merkt euch also: gib niemandem Ratschläge, außer, wenn du selbst gelernt hast, außer, wenn du den Prozess der Jüngerschaft durchgemacht hast. Und Jüngerschaft ist schwer, weil du dich ausliefern musst. Du musst dein Ego fallenlassen, du musst ein Nicht-Selbst werden. Und dies ist das Paradox: solange du kein Nicht-Selbst wirst, wirst du nie ein Selbst. Das Unechte muss fallen, erst dann steigt das Echte auf. Das Falschgeld muss weggeworfen werden, erst dann beginnt die Suche nach dem Wirklichen und dem Authentischen.

> Mamiya, später selbst ein berühmter Meister, wurde,
> als er bei einem Meister studierte,
> gebeten, diesen Ton zu erklären: das Klatschen einer Hand.

Er wurde später ein großer Lehrer, aber erst musste er durch eine Jüngerschaft unter einem Meister gehen. Und ihm wurde ein Rätsel zu erklären aufgegeben – einer der berühmtesten Zen-Koans: Was ist der Ton des Klatschens einer Hand?

Da sagt der Verstand sofort: „Sinnlos! Die Suche ist sinnlos, zwecklos – denn wie kann eine Hand klatschen? Zum Klatschen gehören zwei. Wie ist Ton möglich bei einer klatschenden Hand, da ein Ton doch nur beim Zusammenprall von zwei Dingen entsteht? Alle Töne werden dadurch erzeugt, dass zwei Dinge aufeinanderprallen, wie dann also mit nur einer Hand?"

Wenn du also ein guter Logiker bist, wirst du dich sofort von diesem Meister entfernen, denn er redet Unsinn. Es ist nicht möglich, und was immer du anstellst, es wird dir nie gelingen – das ist einfache Logik, das ist simple Vernunft. Aber dann verstehst du nicht, worauf es ankommt. Genau darauf nämlich!

Schon oft in deinem vergangenen Leben bist du vor einem Meister davongelaufen, weil er etwas Unmögliches verlangte. Aber ein Meister wird immer das Unmögliche verlangen, nur dann kannst du dich ändern. Beim Möglichen bleibst du gleich. Was immer dein Verstand für möglich hält, ist innerhalb seiner Grenzen. Was immer dein Verstand für unmöglich erklärt, ist jenseits von ihm. Versuch das Unmögliche. Religion ist die Anstrengung, das Unmögliche zu erreichen. Religion ist die Anstrengung, das geschehen zu machen, was nicht geschehen kann.

... wurde gebeten, diesen Ton zu erklären:
das Klatschen einer Hand.

Wäre er ein Argumentierer gewesen, er hätte sich sofort davongemacht. Aber Mamiya blieb beim Meister, wohlwissend, dass dies unmöglich war: „Aber wenn der Meister sagt, ich soll es tun, dann muss etwas dran sein. Es mag unmöglich sein, es mag mir absurd vorkommen, aber wenn der Meister es fordert, dann muss da etwas sein, das ich jetzt nicht sehen kann." – Das ist Glaube, das ist Vertrauen. Wenn du sagst: „Ich kann es nicht sehen. Bevor du es mir nicht erklärst, strenge ich mich nicht an", kann der Meister es dir nicht erklären, denn da gibt es nichts zu erklären, es gibt keine

Erklärung. Nur deine Bewusstseinsveränderung wird dir die Augen geben, mit denen du erkennen und mit dem Meister lachen kannst; selbst dann wird es keine Erklärung geben.

Der Meister verlangt das Unmögliche, weil er Vertrauen verlangt. Wenn er das Mögliche verlangt – wozu dann Vertrauen? Du kannst es ausklügeln, du kannst es herausbekommen, und du vertraust deinem Verstand, wenn du es heraus hast. Aber wenn du es nicht herausbekommst, wenn dein Verstand nichts damit anzufangen weiß und sich einfach weigert, etwas zu tun, und trotzdem bleibst du – das ist Vertrauen. Mamiya blieb – er vertraute dem Meister.

> Obwohl Mamiya hart daran arbeitete ...

Und er fing an zu arbeiten! Es gibt nur zwei Möglichkeiten, entweder verweigerst du dich dem Meister oder du verweigerst dich dem Verstand. Der Kampf ist nicht zwischen dir und dem Meister, der Kampf ist zwischen deinem Verstand und dem Meister. Wenn der Verstand geschlagen wird, dann gibt es keine Schranke mehr zwischen dir und dem Meister – ihr werdet eins. Der Jünger wird zum Meister, der Meister wird zum Jünger, alle Schranken sind gebrochen. Die Schranke ist der Verstand, und der Verstand wird dies und jenes sagen und dir einzureden suchen, dass dieser Meister verrückt ist: „Er verlangt etwas Unmögliches, das niemand tun kann. Verschwende keine Zeit. Such dir einen, der vernünftig ist!"

Aber Mamiya versuchte es, er arbeitete hart daran. Er verweigerte sich dem Verstand – Weigerung dem Verstand gegenüber ist Vertrauen. Und der Verstand ist vernünftig, also ist Vertrauen unvernünftig.

> ... sagte ihm der Meister eines Tages:
> „Du arbeitest nicht hart genug."

Und er arbeitete hart; aber Meister sind unmöglich, du kannst sie nie zufriedenstellen. Sie behämmern dich immerzu, mehr und mehr und mehr, denn du weißt nicht, wie viel du tun kannst. Du weißt nichts von dir. Wenn du sagst: „Ich arbeite hart", weiß der Meister, dass nur ein Teil von dir funktioniert.

Die Psychologen sagen, dass selbst ein sehr talentierter Mensch, selbst ein Genie, nie mehr als fünfzehn Prozent seiner Energie nutzt. Selbst ein Einstein benutzt nie mehr als fünfzehn Prozent seiner Energie! Was soll man da von gewöhnlichen Menschen sagen? Sie benutzen schätzungsweise drei Prozent, höchstens fünf. Fünfundneunzig Prozent eurer Lebensenergie geht einfach ungenutzt verloren. Wenn du also sagst: „Ich arbeite hart", weißt du nicht, was du sagst. Das eine Fragment, das du benutzt, mag hart arbeiten, aber das ist nur ein Zehntel. Die neun andern Teile schlafen. Der Meister will, dass du total bei der Sache bist, denn wenn du total bist ... nur dann die Verwandlung.

> „Du arbeitest nicht hart genug.
> Du hängst zu sehr am Essen,
> am Wohlstand, an Dingen – und an diesem Ton.
> Besser wäre es, du stürbest."

Was wollte dieser Meister sagen? Dies sind die gewöhnlichen, weltlichen Bindungen. Essen ist eine Bindung, und es wird eine umso größere Bindung, wenn jemand dem Sex entsagt. In einem Kloster, einem buddhistischen Kloster, entsagt man dem Sex, lebt man ein keusches Leben.

Wenn du dem Sex entsagst, bindet sich deine ganze Energie mehr und mehr an das Essen. Das ist ein Problem, das verstanden werden muss; denn Essen und Sex sind die beiden tiefsten Dinge in dir. Wenn du zu sehr im Sex bist, kümmerst du dich nicht viel ums Essen. Aber wenn du nicht hinter dem Sex her bist, dann fängt die gesamte Energie an, dem Essen zuzufließen. Daher sind alle eure *Sadhus* – die Leute, die dem Sex entsagt haben – immer sehr am Essen interessiert. Seht euch die *Sadhus* an, die Hindu-Sannyasins, mit ihren dicken Bäuchen. Was ist geschehen? Wieso diese dickbäuchigen Hindu-Sannyasins? Sie essen immerzu, sie essen und essen – aber das ist ein natürliches Phänomen, man muss verstehen, warum es so kommt. Sie haben dem Sex entsagt, wo also soll die Energie hin, die früher dem Sex zufloss? Und Essen und Sex sind grundlegend. Essen ist noch grundlegender als Sex, denn man kann ohne Sex leben, aber nicht ohne Essen. Ohne Sex zu leben, ist überhaupt kein Problem. Und wirklich, wer weiß, was es heißt, mit Sex zu leben, wird es leichter finden, ohne ihn, denn der andere kommt noch dazu, und mit dem andern kommen die Probleme. Du bist dir schon selbst Problem genug, und der andere bringt noch mehr. Und wenn zwei Menschen ein sexuelles Leben führen, verdoppeln sich die Probleme nicht nur, nein, sie vervielfachen sich. Es ist keine einfache Addition, sondern eine Multiplikation.

Wer also mit dem Sex lebt, weiß sehr wohl, dass der Sex mehr Probleme schafft, als er löst. Aber wenn du soweit bist, dass du es merkst, steckst du schon so tief drin, dass du nicht mehr herauskommen kannst. Das ist das Problem: Erfahrung kommt aus Erfahrung, aber dann nützt sie nichts mehr, weil du schon drin steckst. Und wenn du es einem erzählst, der noch draußen steht, wird er nicht auf dich hören, denn er wird sagen, dass es sehr schwer ist, allein zu sein, dass man jemanden andern braucht, um zu teilen. Er weiß nicht, was ihm blüht, wenn er zu teilen beginnt. Dann fängt er an, die Probleme zu teilen – es ist nichts anderes zu teilen da.

Essen sitzt tiefer als Sex. Nahrung wird im ersten Augenblick nach der Geburt des Kindes gebraucht – nicht Sex. Ein Kind kann vierzehn Jahre lang ohne jeden Sex leben. Aber am ersten Tage, im ersten Augenblick, kommt der erste Schrei nach Nahrung, weil Nahrung die Grundlage deiner biologischen Existenz ist. Sex ist nicht die Grundlage deiner biologischen Existenz, Sex ist die Grundlage der biologischen Existenz von Gesellschaft – nicht von dir. Ohne Sex verschwände die Gesellschaft; du kannst leben, aber ohne Sex kannst du keine Kinder reproduzieren, es werden keine Kinder geboren, und die Gesellschaft verschwindet.

Wenn jeder ein *Brahmachari* wird – was unmöglich ist – dann wird es den Weltfrieden geben, wirklichen Frieden, denn dann ist niemand mehr übrig. Das wäre der globale Selbstmord. Aber du kannst ohne Sex existieren, da gibt es kein großes Problem.

Wann immer also die Energie, die sonst dem Sex zufließt, angehalten wird, fängt dieselbe Energie an, dem Essen zuzufließen. Diese beiden Dinge sind die Basis. Hindu-Sannyasins und andere essen ständig zuviel. Daher gibt es in allen heiligen Schriften – der Jainas, der Buddhisten, der Hindus – Vorschriften für Sannyasins, nicht zuviel zu essen. Warum? Weil sie den Sex unterbunden haben. Man weiß, dass sie zuviel essen werden. Also müssen Regeln zum Schutz des Sannyasins aufgestellt werden, weil er sonst der Fresssucht verfällt, weil er sonst verrückt wird und isst und isst und isst.

Essen kann sexuelles Vergnügen bereiten, weil das Sexzentrum und der Mund miteinander verbunden sind. Darum ist das Küssen eine so sexuelle Angelegenheit. Andernfalls... wozu? Und wenn du jemanden leidenschaftlich küsst, fühlst du augenblicklich Sexenergie aufsteigen. Warum? – Mund und Geschlecht liegen doch weit auseinander! Nein, das stimmt nicht, sie sind verbunden, sie sind zwei Pole einer Energie.

Wann immer du also den Sexpol aushungerst, geht die ganze Energie zum Mund. Du wirst mehr essen müssen, Kaugummi kauen oder pan oder sonst etwas. Oder wenn sonst nichts anderes, wirst du ununterbrochen reden müssen, denn beim Reden bewegt sich der Mund. Darum reden die Leute ununterbrochen, den ganzen Tag über. Selbst der Tag reicht nicht; wenn du nachts neben ihnen sitzt, wirst du sehen, dass sie reden.

Mulla Nasruddin ging zum Arzt und sagte: „Tun Sie was! Es geht mir allmählich auf die Nerven; meine Frau redet nachts zuviel."
Der Arzt sagte: „Wo ist Ihre Frau? Holen Sie sie, ich helf ihr."
Mulla Nasruddin sagte: „Sie verstehen mich nicht. Mit ihr sollen Sie nichts tun. Tun Sie was mit mir, damit ich wach bleiben kann. Es ist so interessant! Ich schlafe ein, wenn sie redet, und es ist so interessant. Sie sagt so schöne Sachen und enthüllt so viele schöne Dinge; so redet sie nie, wenn sie wach ist. Wenn sie wach ist, redet sie Unsinn. Geben Sie mir also etwas, damit ich wach bleiben und zuhören kann."

Wenn ihr die Leute beobachtet, sie reden die ganze Nacht lang, ununterbrochen. Ihre Münder bewegen sich, sie geben Töne von sich und alles Mögliche. Wenn die Energie an einem Pol blockiert wird, wird der andere Pol aktiviert, denn die Energie muss irgendwie freigesetzt werden. Man kann sie nicht zurückhalten. Es ist so, als wolltet ihr essen und dann den Stuhlgang verhindern; was passiert? Ihr werdet euch übergeben müssen, es gibt keine andere Möglichkeit; denn wenn ihr esst, müssen die Sachen hinausgeworfen werden. Wenn ihr esst, wird Sexenergie erzeugt, und dann muss sie hinausgeworfen werden. Wenn ihr den Sex nicht als Ventil gebraucht, dann muss ein anderes Ventil gefunden werden. Dieser Mamiya hing offenbar zu sehr am Essen.

Der Meister sagte:

„Du hängst zu sehr am Essen,
am Wohlstand, an Dingen – und an diesem Ton ..."

Wenn ein Mensch festgelegt ist, wenn Suchtverhalten in einem Menschen geprägt worden ist, mag er die Welt verlassen, aber das macht keinerlei Unterschied. Er mag alles zurücklassen, die Sucht bleibt. Sie bahnt sich nur neue Wege. Du magst den Palast verlassen und nur noch zwei Kleider haben, aber du klammerst dich an deine zwei Kleider. Die ganze Sucht, die ganze Energie, die zuvor an deinen Palast gebunden war, ist nun an die beiden Gewänder gebunden. Es macht keinerlei Unterschied. Du kannst ein Ding nach dem andern fallenlassen, aber die Sucht bleibt die gleiche.

Dieser Mamiya war ins Kloster gekommen, er hatte sein Leben verlassen. Er war ein buddhistischer Mönch, und nun gab es keine Dinge mehr. Ein buddhistischer Mönch darf nicht viele Dinge haben: eine Schale für Essen und Wasser, drei Kleider, eine Matte zum Schlafen – mehr nicht. Nicht viel, worum er sich zu kümmern hätte. Er kann es auf dem Rücken tragen und weiterziehen, denn ein buddhistischer Mönch muss ein Wanderer sein, und er muss seine ganze Habe selbst tragen. Kein anderer darf Sachen für ihn tragen. Buddha machte das zur Regel, damit man nicht immer mehr Dinge sammelt. Wenn jemand anders sie tragen darf, dann schaffst du dir vielleicht immer mehr Dinge an. Sehr wenige Dinge – aber die Bindung! Der Meister sagte:

„Du hängst zu sehr am Essen, am Wohlstand ..."

Er hat jetzt keinen Reichtum, aber binden kann man sich auch ohne Reichtum, denn es ist keine Frage von objektiven Gegenständen. Es ist eine Frage der subjektiven Gefühle.

„ ... und an diesem Ton ..."

Und auch der wird zum Problem. Wenn du zu sehr an Meditation hängst, wird Meditation deine Welt. Wenn du zu sehr an deinem Gebet hängst, wird Gebet zur Schranke.

Es gibt eine schöne Anekdote in der chassidischen Literatur. Die Chassiden sind eines der wunderbarsten Völker auf der Welt – jüdische Rebellen. Sie haben eine Sitte, eine wertvolle Sitte. Und die Sitte ist: was dein Sinn auch begehren mag, das verweigere ihm. Warte! Wenn du es ihm gewähren willst, tu es nur, wenn der Drang verschwunden ist. Wenn es in dir sagt: „Ich bin hungrig", gib dir nichts zu essen. Warte. Wenn der Drang fort ist, dann iss. Gib nicht, solange der Trieb fordert: folge nicht dem Trieb, bleib Herr im Haus.

Es geschah einmal: einer von den Jüngern Baal Shems war krank, kurz vor dem Sterben. Und wenn man stirbt, muss man natürlich, bevor man den Körper verlässt, sein letztes Gebet sprechen, das letzte Dankeschön und Gebet. Er lag auf dem Sterbebett und wälzte sich unruhig hin und her. Baal Shem hatte ihn aufgesucht, um letzten Abschied von ihm zu nehmen, und so fragte er: „Hast du ein Problem?"

Er sagte: „Ja. Denn mein Sinn sagt: ‚Sprich dein Gebet!' und ich kann es nicht eher, als bis der Drang sich gelegt hat. Wenn der Drang fort ist, werde ich mein Gebet sagen, aber ich weiß nicht, ob ich dann noch lebe oder schon tot bin. Also muss ich laufend meine

Stellung ändern, damit ich am Leben bleiben kann und der Drang verschwindet."

Baal Shem sagte zu den andern Jüngern, die da versammelt waren: „Seht ihr? Dieser Mann weiß, was Beten ist."

Denn wenn du daran hängst und deshalb betest, ist das Gebet von dieser Welt, denn Bindung macht alles zu Materie. Selbst Beten ist eine Sünde, wenn du es aus Bindung heraus tust. Wenn du nicht aus Sucht betest, nicht aus dem Drang der Gewohnheit, dann allein gelingt dir das Beten. So also sagt der Meister: „Und an diesen Ton hast du dich auch zu sehr gehängt. Du denkst ständig darüber nach, das Rätsel zu lösen. Werde nicht süchtig. Löse es, sicher, aber werde nicht süchtig! Werde nicht verrückt. Arbeite hart, aber werde nicht verrückt. – Es wäre besser, du stürbest."

Aber Mamiya verstand falsch, so wie gewöhnlich alle Jünger falsch verstehen. Der Meister sagte: *„Es wäre besser, du stürbest."* Zu wem sagte der Meister: *„Besser du stürbest?"* Er sagte es zum Verstand, nicht zu Mamiya, denn Mamiya kann nicht sterben, Mamiya ist todlos. Zum Verstand, zum Ego also, das ebenfalls dies Problem zu lösen versucht, obwohl es vom Verstand nicht gelöst werden kann. Das Problem wird erst gelöst sein, wenn der Verstand tot ist, wenn der Verstand alles getan hat, was er tun kann, und dann hilflos zusammenbricht und sagt: „Mehr ist nicht möglich. Ich geb's auf."

Wenn sich der Verstand zurückzieht und du zum ersten Mal allein zurückbleibst, ohne Verstand – Bewusstheit ist da, der Zeuge ist da, aber es ist kein Denken da – dann ist das Problem gelöst, dann hast du das Klatschen der einen Hand gehört.

Es gibt einen Ton – die Hindus haben ihn *Omkar* genannt; *Aum* – das ist der Ton. Wenn du völlig still bist, hörst du ihn. Und er wird nicht durch einen Zusammenprall von zwei Dingen erzeugt.

Er wird nicht durch das Klatschen zweier Hände erzeugt, nicht durch Konflikt. Er ist die Musik des Universums, er ist der reine Ton der Existenz. Er ist ungeschaffen, er ist da!

Die Hindus sagen, dass umgekehrt die Welt aus diesem Ton erschaffen wird. Das Universum ist nur eine Umformung dieses

Tons, des anfanglosen, endlosen ... der Urgrund von allem. Und die Erfahrung ist bei Buddhisten, Jainas, Sufis, Chassiden die gleiche; die Erfahrung ist bei allen, die erkannt haben, die gleiche: dass es einen Ton gibt, eine Melodie, die immer währt. Wenn du still wirst und der Verstand nicht da ist, wirst du ihn zum ersten Mal hören. Er ist überall! Er ist der innerste Kern der Schöpfung. Und diese ganze Schöpfung ist nichts als eine Umformung dieses Tons.

Diese Mystiker sagen, dass selbst Materie nichts als verdichtetes *Omkar* ist; ein Fels ist nichts als verdichtetes *Aum*. Es ist genau das, was die Wissenschaftler heute sagen: dass die Materie nichts als kondensierte Elektrizität ist, nichts als elektrische Schwingungen. Die Mystiker sagen, dass die Materie nichts ist, als kondensierter Ton, nur Tonschwingungen.

Heute besteht die Möglichkeit, zwischen der Wissenschaft und diesen Mystikern eine Brücke zu schlagen. Wenn ihr die Wissenschaftler fragt, sagen sie, dass Ton nichts anderes ist als elektrische Schwingungen. Wenn ihr die Mystiker fragt, sagen sie, dass Elektrizität nichts anderes als vibrierender Ton ist.

Darum gibt es bei den Hindus Geschichten, dass man durch Musik Feuer erzeugen kann. Eine bestimmte Schallwelle – und Feuer entsteht! Und heute ist das auch wissenschaftlich erwiesen. Durch das ständige Erzeugen eines bestimmten Tones kann viel Hitze entstehen – und das könnt ihr sogar selbst ausprobieren. Die Nacht ist kalt, du stehst im Freien und erzeugst *Omkar* – du bringst *Aum* in dir zum Schwingen, so sehr du kannst, sodass *Aum* dich vom Scheitel bis zur Sohle ins Schwingen bringt. Plötzlich wirst du fühlen, dass die Kälte verschwindet – der Körper ist heiß. Und wenn du weitermachst, wirst du sogar in einer sehr, sehr kalten Frostnacht zu schwitzen anfangen. Auf diese Weise konnte Mahavir nackt leben.

So haben in Tibet, wo die Temperaturen unter Null sinken, buddhistische Mönche nackt gelebt. Sie sitzen die ganze Nacht lang unter freiem Himmel, es fällt Schnee, und sie schwitzen. Sie erzeugen ständig einen bestimmten Ton. Aber der Ton, den ihr erzeugt, ist nicht *Omkar*, denn er ist gemacht, das ist wiederum das Klatschen zweier Hände. Es gibt einen Ton, unerschaffen, oder vielmehr: die Schöpfung selbst kommt aus diesem Ton.

Darum ist *Aum* zum universalen Symbol der höchsten Wirklichkeit geworden. *Aum* ist kein Wort, sondern ein Tonsymbol. Alles ist in ihm verdichtet; oder, alles tritt aus ihm in Erscheinung.

Mamiyas Meister sagte: „Es wäre besser, du stürbest, statt dass du dich an Essen, Reichtum, Dinge hängst – und an diesen Ton."

> „Besser wäre es, du stürbest."

Mamiya missverstand es, er dachte, dass das eine Art Technik sein sollte. Er dachte: „Also kann ich den Tod manipulieren, also kann ich sterben." Aber wie kann man den Tod manipulieren? Wenn dein eigener Geist der Manipulierende ist, bist du am Leben. Du kannst nachahmen, aber du wirst lebendig sein.

Sogar Selbstmord ist nicht Selbstmord, weil du ihn manipuliert hast, irgendwo wirst du sein. Aber Selbstmord kannst du nicht begehen, Selbstmord ist unmöglich. Du kannst hergehen und dich aufhängen – du tust es, dein Geist ist da.

Diese deine geistige Form führt dich einem neuen Leben, einem neuen Mutterleib zu. Du kannst nicht Selbstmord begehen – es ist nur ein Selbstmord bekannt, und das ist *Samadhi* – aber dann ist dein Geist nicht der Manipulator. Darum stirbt ein Buddha, wenn er stirbt, schlicht und einfach und wird nie wieder geboren. Darum sagen wir von einem Menschen, der *Samadhi* – die letzte Erleuchtung – erlangt hat, dass er nie wieder geboren wird. Denn die geistige Form hat sich aufgelöst; wer kann da zu neuen Wünschen führen, wer kann da zu neuen Antrieben führen, wer kann da in den neuen Körper hineinführen? Der Geist ist fort.

Es gibt nur einen Tod, und das ist der Tod des Geistes. Aber der Geist kann es nicht tun, denn wenn du es durch den Geist tust, bleibt der Geist der Handelnde und überlebt.

> Als Mamiya das nächste Mal vor den Meister trat,
> wurde er erneut gefragt, was er vorzuweisen hätte …

Weil solche Fragen nicht zu beantworten sind. Du musst die Antwort durch deine Augen zeigen, durch dein Wesen selbst, dein Gesicht, durch dich. Die Antwort muss gezeigt werden. Du kannst die Antwort nicht geben, denn wenn du sie gibst, wird der Geist sie geben – nur du kannst die Antwort sein. Also,

> ... wurde er erneut gefragt, was er vorzuweisen hätte,
> das Klatschen einer Hand betreffend.
> Mamiya fiel auf der Stelle zu Boden, wie tot ...

Er ahmte nach. Er dachte: „Der Meister hat gesagt: ‚Stirb!' Also sterbe ich besser." Und so glaubte er, dies sei wohlgetan und fiel hin. Aber der Geist war am Arbeiten. Es war der Geist gewesen, der zu dem Entschluss gekommen war, so zu handeln.

> „Tot bist du, das stimmt", sagte der Meister.
> „Aber was ist mit dem Ton?"
> Aufschauend sagte Mamiya: „Ach, den hab ich noch nicht raus."

Dies ist sehr schön, denn was der Meister sagt, ist: „Wenn du tot bist, dann ist das Problem ja gelöst. Was aber ist mit dem Ton? Du musst ihn gehört haben." Denn wenn der Geist nicht mehr ist, muss er zu hören sein. Dann ist es ausgeschlossen, dass du ihn nicht gehört hast ... denn der Geist ist nicht mehr da. Wenn der Geist nicht da ist, ist er immer da. Es liegt am Geist, am Getöse des Geistes, dass du ihn nicht hören kannst. Der Ton ist immer da, der Rhythmus ist immer da. Wenn sich der Geist zurückzieht, selbst für einen einzigen Augenblick, ist er da, kannst du ihn erkennen ... du kannst ihn niemals überhören!

> „Tot bist du, das stimmt", sagte der Meister.
> „Aber was ist mit dem Ton?"
> Aufschauend sagte Mamiya: „Ach, den hab ich noch nicht raus."
> „Was?!" brüllte der Meister,
> „Tote reden nicht. Hinaus mit dir!"

Nur der Geist redet. Wäre Mamiya still geblieben ... Aber wie konnte er still bleiben? Denn er imitierte nur, er war nicht wirklich still. Man kann einen Meister nicht täuschen, selbst wenn man stirbt. Nachahmung kann nicht täuschen.

Der Meister sagte: „Tote reden nicht." Wenn der Geist sich auflöst, und der Meister fragt: „Was ist mit dem Ton?", kommt keine Antwort. Dein ganzes Sein ist die Antwort. Der Jünger schweigt, er zeigt sich selbst. Jetzt ist es nicht nötig, und der Meister wird sehen, es ist wirklich keine Antwort nötig. Wenn du antwortest, werden alle Antworten falsch sein.

Es ist viele Male mit dem gleichen Koan so geschehen – „Der Ton vom Klatschen einer Hand." So geschah es Rinzai; er hatte den gleichen Koan zur Bearbeitung bekommen. Und dann arbeitete und arbeitete und arbeitete er sich ab, mehr und immer mehr, und der Meister trieb ihn ständig an, vorwärts, immer vorwärts. Und eines Tages geschah es – der Geist löste sich auf, der Ton war zu hören.

Rinzai kam, und der Meister fragte: „Was ist mit dem Ton?"

Und Rinzai schlug den Meister. Und der Meister sagte: „Sehr gut. Also hast du's gehört!" – denn die Frage ist unsinnig. Und der Meister sagte: „Ich hab darauf gewartet, dass du mich davon erlöst, dich zu schlagen. Jetzt darfst du mich schlagen. Jetzt gibt es kein Problem mehr, jetzt brauche ich dich nicht zu schlagen. Schluss! Jetzt kannst du hingehen und andern den Ton beibringen von einer Hand, die klatscht."

Keine Antwort ist nötig, du musst es durch dein ganzes Dasein zeigen. Aber das kann nur geschehen, wenn der Geist verschwunden ist – kein Wasser, kein Mond.

5

Gutais Finger

Der Zen-Meister Gutai
machte es sich zur Gewohnheit, jedes Mal den Finger zu heben,
wenn er eine Frage über Zen erklärte.
Ein sehr junger Schüler begann ihn nachzuahmen,
und wenn jemand den Schüler fragte,
worüber sein Meister gesprochen hätte,
hob der Junge den Finger.
Gutai bekam dies zu hören,
und als er den Jungen dabei überraschte,
wie er es eines Tages tat, ergriff er den Jungen,
zog ein Messer heraus,
schnitt ihm den Finger ab und warf ihn weg.
Als der Junge heulend davonrannte, rief Gutai: „Halt!"
Der Junge blieb stehen, wandte sich um,
und sah durch seine Tränen auf den Meister.
Gutai hielt seinen eigenen Finger hoch.
Da wollte der Junge auch seinen Finger heben,
und als er bemerkte, dass er nicht da war, verbeugte er sich.
In diesem Augenblick wurde er erleuchtet.

Gutais Finger

DIES IST EINE SEHR SELTSAME GESCHICHTE, UND ES IST DURCHAUS möglich, dass ihr sie missversteht. Denn nichts auf der Welt ist schwerer zu verstehen, als das Verhalten eines erleuchteten Menschen. Ihr habt eure eigenen Werte, und ihr blickt immerzu durch diese Werte hindurch.

Ein Erleuchteter ist in einer völlig anderen Dimension, wo er ohne Werte lebt, wo er ohne alle Maßstäbe lebt, wo er ohne Moral lebt, wo er einfach ohne das Ego lebt; denn alle Werte gehören zum Ego. Ein Erleuchteter lebt einfach. Er manipuliert sein Leben nicht, er ist eine dahinziehende weiße Wolke. Er hat kein Ziel, er hat nichts zu erreichen. Für ihn ist nichts gut und nichts schlecht. Er kennt keinen Gott, er kennt keinen Teufel. Er kennt nur das Leben, und das Leben in seiner Ganzheit ist schön.

Selbst ein Gott ist hässlich, weil er nur ein Teil und nicht das Ganze ist. Ein Teufel ist ebenfalls hässlich, denn auch er ist nur wieder ein Teil und nicht das Ganze. Gott ist nicht lebendig, und auch der Teufel ist tot. Denn das Leben ist ein Rhythmus zwischen beiden: Gut und Böse, Gott und Teufel.

Das Leben ist zwischen diesen beiden Polen. Leben kann nicht mit einem Pol sein. Dies sind die beiden Ufer, zwischen denen der Strom des Lebens fließt. Ein Erleuchteter ist zu dieser Erkenntnis gelangt. Er ist weder gegen etwas, noch für etwas. Er geht auf jeden Augenblick ein, ohne jedes Urteil seinerseits. Deshalb ist es so schwierig.

Ein erleuchteter Mensch sieht mehr oder weniger immer wie ein Wahnsinniger aus. Versteht als erstes also: schätzt einen Erleuchteten nicht nach euren Werten ein. Sehr schwer – denn was könnt ihr sonst tun?

Ich habe gehört:
Ein sehr berühmter Maler bat einmal seinen Freund, einen Arzt, sich eines seiner Bilder anzusehen, das er gerade beendet hatte. Der Maler glaubte, dass es das größte Werk war, das er je geschaffen hatte – dies war die Höhe seiner Kunst.
So wollte er natürlich, dass sein Arztfreund kam und es sich ansah. Der Arzt betrachtete es sehr gründlich, sah von der einen zur andern Seite. Zehn Minuten verstrichen. Der Künstler wurde etwas ängstlich und fragte den Arzt schließlich: „Was ist los? Was hältst du von dem Bild?"
Der Arzt sagte: „Mir scheint, ein Fall von doppelter Lungenentzündung."

Das ergeht jedem so, denn ein Arzt hat seine eigenen Einstellungen, seine eigene Sicht der Dinge. Er sah sich das Bild an, aber er konnte nicht anders, als durch seine eigenen eingefahrenen Gleise sehen – ohne sie konnte er gar nicht sehen. Er diagnostizierte, aber das Bild brauchte keine Diagnose. Er sah nicht, und aus einem schönen Ding wurde Lungenentzündung. So funktioniert der menschliche Geist. Wenn du auf ein Ding schaust, kommst du mit deinem Geist und färbst es. Macht es nicht so mit einem Erleuchteten. Es macht zwar dem Erleuchteten nichts aus, aber dir entgeht die Gelegenheit, die Schönheit dieses Phänomens zu sehen.

Und das zweite: ein Erleuchteter wirkt aus dem Mittelpunkt heraus, niemals von der Peripherie her. Euer Verhalten kommt immer von der Peripherie her, ihr lebt an der Peripherie, an der Außenseite. Für euch ist die Außenseite das Wichtigste. Ihr habt eure Seele getötet und euren Körper gerettet.

Der erleuchtete Mensch kann seinen Körper opfern, aber kann nicht zulassen, dass seine Seele verloren geht. Er ist bereit zu sterben; jederzeit ist er bereit zu sterben, das ist kein Problem. Aber er ist nicht bereit, seine Mitte zu verlieren, den innersten Kern seines Wesens. Für den erleuchteten Menschen ist der Körper nur ein Mittel. Wenn es also drauf ankommt, wird ein Erleuchteter dir sogar sagen: „Lass den Körper, aber lass nicht dein inneres Wesen los."

Hieraus wird alle *Tapascharya*, alle Askese geboren: die Außenseite muss der Mitte geopfert werden. Sogar wenn es nötig ist, dass der Kopf rollt – wenn dir das helfen kann, wenn mit dem Kopf auch dein Ego fällt – so wird ein Erleuchteter dir sagen: „Lass den Kopf fallen, schlag ihn ab. Trag diesen Kopf nicht weiter, wenn er dem Ego hilft, denn für nichts verlierst du alles!"

Dies darf man nicht vergessen: wenn man vom Zentrum her lebt, verändert sich der Ausblick völlig. Dann stirbt niemand, kann niemand sterben – Tod ist unmöglich. Wenn man von der Peripherie her lebt, dann stirbt jeder, der Tod ist für jeden das endgültige Ende: ewiges Leben existiert nirgends.

Wenn Krishna in der Gita zu Arjuna spricht, dann ist das in Wirklichkeit die Mitte, die zur Peripherie spricht. Arjuna lebt an der Peripherie: er denkt an den Körper, er weiß überhaupt nichts von der Seele. Krishna spricht vom Zentrum her, und er sagt: „Mach dir um diese Leichen keine Sorgen. Sie sind schon viele Male gestorben, und sie werden noch viele Male sterben. Der Tod ist nichts als eine Verwandlung: als ob jemand seine Kleider abstreift, sein altes Haus verlässt und ein neues bezieht. Dieser Körper ist nichts, Arjuna, kümmere dich also nicht weiter um ihn. Schau nach innen!" Aber wie kann Arjuna andere von innen sehen, wenn er noch nicht in sich selbst hineingeschaut hat?

Vergesst dies nicht: dieser Zen-Meister Gutai, er ist der Krishna. Er lebt vom Zentrum her und verhält sich entsprechend. Und dies Ereignis betrifft einen Jünger, der an der Peripherie lebt. Aber euch hätte Gutai nicht den Finger abgeschnitten, Vergesst das nicht. Der Jünger war es wert, er hatte es verdient – nur dann wird ein Meister so weit gehen. Bevor er so weit gehen kann, muss der Jünger gelernt, muss er es verdient haben. Sonst wäre Gutai nicht so weit gegangen. Selbst Arjuna hatte nicht soviel verdient, wie dieser Jünger Gutais. Krishna sprach nur zu ihm – Gutai tat etwas.

Achtet auf den Unterschied. Ein Meister fängt erst dann damit an, bestimmte Dinge mit euch zu tun, wenn ihr sie verdient habt; sonst redet er nur zu euch. Getan werden kann erst dann etwas, wenn ihr bereit seid, wenn der Moment so nahe ist, dass er nicht verfehlt werden kann; nichts kann gesagt, sondern nur etwas getan werden. Denn zum Sprechen ist Zeit nötig. Wenn du sprichst, muss der andere es verstehen. Es muss sofort etwas geschehen, augenblicklich. Ein Meister wird erst dann etwas tun, wenn er sieht, dass du gerade am Abgrund stehst: jetzt hilft kein Reden, jetzt muss er dich stoßen. Jetzt stehst du genau an der Tür, und wenn auch nur ein einziger Augenblick verstreicht, könntest du die Tür verfehlen!

Und dann kann es viele Leben dauern, bevor du wieder an die Tür kommst. Das Leben ist sehr komplex. Selten bist du der Tür nahe. Und wenn der Meister sagt: „Schau, hier ist die Tür", und anfängt, es dir zu erklären, dann ist, wenn du endlich verstanden hast, die Tür nicht mehr da. Leben ist ständige Bewegung.

Der Meister muss etwas tun. Selbst wenn er meint, dass es hilft, dich zu töten, wird er dich töten. Eben darum ist es nötig, sich ihm auszuliefern. Sich auszuliefern ist nicht leicht, denn Auslieferung bedeutet, zu einem Meister zu sagen: „Von jetzt an gehören mein Leben und mein Tod dir." Auslieferung bedeutet: ‚Ich bin bereit.' Wenn du sagst: ‚Stirb!', werde ich sterben. Ich werde nicht fragen warum." Wenn du nach dem Warum fragst, lieferst du dich nicht aus, ist kein Vertrauen da. Und in den alten Zeiten konnten deshalb so viele Menschen erleuchtet werden, weil sie sich ausliefern konnten. Vertrauen lag in der Luft, Zuversicht war da, Vertrauen blühte überall. Man konnte keinen Tag verbringen, ohne einem Menschen zu begegnen, der vertrauensvoll war. Und einen vertrauenden Menschen zu sehen, machte augenblicklich neidisch – er war ein so schöner Mensch.

Aber heute ist es fast unmöglich geworden, einem vertrauenden Menschen zu begegnen. Diese Schönheit ist verschwunden. Man trifft auf Zweifler, Skeptiker, Nein-Sager; sie sind hässlich, aber es gibt sie überall. Und nach und nach wird auch in dir der Zweifel geschürt. Vom allerersten Tage an, da dir deine Mutter Milch gibt, nährt dich der Zweifel. Der ganze Bau der Wissenschaft beruht auf dem Zweifel. Man muss skeptisch sein, zweifelnd, nur dann kann die Wissenschaft funktionieren.

Religion funktioniert genau umgekehrt. Du musst vertrauensvoll, ein Ja-Sager sein, zutiefst; dann ist Auslieferung möglich. Dieser Jünger Gutais war einer, der sich ausgeliefert hatte, deshalb wurde dieser Vorfall für ihn die Erleuchtung. Wir wollen jetzt in diese seltsame Geschichte einsteigen. Jedes Wort ist bedeutsam.

> Der Zen-Meister Gutai machte es sich zur Gewohnheit,
> jedes Mal den Finger zu heben,
> wenn er eine Frage über Zen erklärte ...

Meister machen nie etwas beliebig, nicht einmal, wenn sie einen Finger heben. Alles Beliebige ist verschwunden. Bei einem Meister gibt es nur Wesentliches. Er macht keine einzige Bewegung, keine einzige Geste, die nicht wesentlich wäre. Das Unwesentliche existiert nur gemeinsam mit der Unwissenheit; dann kannst du machen, was du willst, es ist trivial, unwesentlich – lässt du es sein, ist nichts verloren.

Sieh dir dein Leben an. Wenn du mit dem aufhörst, was du gerade tust, was ist verloren? Nichts ist dadurch gewonnen. Du bist mit trivialen Dingen beschäftigt, vom Morgen bis zum Abend, und dann bist du am Ende müde, gehst schlafen, und am Morgen bist du wieder bereit, die gleichen unwesentlichen Dinge zu tun – von neuem. Es ist ein Teufelskreis: das eine Unwesentliche reicht dem nächsten Unwesentlichen die Hand, sie sind miteinander verknüpft. Aber du hast solche Angst, dir die Plattheit des Lebens anzusehen, dass du ihr immer den Rücken zukehrst, denn der Trivialität des Lebens ins Auge zu sehen, deprimiert dich so – „Was mach ich eigentlich?"

Und wenn du siehst, dass alles, was du machst, absolut sinnlos ist, ist dein Ego hinüber; das Ego kann sich nur wichtig fühlen, wenn du etwas Wichtiges tust. Also machst du aus trivialen Dingen Wichtigkeiten. Du bildest dir ein, große Pflichten fürs Vaterland zu erfüllen, für die Familie, für die Menschheit ... als ob die Schöpfung ohne dich einfach zusammenklappen würde. Nichts von alledem, was du machst, ist wichtig – aber du musst ihm Wichtigkeit beimessen, denn durch Wichtigkeit wird das Ego gefüttert und gestärkt. In Unwissenheit ist alles unwesentlich.

Was du auch tust, sogar dein Meditieren, dein Beten, dein Gang zum Tempel – alles ist seicht. Selbst wenn du betest, kann es nicht tiefer gehen, als wenn du deine Zeitung liest. Denn es ist keine Frage des Betens; es geht um dich. Wenn du Tiefe hast, dann kannst du gehen, wohin du willst, tun, was du willst, dein Tun hat Tiefe.

Wenn du keine Tiefe hast, dann kannst du selbst in den Tempel gehen – es bleibt sich gleich! Du betrittst den Tempel so, wie du ein Hotel betrittst. Du bist der gleiche, ob es also ein Tempel oder ein Hotel ist, bleibt sich ziemlich gleich.

Gib einem Kind ein sehr kostbares Spielzeug aus Diamanten – es wird mit dem Spielzeug genau dasselbe machen, was es mit seinem gewöhnlichen Spielzeug auch macht, denn es ist ein Kind. Es wird für ein paar Augenblicke damit spielen und es dann in die Ecke werfen und weggehen. Deine Tiefe verleiht deinen Handlungen Tiefe. Wenn ein erleuchteter Meister auch nur seinen Finger hebt, ist das bedeutsam, ist das sehr wichtig. Warum hob dieser Gutai jedes Mal seinen Finger, wenn er eine Frage über Zen erklärte? Nicht immer, nur jedes Mal, wenn er eine Frage über Zen erklärte, hob er den Finger. Warum? Weil er erklärte und zugleich etwas zeigte. Denn was immer ihr über Religion fragen könnt, ein erhobener Finger ist die Antwort. Alle eure Probleme kommen daher, dass ihr zersplittert seid. All eure Probleme kommen daher, dass ihr eine Uneinheit, ein Chaos seid – keine Harmonie. Und was ist Zen, was ist Yoga, was ist Meditation? Nichts, als zur Einheit zu gelangen. Das Wort Yoga selbst bedeutet Einheit, eins zu sein, total, ganz.

Also, Gutai erklärte etwas über Zen, aber diese Erklärung war nebensächlich; der erhobene Finger war die Hauptsache. Er sagte etwas, und zugleich zeigte er auch etwas. So lebt ein Erleuchteter: er spricht und zeigt. Sein Dasein selbst, seine Gesten, seine Bewegungen zeigen, was Religion ist.

Wenn du nicht sehen kannst, wenn du blind bist oder diese Dimension des Verstehens, des Sehens verloren hast, dann hörst du nur die Worte. Aber wenn du zu sehen verstehst sind keine Worte nötig. Worte sind nutzlos, sie können wegfallen, sie sind Nebensache. Aber der erhobene Finger kann nicht wegfallen, der ist die

Hauptsache, der ist die einzige Antwort. Alle, die die Wahrheit erkannt haben, gleich wo auf der Welt, sie alle haben einen Finger erhoben. Sie sprechen von dem Einen, und ihr lebt vom Vielen. Wenn ihr im Vielen lebt, entstehen Probleme, denn indem ihr im Vielen lebt, euch gleichzeitig in viele Richtungen bewegt, teilt ihr euch, und dann seid ihr nicht mehr „beieinander". Dann führt das eine Verlangen nach Süden und das andere Verlangen führt nach Norden. Dann liebt die eine Seite deines Gemüts, und eine andere Seite deines Gemüts hasst; dann steht dir einerseits der Sinn danach, Reichtum anzuhäufen, und ein anderer Sinn sagt: „Das ist zwecklos. Entsage!" Dann will eine Seite meditieren, tief werden, still werden, und eine andere sagt: „Wieso verschwendest du deine Zeit?"

Ich habe gehört, es soll einmal folgendes passiert sein:
Ein Mann, noch ganz jung, entsagte der Welt und ging in den Himalaja. Fast zwanzig Jahre lang meditierte er dort. Jetzt war er vierzig. Er saß und meditierte, saß und meditierte, und tat überhaupt nichts. Selbst Vögel und wilde Tiere verloren nach und nach ihre Furcht vor ihm. Er war da, ein sehr friedliebender Mensch, saß einfach nur da, und die Tiere kamen und setzten sich gern zu ihm, und wenn sie auf Futtersuche gehen mussten, ließen sie wohl ihre Jungen bei ihm zurück, dass er sie hüte. Sein Haar wurde sehr lang, die Vögel nisteten darin und legten ihre Eier, und er musste sich dann immer um sie kümmern.

Nach zwanzig Jahren hatte er die ganze Sache satt. Er sagte: „Wenn ich mich um die Kinder von andern kümmern soll, von Tieren und Vögeln, warum gehe ich dann eigentlich nicht und nehme mir eine Frau und kümmere mich um meine eigenen Kinder? Das hier ist absurd und bringt mich nirgends hin. Diese zwanzig Jahre sind verloren. Jetzt habe ich keine Zeit mehr zu verlieren, denn ich bin vierzig, und bald wird das Leben zu Ende sein"

Was war das Problem? Er meditierte wirklich! Was war das Problem? Zwanzig Jahre sind eine lange Zeit – aber sein Sinn war immerzu geteilt. Ein Teil meditierte, ein anderer sagte: „Es ist zwecklos! Warum verschwendest du deine Zeit? Andere vergnügen sich. Geh wieder hinunter, zurück in die Ebene. Dort sind die Menschen glücklich – tanzen, trinken, essen und lieben sich. Die Welt lebt in Saus und Braus, und du sitzt hier wie ein Narr." Indem er sich zwanzig Jahre lang ununterbrochen diese andere Seite anhören musste, wurde die erste Seite allmählich schwach. An der Oberfläche wiederholte er Mantras: *Ram, Ram, Ram.* Aber tief darunter gab es das andere Mantra, den anderen Teil seines Geistes, der ständig sagte: „Es ist zwecklos, hier wie ein Narr zu sitzen, und alle andern genießen das Leben, und mein Leben geht zu Ende. Bald wirst du nicht mehr in der Lage sein, irgendetwas zu genießen. Du wirst alt." Das war das wirkliche Mantra. An der Oberfläche *Ram, Ram, Ram*, aber tief drunter war das wirkliche Mantra.

Wenn dein Sinn geteilt ist, kannst du nicht beten, kannst du nicht meditieren, denn ein Teil geht ständig dagegen an. Und früher oder später gewinnt er. Vergesst nicht: der Teil, der beschäftigt ist, verliert jeden Augenblick Energie. Und der Teil, der nicht beschäftigt ist, aber gerade der kritische Teil ist, verliert keine Energie. Früher oder später wird er der stärkere sein.

Du liebst eine Frau, und ein anderer Teil hasst. Du magst dies verbergen – jeder verbirgt die Gegenseite – aber solange du nicht erleuchtet wirst, ist dieser andere Teil da. Der liebende Teil wird früher oder später schwach, weil er benutzt wird, seine Energie ist ständig im Gebrauch. Der andere, verborgene Teil, die Hassseite, wird dabei stärker. So führt jede Ehe zur Scheidung. Ob ihr es tut oder nicht, ist eine Sache für sich – jede Heirat führt zur Scheidung, es sei denn, du heiratest einen erleuchteten Menschen ... und das ist nicht so leicht.

Dieser Mann hatte also eines Tages die Nase voll. Er begann den Abstieg vom Himalaja. Er dachte: „Wo anfangen?" Er hatte völlig vergessen, wie es sich in der Welt lebt, er hatte sich so lange aus ihr ferngehalten. „Wo anfangen? Um in der Welt anzufangen, brauchst du genauso einen Führer, wie du einen Führer brauchst, wenn du in der anderen Welt anfangen willst. Wer kann für diese Welt der richtige Führer sein?" Da erinnerte er sich, dass in alten Zeiten die Könige ihre Söhne zu Prostituierten schickten, damit sie sie in die

Welt einführten. Es gibt keinen besseren Führer als eine Prostituierte ... für diese Welt. Sie ist die Welt in Person.

Selbst die Liebe ist für sie zum Geschäft geworden – das ist das letzte auf der Welt – sogar die Liebe ist zum Beruf geworden, zur Ware – und sie verkauft Liebe. Geld ist wichtiger geworden als Liebe. Das ist das allerletzte in der Welt, und dies kann zur Tür werden. Und so ging er schnurstracks zu einer Prostituierten. Es war Abend, und die Prostituierte schickte sich eben an, zu einem König zu gehen. Sie sagte: „Du bist willkommen, aber ich bin heute zu einem König geladen. Er ist ein Geizhals, also erwarte ich nicht, dass wir viel von ihm bekommen. Trotzdem – wer weiß? Manchmal geben sogar Geizhälse. Komm mit, begleite uns." Und so folgte ihr der Mönch. Die ganze Nacht tanzte und sang die Prostituierte. Der König saß schweigend da; er gab ihr nichts. Da neigte sich die Nacht dem Ende zu, bald würde es dämmern, und die Frau war todmüde. In einem Lied gab sie ihrem Mann, der Tabla spielte, zu verstehen: „Jetzt hab ich getan, was ich konnte."

Sie sang es so, dass niemand verstand – es war eine Geheimsprache. Sie sagte: „Alles, was ich tun konnte, habe ich getan. Jetzt scheint es keine Hoffnung mehr zu geben. Es ist besser wir gehen."

Der Mönch dachte bei sich: „Das ist die gleiche Situation, in der ich war: Ich habe getan, was ich tun konnte. Mehr kann ich nicht tun, und ich sollte gehen." So hörte er sehr aufmerksam zu. Der Mann antwortete: „Wir haben getan, was wir konnten. Trotzdem, es bleibt uns noch ein kleiner Rest der Nacht. Wer weiß? Wir müssen die ganze Sache zu Ende führen. Also gedulde dich noch ein bisschen."

Als er dies hörte, dachte der Mönch: „Was soll ich tun? Vielleicht war ich grad an der Grenze, als ich den Himalaja verließ, und mit ein bisschen mehr Geduld ... "

Er besaß nur eine Decke, darunter war er nackt. Er war so von dem Gedanken hingerissen, dass er seine Decke der Prostituierten vor die Füße warf und aus dem Palast rannte. Der König sagte zu ihm: „Halt! Das ist gegen die Sitte." Die Sitte will, dass der Reichste unter den Gästen zuerst gibt, sonst ist es beleidigend. Ein König ist anwesend, und dieser Mann macht als erster ein Geschenk. Der Mönch sagte: „Du kannst mich töten, wenn es gegen die Sitte ist, aber diese Frau hat mir das Leben gerettet. Und das war für mich ein so ekstatischer Augenblick, dass ich ihr etwas geben musste. Ich hatte nichts anderes, nur diese Decke, und ich kann nicht auf dich warten, ich gehe in den Himalaja. Diese Frau und dieser Mann, der dort Tabla spielt, sie haben mir ein Geheimnis enthüllt: ein bisschen mehr Geduld!" Und es heißt, der Mann wurde auf der Stelle erleuchtet. Er ging nicht mehr in den Himalaja.

Gerade als er die Stufen des Palastes hinunterstieg, wurde er erleuchtet. Was war geschehen? Zum ersten Mal wurden die beiden Seiten eins. Das ist die Bedeutung von Geduld. Geduld bedeutet, dass du dem andern Teil nicht erlaubst zu kämpfen. Geduld bedeutet, dass du bereit bist, bis in alle Ewigkeit zu warten. Wenn du bereit bist, bis in alle Ewigkeit zu warten, gibt es keine Möglichkeit, dass die andere Seite sagt: „Es ist noch nicht passiert." Dann hat es keinen Zweck zu sagen: „Warum vertust du dein Leben?" Wenn du bereit bist, bis in alle Ewigkeit zu warten, dann ist nichts vertan. Und wenn dein Warten ewig ist, unendlich, dann kann die andere Seite nicht zu Wort kommen.

Einheit ist notwendig ... wo das andere kein ständiger Kampf ist. Deshalb hob Gutai jedes Mal einen Finger, wenn er etwas über Zen erklärte. Er sagte damit: „Seid eins! – und alle eure Probleme werden gelöst sein."

Es gibt viele Religionen, viele Wege, viele Methoden – aber der wesentliche Punkt bleibt gleich: werde eins. Was immer du wählst, werde eins. Wenn du unendlich geduldig sein kannst, wirst du eins werden. Wenn du dich total ausliefern kannst, wirst du eins werden. Wenn du vollkommen still wirst, wirst du eins werden. Wenn es keine Gedanken mehr gibt und du in Meditation bist, wirst du eins werden. Wenn du zu Gott betest und dein Gebet so inbrünstig wird, dass selbst der Betende nicht mehr ist, dass der Betende sich ins Gebet auflöst, bleibt nur eines – das genügt.

Im Garten zu graben ... wenn du so graben kannst, so völlig darin versunken, dass niemand mehr da ist, der gräbt, wenn du das

Graben selbst geworden bist, wenn der Handelnde zur Handlung geworden ist, der Beobachter zur Beobachtung, der Meditierer zur Meditation – fallen plötzlich alle Schleier der *Maya*, fallen alle Illusionen. Du bist zu einer anderen Ebene aufgestiegen, zu einer anderen Seinsebene. Du bist bei dem Einen angekommen. Wenn du eins bist, erreichst du das Eine. Wenn du viele bist, bist du in der Welt. Die Welt ist viele und Gott ist eins. Aber um jenes Eine zu erkennen, musst du erst eins werden, anders kannst du es nicht erkennen. Nur wenn du so wirst wie es, wirst du es erkennen können.

> Der Zen-Meister Gutai machte es sich zur Gewohnheit,
> jedes Mal den Finger zu heben,
> wenn er eine Frage über Zen erklärte ...

Zen ist ein Sanskrit-Wort; es kommt von *Dhyan*. Es ist die japanische Version von *Dhyan*. Als Bodhidharma die Lehren Buddhas nach China brachte, wurde aus *Dhyan* im Chinesischen *Ch'an*. Als *Ch'an* in Japan eingeführt wurde, wurde Zen daraus. Aber der ursprüngliche Ausdruck ist *Dhyan*. Wann immer Gutai über *Dhyan* – Meditation – sprach, hob er einen Finger. Einheit ist *Dhyan*, Einheit ist alles, was erreicht werden muss – das ist das Ziel.

> Ein sehr junger Schüler begann ihn nachzuahmen ...

Natürlich, er muss sehr jung gewesen sein. Denn nur Kinder ahmen nach. Je reifer du wirst, desto weniger imitierst du. Je unreifer, desto mehr imitierst du. Solange du nur nachahmst, bleibst du kindisch, hast du keine Reife gewonnen, bist du noch nicht erwachsen. Was ist „Erwachsensein"? Wenn ihr mich fragt, sage ich: die Erkenntnis, dass du du selbst sein musst, und kein Nachahmer – das ist Reife.

Wenn ihr in euch schaut, werdet ihr diese Reife nicht finden. Ihr habt bisher nur andere imitiert. Jemand hat einen neuen Wagen – plötzlich machst du ihn nach, du brauchst einen neuen Wagen. Jemand hat ein größeres Haus – du brauchst ein größeres Haus. Die Nachbarn geben dir keine Ruhe. Sie schaffen sich dies und jenes an, und du musst es nachmachen. Und wenn ihr nachahmt, seid ihr genau wie die Affen.

Ahme nicht nach! Sei erwachsen! Denn Nachahmung führt dich nirgendwo hin. Warum? Was ist Nachahmung, und was heißt es, wahr und aufrichtig zu sein? Nachahmung heißt, dass das Ideal von außen kommt. Es ist nicht dein Wunsch. Es ist nicht etwas, das in dir geschieht, es ist nicht deine Natur, die da aufblüht. Jemand anders hat dir dies Ideal gegeben, und du gehst ihm nach. Wenn du es nicht erreichst, wirst du unglücklich, weil du dein Ideal nicht erreicht hast. Wenn du es erreichst, wirst du unglücklich, weil es nie dein Ideal war. Du hast es nie gewollt, denn es ist nie deinem inneren Wesen entsprungen. Deshalb gibt es soviel Unglück auf der Welt: lauter Menschen, die andere nachahmen. Wenn es ihnen nicht gelingt, sind sie unglücklich, weil sie sich für Versager halten. Wenn es ihnen gelingt, sind sie auch unglücklich.

Vergesst nicht: Erfolg ist der größte Fehlschlag – wenn es Nachahmung ist, dann ist Erfolg der größte Fehlschlag. Vielleicht erreichst du das Ziel nach langer, anstrengender Reise, nach Mühe, nach Zeit und Energieverschwendung, und dann plötzlich findest du: „Ich hab's ja gar nicht gewollt! Es war jemand anders, das Ideal war geborgt!" Borg dir dein Ideal nicht, das ist kindisch.

> Ein sehr junger Schüler begann ihn nachzuahmen ...

Er muss sehr jung gewesen sein, unreif, kindisch. Er fing an, ihn nachzuahmen.

> ...und wenn man den Schüler fragte, worüber sein Meister gesprochen hätte, hob der Junge den Finger ...

Die gleiche Art, die gleiche Geste, die der Meister immer machte. Es muss den Leuten Spaß gemacht haben, sie müssen gelacht haben. Der Junge war ein perfekter Nachahmer: er machte stets das gleiche Gesicht, hob stets den gleichen Finger, versuchte stets genauso auszusehen. Er spielte gut. Du kannst noch so gut schauspielern, du bleibst unreif. Sei dir selbst treu. Selbst wenn du da nicht so perfekt bist, aber sei dir selbst treu; denn deine eigene Wahrheit kann dich zur höchsten Wahrheit bringen. Keines andern Menschen Wahrheit kann deine Wahrheit sein. In dir ist ein Same. Nur wenn dieser Same sprießt und zum Baum wird, wirst du zur Blüte gelangen; dann wirst du Ekstase, göttlichen Segen erleben. Aber wenn du andern folgst, wird dein Same tot bleiben.

Du magst alle Ideale der Welt sammeln und Erfolg damit haben, aber du wirst dich leer fühlen, weil dich nur eines erfüllen kann … nur dein Same, zum Baum geworden, kann dich erfüllen. Du wirst erst Erfüllung fühlen, wenn deine Wahrheit zur Blüte gekommen ist – niemals zuvor. Und die Leute loben vielleicht deinen Erfolg in der Nachahmung … das tun sie immer. Dieser Junge wird im Kloster Anerkennung gefunden haben, weil er sich genau wie der Meister benahm. Er muss berühmt geworden sein; Nachahmer werden berühmt. Sie wissen aber nicht, dass sie Selbstmord begehen. Aber man kann Selbstmord begehen, wenn die Leute einen dafür loben. Ich habe von einem Schauspieler gehört, der gestorben war. Seine Beerdigung zog viele Menschen an, Tausende. Seine Frau schlug sich gegen die Brust und weinte und schrie. Und als sie sah, dass Tausende gekommen waren, sagte sie: „Wenn er das gewusst hätte, dass so viele kommen würden, wäre er früher gestorben."

Man kann Selbstmord begehen, wenn man dafür Anerkennung findet. Ihr habt alle Selbstmord begangen, weil Nachahmer immer Anerkennung finden. Aufrichtige Leute werden nie anerkannt, weil ein aufrichtiger Mensch ein Rebell ist. Er will niemanden nachahmen. Er sagt: „Ich werde kein Buddha sein, ich werde kein Krishna oder Jesus sein. Einer genügt. Ein Jesus ist genug, warum nachahmen?" Und ein zweiter Jesus, und wäre er noch so schön, wäre nichts als eine Kopie – nicht der Rede wert. Warum Jesus nachahmen? Und Gott wird dich am Ende nicht fragen, warum du kein Jesus geworden bist. Er wird fragen, warum du nicht du selbst geworden bist.

Ich habe von einem chassidischen Mystiker gehört, einem sehr armen Mann, namens Magid. Niemand wusste viel über ihn, aber er war ein wirklich authentischer Mann. Er lag im Sterben, und jemand sagte: „Magid, hast du zu Gott gebetet, dass er dich wie Moses macht?"

Magid öffnete die Augen und sagte: „Hör auf! Sag nicht solche Dinge, während ich sterbe. Gott wird mich nicht fragen: ‚Warum bist du nicht geworden wie Moses?' Er wird fragen: ‚Magid, warum bist du kein wirklicher Magid geworden?'"

Die andern konnten ihm nicht folgen, sie konnten es nicht verstehen, er schien Moses zu beleidigen! Das tat er nicht. Es war keine Beleidigung für Moses. Moses wurde zu Moses, das macht seine Schönheit aus. Magid muss zu Magid werden, das ist seine Schönheit. Und nur Schönheit darf Gott dargeboten werden, nur ein erblühtes Wesen darf ihm dargebracht werden. Wie sollte Gott eine Rose fragen: „Warum ist aus dir kein Lotus geworden?" Wie sollte Gott so töricht sein, eine Rose zu fragen: „Warum ist aus dir kein Lotus geworden?" Nein! Er ist nicht so töricht, wie ihr glaubt. Er wird die Rose fragen: „Warum bist du nicht gänzlich aufgeblüht? Warum bist du als Knospe gekommen, nicht als Blüte?"

Aufblühen, darum geht's. Ob du ein Lotus bist oder eine Rose, oder irgendein unbekanntes, unbeachtetes Blümchen, macht keinen Unterschied. Wer du bist, ist egal. Aber ob du zur Tür Gottes als Blüte kommst, aufgeblüht und offen, oder ob du noch verschlossen kommst, das ist nicht egal.

> Ein sehr junger Schüler begann ihn nachzuahmen ...

Und wann immer du zu einem Meister gehst, ist es leicht möglich, ist es das Naheliegendste, dass du ihn nachzuahmen beginnst. Bedenkt, dass das nicht helfen wird, dass das gefährlich ist. Du begehst Selbstmord. Verstehe einen Meister, trinke seine Gegenwart, iss seine Gegenwart soviel du kannst, aber werde kein Nachahmer. Werde nicht unecht.

> Gutai bekam dies zu hören,
> und als er den Jungen dabei überraschte,

wie er es eines Tages tat,
ergriff er den Jungen, zog ein Messer heraus,
schnitt ihm den Finger ab und warf ihn weg.

Scheint ein sehr harter Meister zu sein, sehr grausam. Meister sind grausam, sonst könnten sie euch überhaupt keine Hilfe sein. Sie sind grausam, weil sie so tiefes Mitgefühl haben. Warum schnitt ihm der Meister den Finger ab? Ein bisschen weniger hart, und er wäre dem Jungen keine Hilfe gewesen. Etwas sehr Strenges ist nötig. Etwas ist nötig, das mitten ins Herz geht. Das müsst ihr verstehen. Ihr hört mir zu. Wenn du nur als Neugieriger herkommst, kann es nicht sehr tief dringen. Wenn deine Neugierde nur intellektuell ist, wenn du nur wissen willst, was ich sage, kann es nicht sehr tief gehen. Du wirst überhaupt nicht verstehen können, was ich sage.

Wenn das Leben dir viel Leid gebracht hat, und du wegen dieses Leidens hier bist, um zu lernen, wie du es hinter dir lassen kannst, dann wird das, was ich sage, tief gehen. Leiden gibt dir Tiefe. Leiden bringt dich dem Zentrum näher. Wenn du mich liebst, wenn es keine intellektuelle Beziehung ist – was überhaupt keine Beziehung ist – sondern eine Liebesbeziehung; wenn du gefühlsmäßig mit mir in Berührung bist, dann wird es noch tiefer gehen. Denn wenn du einen Menschen liebst, hörst du ihn vom Herzen, nicht vom Kopf her. Und es gibt nichts Morscheres als den Kopf, er ist Müll, nur ein Abfalleimer ... nichts wert. Alles, was Abfall ist, tragt ihr in eurem Kopf zusammen. Abfall dringt nie ins Herz, er sammelt sich im Kopf an. Nur das, was sehr wesentlich ist, geht ins Herz.

Wenn du also nur als Neugieriger hier bist, nur aus Neugier, dann hörst du mich zwar, aber nur an der Oberfläche. Es wird nicht viel in dir auslösen. Wenn du hier bist, weil du gelitten hast, wenn du gekommen bist, nicht als Neugieriger, sondern als einer, der das Leben kennt, der das Leid des Lebens kennt, und der dadurch Reife erlangt hat, und wenn du wirklich verwandelt werden willst – dann wirst du mich von tieferen Tiefen her hören. Aber die Tiefe kann noch tiefer gehen. Wenn du mich liebst, wenn du Vertrauen spürst, dann wirst du noch offener sein – denn nur Vertrauen kann offen sein; sonst nämlich hast du immer Angst und bist immer verschlossen. Wenn du völlig offen bist – du hast gelitten, das Leben hat dir Tiefe gegeben, und nun vertraust du, nun bist du völlig offen – dann kann dir die Sache sofort mitten ins Herz dringen. Hast du es einmal gehört, wirst du nie wieder derselbe sein.

Gutai bekam dies zu hören ...

Ein Meister erfährt immer, wer die Nachahmer sind. Sie sind so offensichtlich, so deutlich. Ich weiß sehr wohl, wer hier die Nachahmer sind. Ein Nachahmer kann den, den er nachahmt, nicht täuschen. Er kann jeden andern täuschen, aber den, den er nachahmt, kann er nicht täuschen. Das Unechte an ihm liegt so auf der Hand.

Es kommen Leute zu mir und wiederholen meine eigenen Worte, meine Gesten, und sie glauben mich täuschen zu können. Sie können andere täuschen, aber mich können sie nicht täuschen, denn ihre Worte sind so flach! Man kann die gleichen Worte wiederholen, da gibt's kein Problem: das Wort ist nicht das Problem – aber wie viel Tiefe du in dieses Wort bringst, das kommt aus deinem Wesen. Das Wort kann jeder benutzen. Man kann die ganze Gita hersagen, aber jene Worte werden nicht so sein, wie die, die aus Krishna kamen. Ihr könnt die ganze Bibel wiederholen, aber als jene Worte von Jesus gesagt wurden, hatten sie eine ungeheure Energie, eine verwandelnde Kraft, – denn Jesus war in jenen Worten. Mit jedem Wort kam sein Wesen auf dich zu. Ihr könnt die gleichen Worte benutzen.

Auf jeder christlichen Kanzel wiederholen Millionen von Priestern die gleichen Worte. Die Bergpredigt ... aber wie flach sind die Worte, und was für einen schlechten Dienst haben sie erwiesen! Es wäre besser, man würde sie nicht wiederholen, denn wenn man bestimmte Worte immer von neuem wiederholt, verlieren sie ihren Zauber. Sie werden so abgenutzt, die Leute sind so daran gewöhnt, sie zu hören, dass sie fast sinnlos werden, Klischees. Gutai muss von diesem Jungen gehört haben, der ihn nachahmte.

… und als er den Jungen dabei überraschte,
wie er es eines Tages tat,
ergriff er den Jungen, zog ein Messer heraus,
schnitt ihm den Finger ab und warf ihn weg.

Allzu streng! Aber der Mann Gutai muss sehr, sehr mitfühlend gewesen sein. Nur aus Mitgefühl kann man so hart sein. Schwer zu verstehen, denn wir glauben, dass Grausamkeit und Härte sich immer nur da zeigen, wo es kein Mitgefühl gibt. Nein – dann könnt ihr nicht verstehen, was ein Erleuchteter ist. Ein Erleuchteter geht nur dann nicht hart mit euch um, wenn er kein Mitgefühl hat. Was kümmert's ihn? Aber er geht hart mit euch um, weil es ihn kümmert. Er macht sich Sorgen um euch, er will euch helfen. Und weniger als das ist nicht genug. Was geschah? Als er sein Messer herauszog, den Finger des Jungen nahm, ihn abschnitt und wegwarf, was geschah da?

Als der Junge sah, dass der Meister sein Messer herausgezogen hatte, was muss da passiert sein? Wenn dir jemand plötzlich mit einem Messer entgegentritt, was passiert dann? – das Denken bleibt stehen. Du kannst nicht mehr denken, es ist so neu, so unerhört. Der alte Verstand bleibt einfach stehen. Er kann es nicht kapieren. Was ist los? Und niemand hätte je gedacht, dass Gutai ein Messer bei sich hätte! Könnt ihr euch vorstellen, dass ich eines Tages mit einem Messer kommen könnte? Es war so unmöglich, unbegreiflich. Und Gutai zückte das Messer – der Junge muss starr vor Schreck gewesen sein. Das Denken blieb stehen. Es war eine große Schocktherapie. Und das von Gutai – doch nicht möglich! Der Junge hätte es sich nicht träumen lassen … und dann zog er es nicht nur heraus, er schnitt ihm auch noch den Finger ab.

Als Gutai den Finger abschnitt, als der Finger von der Hand getrennt war, was ging da in dem Jungen vor? Zum ersten Mal in seinem Leben war er wach, ohne zu denken. In so einem Moment konnte er nicht schläfrig sein. Kann man dösen, wenn jemand dir den Finger abschneidet? Da kann man nicht dösen. Der Schmerz war so intensiv, die Qual war so stark, dass der Junge in diesem plötzlichen Augenblick umgewandelt wurde. Er war nicht mehr

Kind, er wurde erwachsen. Es kann in einem Augenblick geschehen; es mag in vielen Leben nicht geschehen. Nachahmung muss strengstens abgeschnitten werden. Der Finger ist nur symbolisch. Der Junge muss hart geschlagen werden, und der Schmerz muss bis an die Wurzel seines Wesens gehen. Und er muss so unbekannt sein, dass er keine Theorie daraus machen kann. Er kann nicht darüber nachdenken, er kann nicht darüber philosophieren – er ist einfach schockiert. Der Geist weiß nicht, wohin. Zum ersten Mal muss er mit frischen Augen gesehen haben, Augen in denen keine Gedanken schwammen. Und der Schmerz war so scharf und so plötzlich, dass er ihm mitten ins Herz gegangen sein muss.

Vergesst nicht: Genuss geht niemals so tief wie Schmerz. Genuss geht nie so tief! Er kann nicht – das Wesen des Genusses an sich ist oberflächlich. Leute also, die im Genuss leben, bleiben immer oberflächlich, seicht. Ihr könnt keine Tiefe in einem Reichen finden – schwierig. Ihr mögt sie in einem Bettler finden; ihr mögt den Bettler nicht beachten, weil ihr denkt, er ist ein Bettler – aber habt keine zu festen Vorstellungen. Wenn euch ein Bettler über den Weg läuft, seht hin! Er hat viel gelitten, er hat viel Leid hinter sich, und Leid gibt Tiefe. Ein reicher Mensch ist immer seicht, oberflächlich. Er hat im Genuss gelebt, und Genuss kann nicht sehr tief gehen. Bei diesem Schmerz war die Qual so scharf und plötzlich, dass der Geist aufhörte sich zu drehen und das Herz getroffen wurde.

> Als der Junge heulend davonrannte, rief Gutai: „Halt!"

Das ist es, was ich euch immer wieder sage. Aber erst muss man tiefen Schmerz erleben und heulen, nur so kann das „Halt!" einen Sinn haben. Der Junge rannte in Schmerz und Qual heulend davon, und Gutai rief: „Halt!" Wenn das „Halt" im richtigen Augenblick gerufen wird, wirkt es tief.

Plötzlich blieb er stehen! Was geschah bei diesem Anhalten? Es war kein Schmerz mehr da. Wenn du plötzlich anhältst, geht deine ganze Aufmerksamkeit in den Laut des „Halt!" Der Körper wird zurückgelassen, du wirst aufmerksam.

Und bei dieser Aufmerksamkeit kann dich der Körper nicht stören, kann dich der Körper nicht ablenken. Der Finger war nicht da, das Blut floss – der Schmerz war da, aber dies „Halt" richtete seine ganze Aufmerksamkeit auf den Meister. Ohne Beachtung kein Schmerz. Der Schmerz existiert nicht im Körper, sondern in der Beachtung. Wenn du krank bist und im Bett liegst, was tust du da? Du gibst deiner Krankheit ständige Aufmerksamkeit, du fütterst sie. Und hier muss etwas geschehen, denn daraus ist auf der ganzen Welt ein großes Problem geworden.

Wenn man sich krank fühlt, raten die Ärzte, dass man sich hinlegen und ruhen soll. Aber was tut man, wenn man ruht? Man richtet seine Aufmerksamkeit auf den Schmerz, und dann gibt man ihm Nahrung; Aufmerksamkeit nährt ihn. Dann denkt ihr ständig über ihn nach; er wird zum Mantra, zur inneren Litanei: „Ich bin krank, ich bin krank. Dies und das fehlt mir. Beschwerden – und du suchst immer wieder deinen ganzen Körper ab, um herauszufinden, was dir fehlt. Du brütest – etwas sehr Pathologisches! Und das kann die Krankheit chronisch machen. Du lässt dich von der Krankheit hypnotisieren. Wenn der Krankheit zuviel Aufmerksamkeit geschenkt wird, wirst du ein Opfer von Hypnose.

Wenn du ständig über etwas klagst, wird ein Teufelskreis daraus: du klagst, und damit lädst du es ein, weil jede Klage bedeutet, dass du erneute Aufmerksamkeit schenkst, immer wieder Aufmerksamkeit. Es wird zur Wiederholung. Was passiert da genau?

Ich habe gehört – und es ist schon oft vorgekommen: jemand ist krank, gelähmt, seit fünfzehn Jahren kann er nicht laufen. Da steht eines Nachts das Haus in Flammen. Ein Feuer bricht aus, das Haus brennt, und alle laufen hinaus. Der Mann vergisst, dass er gelähmt ist, und so rennt er ebenfalls aus dem Haus. Erst als ihn draußen vor dem Haus seine Familie sieht, und sie sagen: „Was?! Du bist doch gelähmt!", fällt der Mann. Was ist geschehen? Bei dem Unfall, in diesem besonderen Moment der Intensität – das Haus brennt! – vergaß der Mann einen Augenblick lang, dass er gelähmt war.

Wenn du deine Krankheit vergessen kannst, wird die Krankheit eher verschwinden, als mit Hilfe jeder Medizin. Wenn du sie nicht vergessen kannst, wenn du ständig über sie nachgrübelst, dann spielst du mit der Wunde. Je mehr du mit ihr spielst, desto tiefer wird sie.

Was geschah, als Gutai „Halt!" rief? Der Junge sah Gutai an, das Heulen hörte auf, der Schmerz verschwand, als ob der Finger gar nicht abgeschnitten worden wäre.

> Der Junge blieb stehen, wandte sich um,
> und sah durch seine Tränen auf den Meister ...

Seine Augen waren tränenerfüllt, er heulte und weinte und schrie. Er stand still! Der Schmerz verschwand, aber Tränen können nicht so schnell verschwinden – sie waren noch da.

> Gutai hielt seinen eigenen Finger hoch.
> Da wollte der Junge auch seinen Finger heben,
> und als er bemerkte, dass er nicht da war, verbeugte er sich.
> In diesem Augenblick wurde er erleuchtet.
>
> Gutai hielt seinen eigenen Finger hoch ...

Ein sehr intensiver Moment der Wachheit, ein sehr, sehr starker Eingriff, eine Situation, vom Meister geschaffen. Der Geist ist nicht mehr da, der Schmerz ist verschwunden, denn die Aufmerksamkeit ist woandershin abgerufen worden ... als ob der Junge in dieser Situation nicht mehr atmen konnte. „Halt!" – und der Atem steht still, und das Denken steht still, und er hat vergessen, dass er jetzt keinen Finger mehr hat.

Nur aus Gewohnheit hebt der Junge, als der Meister seinen Finger hebt, den seinen – welcher nicht mehr da ist. Das zeigt, dass er völlig vergessen hat, was geschehen ist. In jenem Moment war er nicht der Körper. Wie sonst kann man vergessen. Der Schmerz ... dein Finger ist dir abgeschnitten worden, und du blutest, und deine Augen sind noch voller Tränen, und erst vor einem Augenblick heultest du noch? Dies „Halt!" verursachte ein Wunder.

Der Junge blieb stehen, wandte sich um,
und sah durch seine Tränen auf den Meister.
Gutai hielt seinen eigenen Finger hoch.

Nur aus Gewohnheit hielt er immer seinen Finger hoch, sobald der Meister seine Schüler etwas über Zen lehrte. Er stand dann neben dem Stuhl, oder hinter dem Stuhl, und wenn der Meister seinen Finger hob, machte er es genauso. Es war ganz automatisch geworden. Der Körper ist ein Automat, er ist eine Maschine, er ist mechanisch.

Da wollte der Junge auch seinen Finger heben,
doch als er bemerkte, dass er nicht da war ...

Und da sah er es – der Finger war nicht da!

... verbeugte er sich.

Was war geschehen? Warum wurde er dankbar und verbeugte sich? Weil er zum ersten Mal erkannte, dass er nicht der Körper ist.
Er ist die Aufmerksamkeit, nicht der Körper; Wahrnehmung, nicht der Körper; Bewusstsein, nicht der Körper! Der Finger ist nicht da, der Schmerz ist verschwunden, das Heulen ist nicht mehr. Das Denken dreht sich nicht mehr um die Wunde, er grübelt kein bisschen darüber nach. Er ist nicht mehr ein Körper, er ist nicht verkörpert. Er ist ganz einfach aus seinem Körper heraus.
Zum ersten Mal wird er gewahr, dass er eine Seele ist, ein Bewusstsein – der Körper ist nur das Haus. Du bist nicht der Körper; du bist in ihm, aber du bist nicht der Körper. Wenn deine Aufmerksamkeit zu solcher Intensität kommt, dann erkennst du, dass du nicht der Körper bist. Und wenn du erst einmal erkennst, dass du nicht der Körper bist, dann weißt du, dass du todlos bist. Wer kann dir den Finger abschneiden? Wie kann man gewaltsam gegen dich sein? Niemand kann dich zerstören.
Und deshalb verbeugte er sich vor dem Meister in tiefer Dankbarkeit: „Denn du hast es mir möglich gemacht, das Tiefste meines

Wesens zu erkennen, welches unsterblich ist."

In diesem Augenblick wurde er erleuchtet.

Was ist Erleuchtung? Endlich zu verstehen, endlich zu erkennen, dass du nicht der Körper bist. Du bist das Licht im Innern; nicht das Gehäuse der Lampe, sondern die Flamme. Du bist weder Körper noch Geist. Der Geist gehört zum Körper, der Geist ist nicht jenseits des Körpers. Er ist Teil des Körpers – sein subtilster, sein feinster Teil, aber doch Teil des Körpers. Der Geist besteht genauso aus Atomen, wie der Körper.
Du bist weder der Körper noch der Geist – dann weißt du endlich, wer du bist. Und zu wissen, wer du bist, ist Erleuchtung.

Als Gutai dem Jünger den Finger abschnitt, fiel der Eimer, fiel der alte Eimer hinunter, zerbrochen, das Wasser floss aus – kein Wasser, kein Mond! Der Jünger wurde erleuchtet.

Aber Gutai muss auf den richtigen Moment gewartet haben. Schon viele, viele Jahre lang hatte ihn dieser junge Mann nachgeahmt – er wartete, wartete. Man kann den richtigen Augenblick nicht erzwingen: wenn er kommt, kommt er. Du wächst ihm entgegen, du tastest dich ihm entgegen, und der Meister wartet.

Wenn der Moment kommt, wenn er da ist, kann jedes Beliebige zum Vorwand werden – das X-Beliebigste.

Ein bloßer Ruf: „Halt!" – und der alte Eimer ist zerbrochen.

Plötzlich verschwinden die Spiegelungen, denn es ist kein Wasser mehr da. Du siehst auf den wirklichen Mond, du bist erleuchtet. Erleuchtung heißt, dass du erkannt hast, wer du bist.

6

Warum ziehst du dich nicht zurück?

Tokusan studierte Zen unter Ryutan.
Eines Nachts kam Tokusan zu Ryutan und stellte viele Fragen.
Der Lehrer sagte: „Die Nacht wird alt –
warum ziehst du dich nicht zurück?"
Da verbeugte sich Tokusan,
und als er im Hinausgehen den Vorhang beiseite schob,
bemerkte er: „Es ist sehr dunkel draußen."
Ryutan bot Tokusan eine brennende Kerze an,
damit er sich zurecht finde,
aber gerade als Tokusan sie entgegennahm,
blies Ryutan sie aus.
In diesem Augenblick öffnete sich Tokusans Geist.

Warum ziehst du dich nicht zurück?

ALS ERSTES MUSS VERSTANDEN WERDEN; MAN KANN ZEN NICHT studieren. Das ist unmöglich. Man kann darin sein, aber man kann es nicht studieren. Denn Zen oder *Dhyan* ist nicht ein Gegenstand von Studien, sondern eine Art zu leben. Es kommt darauf an, wie du lebst. Du kannst es nicht aus Heiligen Schriften haben, du kannst es von niemandem haben. Niemand kann es dich lehren, es ist nicht lehrbar. Es ist kein Wissen, das von einer Hand in die andere übergehen kann. Es ist eine Art zu leben. Du kannst dich darauf einlassen, du kannst hineinfließen, du kannst für es empfänglich werden, offen … Und genau das ist es, was du bei einem Meister machen musst. Du kannst es nicht studieren; du kannst nur zulassen, dass du dich ansteckst. Es ist Ansteckung: wenn du ungeschützt bist, steckst du dich an. Einfach nur mit dem Meister leben genügt: offen, ohne Kampf – wenn du einfach nur beim Meister bist, kommen Augenblicke, in denen du still wirst und es lernen kannst.

Die Geschichte sagt: *„Tokusan studierte Zen …"* – da machte er es falsch. Keine Universität kann euch einen Kurs in Religion bieten. Das tun sie zwar, aber was immer sie lehren mögen, hat mit Religion überhaupt nichts zu tun. Es mag Religionsgeschichte sein – Religion ist es nicht. Es mag Religionsphilosophie sein – Religion ist es nicht. Das mag euch helfen, den Koran, die Bibel, die Gita kennenzulernen, aber Religion ist es nicht. Sie mögen über Jesus, Buddha, Krishna reden, und ihr mögt vieles lernen; aber an der eigentlichen Grundlage, am eigentlichen Kern, geht ihr vorbei.

Das erste also, was es hier zu verstehen gibt: niemand kann dir erklären, was Zen ist, was *Dhyan* ist. Du kannst es erlernen, aber lehren kann es dich keiner. Ich sage immer wieder: Jünger gibt es zwar, aber keine Meister – denn ein Meister kann nichts positiv, nichts direkt tun. Er kann es dir nicht geben, er kann es dich nicht lehren. Was also kann er tun? Wäre es lehrbar, hätte er es mitgeteilt; dann genügte ein Buddha, um die ganze Welt zu erleuchten. Aber es hat viele Buddhas gegeben, und die Welt hat sich bis heute nicht verändert ... Auf direktem Wege kann nichts geschehen. Das Ding ist so subtil, so empfindlich, dass es, wenn du es weiterreichst, beim Weiterreichen stirbt.

Ich habe gehört: Ein christlicher Priester schickte einmal einem Freund die Bibel als Geschenk. Er machte ein wunderschönes Paket, ging zur Post, und der Mann am Schalter fragte:

„Ist etwas drin, was man brechen kann?"

Der Priester lachte und sagte: „Ja, die Zehn Gebote!"

Religion ist so empfindlich, so zerbrechlich, dass kein Paket sie schützen kann. Sobald du sie weiterreichst, ist sie schon tot. Sie lebt nur innen. Sie lebt in einem Buddha, in einem Meister. Er kann sie euch nicht geben; aber ihr könnt euch für sie öffnen.

Es ist wie am Morgen, wenn die Sonne aufgeht. Die Sonne kann der Blume nicht das Leben schenken – nein. Die Blume selbst öffnet sich ihr; sie wird bereichert, indem sie sich von allein öffnet. Bleibt die Blume geschlossen, kann die Sonne nichts ausrichten. Die Sonne kann nicht an die Tür klopfen, kann das Licht nicht abliefern, kann nicht Kraft und Leben liefern – nein! Die Sonne geht unbemerkt vorbei.

Ein Buddha kommt – ich bin hier bei euch; ihr könnt euch mir öffnen. Aber wenn ihr verschlossen bleibt, kann nichts geschehen. Es liegt also an euch! Es hängt absolut von euch ab, ob ihr lernt oder nicht – und es ist kein Studium!

Studium ist etwas Totes, Intellektuelles. Lernen ist lebendig: es geschieht nicht vom Kopf, sondern vom Herzen her. Ihr lernt mit dem Herzen und studiert mit dem Kopf. Wenn du studierst, wird ein großer Gelehrter aus dir. Geht und seht euch die großen Gelehrten an, die Universitäten sind alle voll davon. Ihr könnt keine „toteren" Leute finden als sie! Sie liegen fast im Grab, sie sind schon mit einem Fuß drin. Sie haben nie gelebt. Sie sind so von Worten besessen, dass sie das Leben verpasst haben.

Diese Gelehrten mögen zwar von der Liebe sprechen, aber sie haben nie geliebt. Sie können es sich nicht leisten, es ist zu riskant! Und sie wissen so viel, dass sie einen so gefährlichen Schritt nicht wagen können. Sie reden viel von Meditation, sie haben viel darüber gelesen, aber sie haben es nie damit versucht. Es ist gefährlich. Nichts könnte gefährlicher sein! Und ein Gelehrter sucht immer die Sicherheit. Sicherheit in Worten, Sicherheit in Lehrmeinungen, Sicherheit in allem. Er ist kein Spieler, er kann sein Leben nicht aufs Spiel setzen.

Und solange du dein Leben nicht aufs Spiel setzt, kannst du nicht lernen. Solches Lernen kommt aus dem Herzen; es ist wie mit der Liebe. Das ist es, warum Jesus ständig sagt, dass Gott die Liebe ist. Er meint es nicht so, wie es die Christen verstanden oder missverstanden haben: dass Gott voller Liebe sei. Nein, er meint damit nicht, dass Gott liebend ist. Er meint damit ganz einfach, wenn du zu Gott kommen willst, dann ist die Methode die gleiche, wie wenn du dich auf die Liebe einlassen willst. „Gott ist die Liebe" heißt: der Weg, der zum Tempel der Liebe führt, ist auch der Weg, der zum Tempel Gottes führt. Damit ist nur der Weg angezeigt: er geht durch das Herz, nicht durch den Kopf.

Tokusan studierte Zen unter Ryutan.

In diesem Punkt ging er fehl. Der erste Schritt war falsch. Und wenn der erste Schritt falsch ist, dann wird alles, was danach kommt, auch falsch. Denkt immer daran, den ersten Schritt richtig zu tun; wenn der erste Schritt stimmt, dann ist die halbe Reise schon vorbei. Sie ist fast zu Ende. Denn wenn der erste Schritt stimmt, kommt alles Folgende automatisch. Du wirst das Ziel erreichen. Geht also zu einem Meister nicht, um zu studieren. Geht hin, um zu lernen. Wenn ihr hingeht, um zu studieren, mag euch der Meister zwar etwas lehren, aber das Wesentliche kann nicht gelehrt werden. Geht hin, um zu lernen.

Und was ist der Unterschied zwischen diesen beiden Einstellungen? Viele Unterschiede. Wenn du hingehst, um zu studieren, willst du mehr an Wissen. Wenn du hingehst, um zu lernen, willst du mehr an Sein – was nicht dasselbe ist wie Wissen. Wenn du lernst, wächst dein Sein. Wenn du studierst, wächst dein Gedächtnis. Wenn du studierst, weißt du mehr und mehr und mehr. Wenn du lernst, wirst du mehr und mehr und mehr – und das sind völlig verschiedene Dinge.

Jemand mag ein großartiges Gedächtnis haben, viele Dinge wissen, und tief drunten in seinem Sein ist er ein absoluter Bettler, ist er arm, da hat er nichts. Er mag sich selbst damit täuschen, dass er so viel weiß; aber Wissen hilft nicht, solange du nicht bist. Wissen ist wertlos. Nur Sein hilft.

Wenn du stirbst, was geht mit dir? Dein Wissen oder dein Sein. Wer wird dir eine Hilfe sein? Was wird die Brücke sein? Was kannst du über den Tod hinaus mitnehmen? Wissen? Das Hirn bleibt zurück, denn das Hirn gehört zum Körper. Nur dein Sein kommt mit. Und du hast es nie angesehen, es ist arm geblieben, ausgehungert – du hast es nie genährt.

Lernen gehört dem Sein an, Wissen gehört dem Gedächtnis an, dem Geist. Universitäten können dir Wissen geben, Lehrer können dir Wissen geben, aber nur ein Erleuchteter kann es dir ermöglichen, kann dir helfen – und diese Hilfe ist indirekt – mehr Sein zu gewinnen. Du kannst diese Hilfe in Anspruch nehmen, aber letzten Endes hängt es von dir ab.

Wenn du hingehst, um zu studieren, ist schon der erste Schritt falsch. Und der erste Schritt ist sehr bedeutsam, denn aus dem Ersten kommt schließlich das Letzte. Der Same ist sehr bedeutsam: der Same ist der erste Schritt, und er wird schließlich zum Baum. Er mag viele Jahre brauchen, bis er blüht, aber wenn du den falschen Samen säst, dann nützen selbst Millionen von Leben nichts.

Tokusan machte es von Anfang an falsch; er studierte. Als Studierender interessierten ihn die Schriften mehr als der Meister. Was für eine Dummheit! Sich, wenn ein Meister lebt, auf die Schriften zu stürzen. Wo überall Diamanten herumliegen, klammerst du dich an rote Steine, bunte Steine! Während der Meister am Leben ist, kümmerst du dich um tote Worte.

Eines Nachts kam Tokusan zu Ryutan und stellte viele Fragen.

Ein Mensch, der sich beim Meister aufhält, um zu studieren, steckt immer voller Fragen. Denn so studiert man: du musst Fragen stellen, damit du Antworten bekommst. Dann kannst du immer mehr Antworten sammeln und wirst immer gelehrter. Ein Mensch, dem es nicht ums Studieren geht, sondern ums lernen, der hat nur eine Frage, nicht viele.

Und vergesst nicht, viele können nicht beantwortet werden, nur eine kann beantwortet werden. Viele können nicht beantwortet werden, denn wenn du zu den Menschen gehörst, die viele Fragen stellen, entstehen aus jeder Antwort, die du bekommst, nur viele neue Fragen; das ist alles. Jede Lösung gibt dir neue Rätsel auf.

Du kommst zu mir und fragst: „Wer erschuf diese Welt?" und ich sage: „Gott", und du fragst dann über Gott: „Wer ist dieser Gott? Und warum hat er die Welt erschaffen!" Und wenn ich sage: „Aus diesem Grund", fragst du ... jede Antwort erzeugt nur mehr Fragen.

Aber nur eine Frage zu haben ... das ist sehr schwierig. Nur ein sehr weiser Mensch fragt die eine Frage. Um zu der einen Frage zu kommen, musst du bereits reif geworden sein; denn mit vielen Fragen zeigst du nur Neugier. Mit einer Frage zeigst du, dass dein Wesen zur Abrundung gekommen ist. Jetzt geht es ums Ganze. Wenn diese Frage gelöst ist, ist alles gelöst. Es ist eine Frage von Leben und Tod. Eine Frage stellen heißt, dass du auf einen Punkt hinzielst. Eine Frage stellen heißt, dass du schon jetzt eine Einheit bist! Und nur wenn du eine Einheit bist, kann dir die Antwort gegeben werden. Andernfalls bist du noch nicht bereit. Und kein Meister wird seine Zeit und Energie mit dir verschwenden, solange du viele Fragen stellst. Stell eine Frage! Finde erst heraus, was diese eine Frage, die wesentliche, ist. Beweg dich nicht an der Peripherie.

Komm zum Mittelpunkt. An der Peripherie gibt es viele Punkte, über die man fragen kann, aber in der Mitte gibt es nur einen Punkt. Und wenn du dich an der Peripherie bewegst, gehst du im Kreis herum; eine Frage führt zur andern, und die wieder zu einer andern, und so geht es weiter und weiter ... *ad infinitum*. Aber im

Mittelpunkt gibt es nur eine Frage. Und diese Frage kann auch ohne Antwort beantwortet werden. Wenn du zu dieser Frage gelangt bist, kann der Meister dich ansehen, und die Frage ist damit beantwortet.

Der Meister kann dich berühren, und die Frage ist beantwortet. Denn wenn du so auf einen Punkt gerichtet bist, dann bist du so lebendig, dann brennt deine Flamme so hell, ist dein Sinn so klar – nicht voller Wolken, nur eine Sonne, nicht Tausende von Wolken – du bist so wolkenlos, alles ist so scharf, klar, leuchtend, dass nur ein Blick genügt, nur eine Berührung. Aber wenn du voller Fragen steckst, kann nichts helfen, selbst wenn dich der Meister dauernd mit Antworten behämmert.

Eines Nachts kam Tokusan zu Ryutan und stellte viele Fragen.

Wie schön diese Zen-Geschichten sind! Jedes Wort in ihnen ist bedeutsam. „Eines Nachts …" – nicht am Morgen, sondern im Dunkeln. Am Morgen kommst du, um eine Frage zu stellen; im Dunkeln kommst du mit vielen Fragen. Am Morgen bist du klar, frisch, jung. Nachts bist du alt, vermodert. „Nachts" heißt, dass du im Dunkeln bist, dass du herumtappst. Selbst wenn du an die Tür kommst, wirst du nicht sehen können. Selbst wenn die Antwort gegeben wird, bleibt sie unverstanden.

Der Geist ist die Finsternis der Seele, ist die Nacht der Seele. Aber ihr glaubt unerschütterlich an diesen Geist, obwohl er euch außer Versprechungen nichts gegeben hat. Er macht euch Versprechungen, darin ist er groß – er verspricht immerzu.

Ich habe gehört:
Eines Nachts kam Mulla Nasruddin sehr spät nach Hause.
Er klopfte, und seine Frau fragte: „Nasruddin, wie spät ist es?"
Nasruddin sagte sehr selbstverständlich: „Noch sehr früh, erst Viertel nach elf."
Seine Frau sagte: „Lüg mich nicht an! Ich hab grade auf den Wecker gesehen. Es ist nicht Viertel nach elf, es ist Viertel nach drei. Die Nacht ist um."

Nasruddin sagte: „Moment mal. Glaubst du einem Schrottwecker, der keine zwanzig Rupien mehr wert ist, etwa mehr als deinem geliebten Gatten? Was ist das für eine Ehe? Was bist du eigentlich für eine Frau?"

Ihr glaubt immer eurem Schrottgeist, der keine zwanzig Rupien mehr wert ist, den ihr bei einem alten Gedankentrödler erstanden habt. Er ist nicht mal euer eigener! Er ist schon durch tausend Hände gegangen, tausendmal. Was ist neu in deinem Kopf? Alles ist alt, gebraucht. Was ist frisch in deinem Kopf? Was ist darin original? Alles ist geborgt. Und wenn sich jemand einen uralten, gebrauchten Wagen kauft, überlegt er sich tausendmal, ob er ihn kaufen soll. Ihr macht euch nie über die Tatsache Gedanken, dass euer Geist schon von vielen gebraucht worden ist.

Jeder einzelne von euren Gedanken ist geborgt, ist alt, ist Schrott. Es ist der Abfall von vielen. Du aber glaubst an ihn, denn dieser Geist hat einen Trick gelernt, und der Trick ist, dass er Versprechungen zu machen versteht. Er verheißt dir ständig: „Ich werde dir alles geben. Du brauchst Gott? Ich werde dir Gott geben, warte nur. Tu dies und tu das. Strenge dich an, hoffe und bete, und dann bekommst du ihn ... Er schiebt alles auf.

Er sagt: „Morgen passiert es." Und morgen kommt nie – morgen kann nicht kommen. Alles, was kommt, ist immer heute. Und der Geist tut nichts anderes, als alles auf morgen zu verschieben. Er verspricht für die Zukunft. Ob es der Himmel ist, ob es Gott ist, oder *Moksha*, oder *Nirvana* – er verspricht es dir immer „für die Zukunft".

Meditation, Zen, verspricht dir nie etwas. Sie gibt dir einfach das Hier und Jetzt. Geist ist Aufschub. Er sagt: „Es wird schon kommen. Es wird nach und nach schon kommen. Immer schön langsam. Hab es nicht so eilig, im Augenblick ist nichts zu machen."

Der Geist sagt: „Es gehört Zeit dazu, weit ist der Weg. Vieles muss getan werden, und wenn du es nicht tust, wie kannst du es dann erreichen?" Der Verstand unterscheidet immer zwischen Mittel und Zweck. In Wirklichkeit gibt es keine Trennung. Jeder Schritt ist das Ziel, und jeder Augenblick ist *Nirvana*.

Die Gegenwart ist alles, was existiert. Die Zukunft ist die größte Illusion, die es gibt: sie ist eine Erfindung des Geistes. Aber ihr glaubt an den Geist, und es ist wirklich wunderbar: ihr verliert nicht einmal den Mut!

Ich habe gehört:
Ein Mann kaufte sich ein gebrauchtes Auto. Nach zwei Wochen kam er zum Geschäft zurück und sagte zum Verkäufer: „Sind sie der Mann, der mir diesen Wagen verkauft hat?" Der Mann bejahte, ein bisschen ängstlich und nervös, weil er wusste, was für einen Wagen er da verkauft hatte. Der Kunde bat: „Dann sagen Sie mir bitte noch einmal alles, was sie zu mir gesagt haben, bevor Sie mir den Wagen verkauften – ich bin so mutlos. Machen Sie mir wieder ein bisschen Mut, und ich schau ab und zu wieder rein, nur damit Sie mir Mut machen."

Ihr verliert nicht einmal den Mut, was den Geist betrifft. Ihr hört immer weiter auf ihn. Und der Geist ist das Dunkel, der dunkle Teil eures Wesens, wohin kein Licht dringt. Er ist die Nacht. Es stimmt also:

Eines Nachts kam Tokusan zu Ryutan und stellte viele Fragen.
Der Lehrer sagte ...

Er antwortete nicht. Er beantwortete nicht eine Frage. Er hörte sich nur die Frage an und –

Der Lehrer sagte:
„Die Nacht wird alt, warum ziehst du dich nicht zurück?"

Seht ihr? Viele Fragen wurden gestellt, und der Lehrer sagte nur: „Die Nacht wird alt, die Dunkelheit nimmt zu. Du verirrst dich in ein immer dunkleres Gebiet deines Geistes. Die Nacht wird alt – warum ziehst du dich nicht zurück?"
Das ist die einzige Antwort auf so viele Fragen:

„... warum ziehst du dich nicht zurück?"

Du bist die Frage und der, der die Fragen erfindet. Du – das Ego, der Kopf – du bist die Krankheit. Warum ziehst du dich nicht zurück? Viele Fragen gestellt – nur eine Antwort gegeben; und selbst die nicht verstanden ... Denn jemand, der viele Fragen stellt, kann die eine Antwort nicht verstehen. Sein Geist kann nichts verstehen, was zu dem Einen gehört. Er kann nur das Viele verstehen.

„Vieles" bedeutet immer „draußen"; „Eines" immer „drinnen" – denn das Zentrum ist in dir, und die Peripherie ist außen. Der Meister sagte etwas ungeheuer Schönes: *Die Nacht wird alt, warum ziehst du dich nicht zurück? Es ist Zeit, dass du dich zurückziehst.* Dies scheint unangebracht! Er hätte die Fragen beantworten sollen ...

Er hat sie beantwortet; denn er sagt: „Zieh dich zurück ..."

Solange du da bist, werden immer neue Fragen kommen. Fragen kommen dem Geist, wie die Blätter den Bäumen. Und du bewässerst immerzu den Baum, und es kommen immer mehr Blätter. Natürlich, die alten Blätter werden abfallen und neue werden kommen. Der Meister mag also eine Frage beantworten: die alte verschwindet, aber dafür kommt eine neue, und die wird wiederum ersetzt. Und eine neue Frage ist schlimmer, weil eine alte Frage ... die hängt dir schon zum Halse heraus. Eigentlich kannst du sie fortwerfen, du hast lange genug damit gelebt.

Eine neue Frage ist wie eine neue Frau – wieder, wieder einmal bist du verliebt; wieder geht die Romanze los; wieder die Poesie, und wieder der ganze Unfug. Ein neuer Gedanke ist gefährlicher als der alte, denn von dem alten hast du die Nase voll. Er langweilt dich längst, du willst ihn los sein. Darum beantworten Buddha oder Ryutan oder Leute wie sie eure Fragen nie. Sie möchten euch keinen neuen Unterschlupf für den Geist bieten. Ihnen liegt nichts daran, euch das Alte durch etwas Neues zu ersetzen. Buddha pflegte zu sagen: „Frage nicht, wenn du Antwort willst. Wenn du nicht fragst, werde ich antworten. Wenn du fragst, ist die Tür verschlossen."

Von Neuankömmlingen verlangte Buddha: „Bleibe ein Jahr bei mir, ohne irgendetwas zu fragen. Wenn du fragst, kann ich dir nicht erlauben, bei mir zu sein, dann musst du weiterziehen. Sei ein Jahr lang einfach still." Und er meinte nicht das sichtbare Fragen – Buddha weiß Bescheid, wenn du innerlich fragst, er weiß es.

Es geschah einst, dass Mahakashyap dasaß. Er hatte nichts gefragt. Er war ein großer Jünger Buddhas, aber er war erst wenige Monate vorher zu ihm gekommen, und Buddha hatte ihm aufgetragen, ein Jahr lang zu schweigen und nichts zu fragen. Es waren noch ein paar andere Jünger da.

Plötzlich sagte Buddha: „Mahakashyap, du hast gefragt?"

Da sagte Mahakashyap: „Ich habe überhaupt nichts gesagt."

Und auch die anderen sagten: „Er hat kein Wort gesagt!"

Buddha sagte: „Schau nach innen. Du hast gefragt. Du hast dein Versprechen nicht gehalten."

Und Mahakashyap sah hin, und er verbeugte sich und sagte: „Es tut mir leid!"

Er hatte gefragt. Er hatte nicht so gefragt, dass man ihn hören konnte, aber tief drinnen war die Frage da. Selbst wenn du nichts fragst, sondern nur in Gedanken fragst, hast du damit gefragt; denn Denken ist subtiles Handeln. Es wird früher oder später sichtbar. Die Blase ist da, sie wird an die Oberfläche kommen. Du kannst sie unterdrücken, aber du kannst einen Buddha nicht täuschen.

Wann kann dir erlaubt werden zu fragen? Wenn keine Frage mehr da ist. Das scheint paradox: wenn keine Frage da ist, was sollst du dann fragen? Nur dann fragst du die eine Frage, und es ist nicht nötig, sie auszusprechen. Dein ganzes Wesen wird zu einer Frage, zu einer Suche, zu einem Wissenwollen. Dann ist dein ganzes Wesen ein Wissenwollen.

Und wenn du vor einem Buddha stehst, und dein ganzes Wesen hat sich in ein Wissenwollen verwandelt, in einen Durst, einen tiefen Hunger, so tief, dass du nicht mehr da bist, dass nur noch der Hunger da ist, dann kann der Buddha dir Nahrung geben, dann kann die Antwort gegeben werden. Sonst aber macht alles, was der Buddha sagt, keinen Sinn. Und diese Zen-Geschichten machen durchaus keinen Sinn. Es gibt Tausende von Zen-Geschichten, die absolut keinen Sinn machen.

Du fragst wegen A und der Meister redet über Z – völlig bezugslos! Wir wissen nicht, was dieser Tokusan für Fragen stellte. Wir wissen nur eines: der Lehrer, der Meister hat sie nicht beantwortet. Er sagte nur: *Tokusan, die Nacht wird alt – warum ziehst du dich nicht zurück?*

Und Zen ist nichts anderes als das! Allein darum geht es im Zen: „Zieh dich zurück!" Hast du das Denken denn immer noch nicht satt? Dann zieh dich zurück! Hat dein Kopf nicht genug getan? Hat dein Kopf nicht genug Chaos in dir angerichtet? Warum hängst du an ihm? Welche Hoffnung, welche Verheißung bringt dich dazu, an ihm festzuhalten? Er hat dich unentwegt betrogen. Er hat gesagt: „Dort, dies Ziel, in diesem Besitz, diesem Haus, diesem Wagen, dieser Frau, diesen Schätzen liegt alles!" Und du hast dich in Bewegung gesetzt, und als du hinkamst, hattest du nichts in den Händen als Enttäuschung.

Jede Erwartung hat zu Enttäuschung geführt. Jeder Wunsch nahm ein trauriges Ende; es kam nur Traurigkeit dabei heraus. Und dieser Kopf hat dir wieder und wieder Versprechungen gemacht – und keines hat sich erfüllt. Aber du sagst dem Kopf nie: „Du Lügner – hör auf!" Du hast Angst, das zu sagen.

Es geschah einmal:
Mulla Nasruddin kam aus der Dorfschänke und der neue Priester sah ihn rauskommen. Der neue Priester sagte: „Nasruddin, du!? Ein frommer Mensch? Und was sehe ich? Du kommst von da? Trinken ist des Teufels, mein Sohn! Und wenn dich der Teufel noch einmal einlädt, weigere dich! Warum weigerst du dich nicht?"
Nasruddin sagte: „Hochwürden, ich würde mich ja gern weigern, aber der Teufel könnte sauer werden und mich nie wieder einladen."

Das ist das Problem. Ihr würdet gern nein zu diesem Kopf sagen. Dieser Kopf hat nie ein Versprechen gehalten, trotzdem habt ihr Angst – der Kopf könnte sauer werden und euch nie wieder etwas versprechen ... und dann? Ohne Versprechungen könnt ihr nicht leben, ohne Hoffnung könnt ihr nicht leben.

Das ist der Mechanismus. Solange du nicht bereit bist, ohne Hoffnung zu leben, kannst du nicht religiös werden. Selbst eure sogenannten Religionen sind nichts als Hoffnungen, vom Kopf erzeugt. Bist du bereit, ohne Hoffnung zu leben? Bist du bereit, ohne Zukunft zu leben? Dann ist es leicht, dann brauchst du dich nicht zurückzuziehen ... der Kopf zieht sich von selbst zurück. Jetzt klammerst du dich nicht mehr ans Denken. Aber du hast Angst ... der Kopf könnte sauer werden. Der Kopf ist der Teufel, und er wiederholt sein Angebot vielleicht nicht noch einmal, und was machst du dann?

Es kommen Leute zu mir, die glauben, ihre Suche sei religiös ... ihre Suche ist noch ganz im Kopf. Sie laufen immer noch in den dunklen Tälern des Denkens herum, sie hören immer noch auf Gedanken; sie hoffen noch. Sie setzen ihre Hoffnungen aufs Geld, und es gelingt nicht. Sie hofften auf den Sex, und es gelang nicht. Sie hofften auf so manches, und nichts gelang. Nun setzen sie auf die Meditation, nun hoffen sie auf den Meister – aber sie hoffen. Und prägt euch das gut ein: wenn ihr auf mich hofft, werdet ihr mich verfehlen. Ich kann eure Hoffnungen nicht erfüllen.

Warum nicht mit dem Hoffen aufhören? Warum hofft ihr? Was liegt dahinter? Unzufriedenheit wird zu Hoffnung. Das ist die Tarnung. Denn hier und jetzt seid ihr in solcher Unzufriedenheit, in so viel Unglück, dass ihr irgendeine Hoffnung für die Zukunft braucht. Diese Hoffnung wird euch helfen, in Bewegung zu bleiben, irgendwie die Gegenwart auszuhalten. Durch das Hoffen könnt ihr die Gegenwart ertragen. Hoffnung ist alkoholisch, sie ist eine Droge, sie macht euch unbewusst genug, um die Gegenwart zu ertragen.

Hoffnung heißt: hier und jetzt ist Unzufriedenheit. Aber habt ihr euch je das ganze Phänomen angesehen? Warum seid ihr hier und jetzt überhaupt unzufrieden? Warum? Weil du in der Vergangenheit gehofft hast – darum bist du hier und jetzt unzufrieden. Dies Heute war gestern morgen. Gestern hast du auf heute gehofft, weil es da noch morgen war. Jetzt hat sich diese Hoffnung nicht erfüllt, und du bist unglücklich und enttäuscht.

Und um dies Unglück zu verdecken, um irgendwie über das Heute zu kommen, hoffst du erneut auf das Morgen … Du hast dich festgefahren, und zwar so festgefahren, dass es sehr schwer sein wird, da wieder herauszukommen. Morgen wird dasselbe wieder passieren. Du wirst frustriert sein, denn der Kopf kann zwar versprechen, aber nie erfüllen. Andernfalls wäre Meditation nicht nötig. Dann war Buddha ein Narr, zu meditieren.

Wenn der Kopf Erfüllung bringen kann, dann sind alle Meditierer Narren, dann sind alle Erleuchteten Narren. Doch der Kopf kann nicht erfüllen, sie aber sind es, die den ganzen Mechanismus, die ganze unglückliche Verkettung endgültig verstanden haben. Und der Mechanismus ist dieser: gestern versprach dir dein Kopf, dass dir morgen etwas geliefert würde. Jetzt ist das Morgen da, es ist heute, und der Kopf hat nicht geliefert – du bist unglücklich, deine Erwartungen sind enttäuscht.

Jetzt sagt der Kopf: „Morgen werde ich liefern!" Der Kopf verspricht erneut. Und was ist das für eine Dummheit, dass du wieder auf den Kopf hörst? Und morgen wiederholt sich der gleiche Mechanismus! – es ist ein Teufelskreis. Du hörst auf den Kopf und wirst unglücklich. Würdest du es nicht tun, – dies heute ist das Paradies! Und es gibt kein anderes Paradies. Dies heute ist *Nirvana*! Hättest du nicht auf den Kopf gehört, hör einfach nicht auf ihn, dann bist du auch nicht unglücklich. Denn Unglück kann nicht ohne Erwartungen, ohne Hoffnungen existieren. Und wenn Unglück da ist, brauchst du mehr Hoffnungen, um es zu verstecken, um irgendwo zu leben. Lebe hoffnungslos – dann bist du ein religiöser Mensch, dann hast du dich zurückgezogen. Schön, diese Worte. Der Meister sagte: *Die Nacht wird alt – warum ziehst du dich nicht zurück?* Hast du noch nicht genug von dieser Nacht? Hast du diesem Kopf nicht schon zu viel zugehört und gehorcht? Steig aus! Hör nicht mehr auf ihn. Zieh dich zurück.

Aber Tokusan missverstand ihn, denn ein Mensch, der so voll von Fragen ist, kann die Antwort nicht verstehen. Aus seinem Mitgefühl heraus gab ihm Ryutan die Antwort, aber der Schüler verstand es falsch… Gelehrte verstehen immer alles falsch.

Was dachte er? Er dachte an die Nacht draußen, aber die war durchaus nicht gemeint. Meister sprechen nie über das Äußere. Sie sprechen immer vom Inneren. Der Meister sprach von der dunklen Nacht im Innern, und der Schüler dachte: „Ja, die Nacht wird alt" Er sah das Äußere, er sah auf die Außenseite. Der Meister sprach vom Zentrum.

Der Meister sprach die Sprache des Inneren, und der Schüler verstand in der Sprache des Äußeren. Und die Sprache des Inneren kann nicht in die Sprache des Äußeren übersetzt werden. Nein, da lässt sich nichts übersetzen. Entweder du verstehst, oder du verstehst nicht … es gibt keinen Weg, es dir zu übersetzen. Hindi kann ins Englische übersetzt werden, Englisch kann ins Chinesische übersetzt werden; aber Religion kann in keine Sprache übersetzt werden. Das Innere kann nicht ins Äußere übersetzt werden. Warum kann Chinesisch ins Englische übersetzt werden? Weil beide dem Äußeren angehören, weil beide an der Peripherie existieren.

> „Warum ziehst du dich nicht zurück?", sagte der Meister.
> Da verbeugte sich Tokusan,
> und als er im Hinausgehen den Vorhang beiseite schob,
> bemerkte er: „Es ist sehr dunkel draußen."

Er glaubte verstanden zu haben. Er verbeugte sich: „Ja, es ist zu spät, die Nacht wird immer dunkler und kälter. Und es ist Zeit, schlafen zu gehen." Was der Meister meinte, war: „Es ist Zeit, aufzuwachen!" Zurückziehen heißt für den, der das Innere kennt, dass es Zeit ist, aus deinem Schlaf herauszukommen, aus deinem Geist; denn der Geist ist Schlaf.

Habt ihr von der Schlafkrankheit gehört? Der Geist ist diese Krankheit. Er ist Tiefschlaf. Selbst wenn ihr wach seid, erlaubt er euch nicht, wach zu sein; ihr lauft in tiefer Hypnose herum; es ist Schlafwandelei. Du tust Dinge, so, als wärest du eine mechanische, automatische Maschine. Du bist wie ein Automat: du isst, du redest, du tust Dinge, du bist leistungsfähig; aber glaube ja nicht, du seist wach. Du bist nicht wach.

Ihr kennt viele Arten von Schlaf. Manchmal schlaft ihr mit geschlossenen Augen, manchmal schlaft ihr mit offenen Augen. Manchmal schlaft ihr im Bett, manchmal schlaft ihr in der Kirche, manchmal auf der Straße. Manchmal seid ihr im Geschäft und schlaft; manchmal schlaft ihr, während ihr etwas tut, manchmal schlaft ihr, ohne etwas zu tun. Manchmal schlaft ihr mit Träumen, manchmal schlaft ihr mit Gedanken – aber ihr schlaft, ununterbrochen.

Morgens wacht ihr nicht auf. Morgens fangt ihr nur auf eine neue Art zu schlafen an, mit offenen Augen – Träume treiben, und Gedanken gehen weiter, und ihr verrichtet euer Ritual. Zum täglichen Ritual braucht ihr nicht aufzuwachen; darum hat es niemand gern, wenn jeden Tag Neues passiert. Denn wenn Neues passiert, dann müsst ihr aufwachen. Mit dem Alten, mit der Routine, könnt ihr wie im Schlaf umgehen, dazu braucht ihr nicht wach zu sein. Wenn jemand in einem Leben von siebzig Jahren sieben Augenblicke wach gewesen ist, dann ist das schon sehr viel. Darum nannten wir Gautam Siddharta, als er erwachte, den „Buddha" – „den Erwachten".

Denn es ist ein solch seltenes Phänomen, wach zu sein.

Der Meister meinte: „Zieh dich aus dem Geist zurück, sodass du wach sein kannst." Und der Schüler verstand es so: „Richtig", sagte er, „es ist sehr dunkel draußen, ich muss jetzt schlafen gehen. Ich muss mich zurückziehen." So wird jedes Mal die Wahrheit, die ein Meister gibt, im Geist des Schülers verzerrt.

Da verbeugte sich Tokusan ...

Nur um dem Meister zu danken und ihm zu zeigen, dass er ganz richtig begriffen habe, dass die Nacht schon zu weit fortgeschritten sei ... und als er im Hinausgehen den Vorhang beiseite schob, bemerkte er:

„Es ist sehr dunkel draußen."
Ryutan bot Tokusan eine brennende Kerze an ...

Der Meister bot dem Schüler eine brennende Kerze,

... damit er sich zurechtfinde,
aber gerade als Tokusan sie entgegennahm,

– und er eben hinaustreten wollte,

... blies Ryutan sie aus.
In diesem Augenblick öffnete sich Tokusans Geist.

Was geschah? Ryutan bot Tokusan eine brennende Kerze an. Er sagte: „Okay, draußen ist es sehr dunkel, so nimm diese brennende Kerze, dass du den Weg siehst." Für draußen können Kerzen geboten werden ... nicht für drinnen. Denn wie willst du eine Kerze mit nach innen nehmen? Für das Innere kann keine Kerze von draußen angeboten werden. Der Meister kann dir das Licht nicht geben, das dich innen erleuchtet. Tatsächlich aber brennt das Licht innen schon immer. Es ist da, aber du suchst es immerzu draußen.

Ein Blick nach innen – und das Licht ist da. Es war schon immer da. Es hat dir keinen einzigen Augenblick gefehlt. Du kannst es nicht verlieren. Es ist dein Tao, deine Natur, dein eigentliches Selbst. Es ist nicht nötig, dir eine Kerze fürs Innere anzubieten, und nach innen kann keine Kerze mitgenommen werden. Aber für draußen können Kerzen angeboten werden.

Vergesst also nicht: alle, die euch etwas für den Weg anbieten, all die Kerzen, taugen nur für draußen. Sie mögen euch den Weg in der Welt leuchten, aber nie in Gott. Als er sah, dass der Schüler nicht verstanden hatte, versuchte es der Meister von Neuem. Er schuf eine Situation, eine ganz einmalige Situation: er bot Tokusan eine brennende Kerze an.

Tokusan hatte viele Fragen, aber er bot ihm nicht eine einzige Kerze fürs Innere; er bot keine einzige Antwort. Er sagte nur: „Zieh dich zurück!" Aber wenn es draußen dunkel ist, kann etwas dagegen getan werden, kann dir geholfen werden. Wenn dein Körper krank ist, dann kannst du einen Arzt finden; aber wenn deine Seele krank ist, kann kein Arzt helfen – dann musst du etwas tun. Dann kann dich der Meister nur bis zu dem Punkt bringen, wo du etwas tun musst, denn niemand kann nach innen dringen, nur du selbst. Wenn jemand in dein Inneres eindringen kann, dann ist es nicht dein Inneres. Denn wie sollte irgendein anderer den innersten Schrein deines Wesens betreten können? Dort ist kein Raum. Nur du existierst dort, in deiner totalen Alleinheit!

Darum hat Mahavir gesagt, dass nicht einmal Liebe dorthin dringt. Du bist völlig allein. Mahavir hatte ein Wort für die letzte Befreiung, für die letzte Erlösung: dies Wort ist *Kaivalya. Kaivalya* bedeutet absolute Einsamkeit. In deinem innersten Wesen bist du total allein. Niemand kann dort eindringen. Nicht einmal ein Meister dringt dorthin vor. Wenn jemand dorthin vordringen kann, dann ist es nicht der innerste Kern, dann ist es das Äußere. Die Mitte des Kreises kann nur ein Punkt sein, nicht zwei. Wenn es zwei sind, ist es noch nicht der Mittelpunkt. Dann hat er immer noch einen kleinen Umkreis. Du bist in deinem tiefsten Wesen allein. Der Meister kann dir helfen, dir dieser Tatsache bewusst zu werden. Und hast du das einmal erkannt, verschwindet alle innere Krankheit. Hast du einmal deine völlige Einsamkeit akzeptiert, bist du befreit; dann gibt es keine Abhängigkeit mehr – die Liebe kann fließen!

In Wirklichkeit kann erst jetzt die Liebe fließen, denn jetzt ist Liebe keine Abhängigkeit mehr, du hängst nicht mehr vom andern ab. Wenn du vom andern abhängst, dann bist du auch gegen ihn, denn wer immer dich abhängig macht, ist der Feind, kann nicht der Freund sein. Daher bekämpfen sich Liebende ständig, weil der Geliebte der Feind ist, die Geliebte der Feind ist. Du bist jetzt abhängig, du kannst ohne ihn oder sie nicht mehr leben. Deine Freiheit ist zerstört, und jede Liebe, die Freiheit zerstört, wird früher oder später zu Hass.

Nur eine Liebe, die dir mehr Freiheit gibt, wird nie zu Hass. Sie wird ewig sein. So kann nur ein Jesus, ein Buddha, ewig lieben. Da gibt es keinen Klimawechsel, die gleiche Harmonie hält an. Warum? Weil ein Buddha oder ein Jesus zu seiner völligen Einsamkeit gelangt ist und diese Tatsache akzeptiert hat. Und dies ist ungeheuer schön – total einsam zu sein, wie ein Everest. Du allein bist, dort auf dem höchsten Gipfel. Du allein bist, dort, im innersten Kern deines Wesens. Wenn du es akzeptiert hast, kann die Liebe jetzt fließen wie der Ganges. Jetzt gibt es keine Schwierigkeit, jetzt kannst du bedingungslos lieben. Jetzt kannst du lieben, ohne abhängig zu werden, oder ohne jemanden von dir abhängig zu machen. Jetzt kann die Liebe Freiheit sein. Ein Meister hilft dir, dir deiner totalen letzten Einsamkeit bewusst zu werden.

Das Wort „Einsamkeit" ist nicht gut, weil ihm ein Hauch von Trauer anhaftet – das liegt an euch, nicht an dem Wort. Wegen der alten Assoziationen fühlt ihr euch immer traurig, wenn ihr einsam seid.

In Japan geschah einmal folgendes:

Es gab einen Zen-Meister, der ein großer Gärtner war, er liebte das Gärtnern. Selbst der König wurde neidisch auf seinen Garten, und eines Tages kam jemand zum König und sagte: „Jetzt musst du wirklich hin und dir das ansehen!"

Die Japaner lieben die blaue Rankenwinde sehr, und der Mann, der zum König sprach, sagte: „Ich habe nie solche Blüten gesehen – Tausende und Abertausende, der ganze Garten des Zen-Meisters ist voll von Blüten. Und der Duft! – es ist unbeschreiblich. Lass dir das nicht entgehen! Du musst hingehen."

Es war zuviel verlangt vom König, hinzugehen und sich den Garten dieses armen Mannes anzusehen: er besaß selbst einen riesigen Garten – Hunderte Morgen von Grün, Hunderte von Gärtnern arbeiteten dort.

Aber der Mann berichtete: „Das gibt's vielleicht nie wieder!"

Der König musste sich also hinbequemen und sagte dem Mann: „Geh hin und teile ihm mit, dass ich morgen früh komme."

Der Meister wurde benachrichtigt, und am nächsten Morgen erschien der König mit seinem Hofstaat, mit Generälen, Königin, Prinzen. Die ganze Hauptstadt war leer – Tausende hatten sich um das Kloster versammelt. Der König kam, sah sich um und sagte: „Was! Man hat mir gesagt, es gäbe Tausende von Blüten, und ich sehe nur eine Windenblüte im Garten!"

Der Zen-Meister sagte: „Ja, es waren Tausende, aber in der Nacht haben wir sie alle beseitigt, denn wir glauben an das Eine. Und diese ist die Schönste von allen – in der Masse wäre dir diese entgangen, und so haben wir die andern alle entfernt. Nur die Beste, nur die Schönste, ist für dich bewahrt worden."

Der König wurde ein wenig traurig: „Sie sieht so einsam aus." Der Zen-Meister lachte und sagte: „Nicht einsam – allein!"

Denk daran, wenn ihr zum innersten Kern kommt, seid ihr nicht einsam, sondern allein! Und diese Alleinheit ist keine Leere – sie ist Erfüllung. Diese Alleinheit ist nicht leer, sie ist überfließend. Diese Alleinheit ist kein Nichts, sie ist das All. Der Meister kann dich nur auf diese Tatsache stoßen – die schon da ist.

Er kann dir nichts Neues geben. Er gibt dir nur, was du bereits hast, was du bereits bist, was du seit jeher in dir trägst, aber worauf du nie geachtet hast. Er ruft dir nur die Tatsache in Erinnerung, dass du bist. Er macht dich nur auf die Wahrheit aufmerksam: auf den Schatz, der dort verborgen liegt ... und du hast nie hingesehen! Dass du Gott bist, ist bereits der Fall, und der Meister ruft dir diese Tatsache lediglich ins Bewusstsein. Es ist keine Leistung.

Ryutan bot Tokusan eine brennende Kerze an.

Er sagte: „Okay, wenn du nicht nach innen schauen kannst, und nicht die Dunkelheit sehen kannst, in der du lebst, die Dunkelheit des Geistes – ich rede vom Innern, und du siehst nach außen – wenn das deine Blickrichtung ist, dann gebe ich dir eine Kerze."

Er gab ihm ...

... eine brennende Kerze, damit er sich zurechtfinde, aber gerade als Tokusan sie entgegennahm ...

Und er wollte eben gehen, wollte vom Tempel des Meisters herabsteigen –

... blies Ryutan sie aus.

Plötzlich: Dunkelheit. Solange die Kerze brannte, war Licht da. Kaum war sie ihm gereicht, wurde sie schon ausgeblasen. Plötzlich war Dunkelheit da.

In diesem Augenblick – öffnete sich Tokusans Geist.

Er wurde erleuchtet. Was geschah in jenem Augenblick? Vieles, und alles gleichzeitig. Alles geschah im Bruchteil einer Sekunde. Keine Zeit ging verloren. Hier wurde die Kerze ausgeblasen; dort, sofort, wurde der Jünger erleuchtet. Was geschah? Vor allem eines: plötzlich wurde ihm klar, dass der Meister nicht von der dunklen Nacht draußen gesprochen hatte; darum blies er die Kerze aus, um anzudeuten, dass ihm diese Kerze nichts bringen würde. Er hatte vom Innern gesprochen, von der dunklen Nacht im Innern. Er hatte nicht gemeint, dass er gehen und sich zurückziehen und in Schlaf fallen solle. Er hatte ihn wach und bewusst machen wollen. Und als das Licht plötzlich ausging, stand sein Geist still.

Er konnte es nicht fassen, es war so unvorhergesehen. Der Meister gab ihm die Kerze und blies sie dann aus. Es war so absurd! Warum gab er sie dann erst? Es war so widersprüchlich! Einen Moment lang setzte das Denken aus, denn der Geist kann nicht denken, wo ein Widerspruch ist. Viele Male gebe ich euch eine Kerze und blase sie sofort aus. Ich sage einen Satz und sage dann sofort das Gegenteil davon, nur damit euer Verstand nichts darüber denken kann, es nicht auflösen kann. Wenn er es auflösen kann, ist die Chance verpasst. Es war so widersprüchlich! Die Nacht war dunkel, und der Meister bot eine Kerze an; und als er eben gehen wollte, blies er sie aus.

Was soll das heißen? Wie inkonsequent! Erleuchtete sind immer inkonsequent. Konsequenz ist immer Verstandessache. Man kann einen konsequenten Denker finden, aber man kann keinen konsequenten Buddha finden. Jeden Augenblick verhält er sich neu … weil sein Verhalten nicht aus der Vergangenheit kommt, er geht auf den gegenwärtigen Moment ein. Es war so aus heiterem Himmel, dass der Verstand sich keinen Reim darauf machen konnte. Und plötzlich war überall Dunkelheit.

Der Jünger verstand, dass der Meister nicht vom Äußeren gesprochen hatte. Er hatte nicht von der Nacht da draußen gesprochen, er hatte von der Nacht hier innen gesprochen. Er bot ihm die Kerze und blies sie dann aus. Er sagte damit, dass innen keine Hilfe möglich ist. Du musst dich in deiner Dunkelheit selbst zurechtfinden, solche Kerzen nützen nichts.

Keiner kann dort ein Führer sein, es können nur Hinweise gegeben werden. Buddha soll gesagt haben, dass die Buddhas nur den Weg zeigen – gehen musst du ihn, sie können dich nicht begleiten.

Wenn sie dich begleiten, wirst du nur von ihnen abhängig, und dann sind sie deine Welt, deine Bindung. Sie können nicht mit dir gehen. Und es ist grundsätzlich, an und für sich nicht möglich, dass ein anderer dich in dein Zentrum führt. Er kann dir den Weg zeigen; Buddhas zeigen nur den Weg. Du musst ihn gehen. Plötzlich war Dunkelheit da – der Geist stand still. Der Geist konnte nichts begreifen, der Geist konnte mit diesem ungereimten Benehmen nicht fertig werden. Es gab eine Lücke, einen Filmriss im Geist – und aus diesem Filmriss wird Meditation. Plötzlich öffnete sich sein Geist. Wenn der Geist nicht funktionieren kann, wenn er sich auf etwas keinen Reim mehr machen, es nicht lösen kann, dann bricht er zusammen. Solange der Kopf den roten Faden finden kann, macht er weiter. Also muss ein Meister unlogisch vorgehen, wegen eures Denkens, denn nur so werden Lücken möglich.

Für einen Augenblick verhält er sich auf eine bestimmte Weise, und im nächsten Augenblick widerspricht er sich. Jetzt sagt er das eine, gleich darauf sagt er genau das Gegenteil. Ihr könnt den Meister in kein System bringen. So kam es, dass nach Buddhas Tod viele Systeme entstanden, denn jeder fing an, sein eigenes System auszuarbeiten. Und er war ein widersprüchlicher Mensch, es war kein Systememacher, und so gab es Tausende von Ungereimtheiten. Aber alle Philosophen fingen an, ihn zu bearbeiten, und heute haben die Buddhisten viele Philosophien. Bei diesen philosophischen Systemen wurden die Widersprüche weggelassen, sie machten ein glattes Ganzes daraus. Aber wenn ihr die Widersprüche auslasst, habt ihr Buddha selbst ausgelassen ... denn er war in seinen Widersprüchen. Er war in den Lücken! So versetzte er eurem Denken Schocks. Dies war ein Schock. Tokusan wurde in dem Augenblick plötzlich wach. Er hätte es nicht vorhersagen können. Wenn der Geist etwas vorhersagen kann, gibt es keinen Schock. Wenn ich an dir diese Geschichte wiederhole, wenn ich dir heute Abend eine Kerze gebe – und du diese Geschichte kennst – und ich blase sie dann aus, dann wird nichts passieren, weil du damit rechnest. Ein Trick kann also nicht zweimal benutzt werden; unmöglich, ihn noch einmal anzuwenden.

Darum werden immer wieder neue Buddhas gebraucht, denn die alten Buddhas – euer Denken hat sie verarbeitet, es kennt sich aus. Ein neuer Buddha tut also vielleicht genau das Gegenteil, vielleicht gibt er dir die Kerze und bläst sie nicht aus; dann gehst du mit dieser Kerze in die dunkle Nacht hinaus und denkst ständig: „Was ist los? In der Geschichte war es anders!" Ein neuer Buddha muss neue Tricks erfinden, neue Methoden, neue Techniken, weil euer Kopf so schlau ist. Sobald er Bescheid weiß, eignet er sich alles an.

In jenem Moment öffnete sich der Geist Tokusans. Und wenn der Geist sich öffnet, bist du erleuchtet. Das Denken ist ein Sichverschließen, das Denken ist eine geschlossene Tür. Und Sein ist eine offene Tür – das ist der ganze Unterschied. Offener Geist – du bist Sein. Geschlossener Geist – du bist nur Vergangenheit, Erinnerung, keine lebende, lebendige Kraft. Geschlossener Geist – du kannst nur nach außen sehen; denn wie könntest du nach innen sehen? Der Geist ist geschlossen, die Tür ist zu. Offener Geist – du kannst nach innen sehen.

Nach innen sehend, wirst du ganz und gar verwandelt. Ein einziger Blick ins Innere genügt, und du wirst nie wieder derselbe sein. Dann kannst du gehen wohin du willst, kannst nach außen sehen und dich in der Welt bewegen: du kannst Ladenbesitzer sein, du kannst Büroangestellter sein, du kannst Lehrer an einer Schule sein, du kannst Schlachter sein – du kannst sein, was immer du vorher warst – aber die Qualität hat sich geändert.

Im Zen heißt es: „Bevor der Mensch erleuchtet wird, sind Flüsse Flüsse und Berge Berge. Dann, wenn der Mensch zum Suchenden wird, sind Flüsse keine Flüsse mehr und Berge keine Berge. Alles verwirrt sich, alles wird Chaos. Und wenn der Mensch erleuchtet wird, sind Flüsse wieder Flüsse und Berge wieder Berge."

Zen-Leute sagen, dass ein erleuchteter Mensch so lebt wie jeder gewöhnliche Mensch – kein Unterschied nach außen hin. Er isst, wenn er Hunger hat, er schläft, wenn er müde ist – kein Unterschied nach außen hin. Nur dass die Art des Seins, die Qualität des Seins sich verändert hat. Jetzt ist der Geist offen. Er kann nach außen blicken, aber er bleibt innen. Er kann in die Welt gehen, aber die Welt kommt nie in ihn hinein. Er bleibt in der Welt, aber die Welt gehört nicht mehr zu seinem Sein. Er kann alles Nötige tun, aber er ist nie gebunden. Nicht, dass er losgelöst ist – nein: er ist weder gebunden noch losgelöst. Die Welt ist zum Traum geworden, die Welt ist zur Bühne geworden, zum Spiel. Sie ist nicht mehr wirklich, sie hat keine Substanz mehr. Wenn er zufällig ein Schlachter ist, bleibt er Schlachter. Er macht damit weiter, ganz bis ans Ende.

Zen sagt: Der gewöhnliche Geist ist der erleuchtete Geist – nur mit einem Unterschied – der Geist ist offen, die Tür ist offen, wach, bewusst. Der Schlaf ist fort. Du stehst nicht mehr unter Hypnose, du bist nicht mehr unter Drogen. Du bist wach.

Wenn du zu sehr versuchst, die Außenwelt zu ändern, zeigt das, dass du noch gebunden bist. Wenn ein Mensch versucht, sich loszulösen, verrät das Gebundenheit. Wieso sich um Loslösung bemühen, wenn du nicht gebunden bist? Wenn ein Mann vor Frauen davonläuft, zeigt das an, dass der Sex immer noch sein Wahn ist. Warum sonst vor Frauen davonlaufen, wenn man nicht davon besessen ist? Wenn ein Mensch das Marktgewühl meidet und in den Himalaja geht, ist er immer noch irgendwie auf dem Markt, oder der Markt ist in ihm. Er hat immer noch Angst, und die Angst zeigt immer an, dass er sich nicht verändert hat.

Ansonsten ist ein erleuchteter Mensch so gewöhnlich wie jeder andere. Gewöhnlicher noch als jeder andere! Außergewöhnlich gewöhnlich! Warum? Weil er kein Exhibitionist ist. Vielleicht ist er nur euer Nachbar von nebenan, und ihr werdet nie wissen, wer er ist, weil ihr hinter außergewöhnlichen Menschen her seid.

Wenn sich ein Mensch jahrelang hinstellt, wie eine Säule, geht ihr hin. Dann ist kein Weg zu weit. Es wird eine Wallfahrt werden, denn ihr fahrt hin, um einen Mann zu sehen, der schon seit zehn Jahren dasteht. Es mag eine Leistung sein, aber sie beweist nichts. Sie beweist nur wieder Egoismus, Exhibitionismus. Ihr geht vielleicht hin und verbeugt euch vor einem Mann, der lange gefastet hat, weil ihr nicht fasten könnt. Dieser Mann hat das Ziel erreicht, und ihr könnt es nicht erreichen. Ihr fühlt euch immer diesem Mann unterlegen. Ihr verbeugt euch, weil ihr tief drinnen immer schon auch so sein wollt – außergewöhnlich. Ihr wolltet irgendwelche Kräfte, Wundermächte, und die hat dieser Mann erreicht.

Ein Mann ist *Brahmacharya*, ein Keuscher. Ihr denkt: „Ah!" und fühlt euch sehr angezogen, tief beeindruckt, denn ihr könnt nicht ohne Frau leben, und dieser Mann hat ohne Frau gelebt. Er hat den Wunsch erfüllt, den auch du tief in dir spürst, das Verlangen, ohne Frau zu leben, denn die Frau ist die Fessel. Du spürst, dass sie dir Grenzen setzt, dass sie dich besitzt. Du kannst diese Grenze nicht überschreiten, du hast Angst vor Frauen.

> Jemand fragte Mulla Nasruddin:
> „Warum verlässt du uns heute so früh, Mulla?" – er verließ gerade die Kneipe.
> Er sagte: „Jeden Tag ist es das gleiche – meine Frau!"
> Da fragte der andere: „Hast du etwa Angst vor deiner Frau? Bist du ein Mann oder eine Maus?"
> Nasruddin sagte: „Ich bin ein Mann!" Und der andere: „Warum gehst du dann so früh, wenn du ein Mann bist? Und wieso bist du dir sicher, dass du ein Mann bist?"
> Sagte Nasruddin: „Da bin ich sicher, absolut sicher. Meine Frau hat nämlich Angst vor Mäusen. Ich bin ganz sicher ein Mann. Ich habe Angst vor ihr, und sie hat Angst vor Mäusen. Wenn ich eine Maus wäre …!"

Die Frau, der Mann, die Familie, die Arbeit, die Verantwortung, die Welt – alles wird zur Last, grenzt dich ein. Du fühlst dich eingekerkert, gefangen. Und ein Mensch, der alles zurückgelassen hat, der allein dasteht in seiner ganzen Hoheit, weder von Frau noch Kindern belastet, der weder Angst noch Sorgen kennt – vor dem verbeugst du dich, weil du fühlst: Dies ist das Ziel. Das ist es, was ich auch gern erreichen möchte. Aber dieser Mensch ist nur dein Gegenpol. Er mag zu der Maus geworden sein, und du bist immer noch Mann, die Frau mag vor ihm Angst haben, aber geändert hat sich nichts.

Er ist nur das Gegenteil – auch er versteckt die gleichen Ängste. Auch er versteckt die gleiche Wollust, nur hat er den ganzen Vorgang umgekehrt. Er treibt gegen den Strom, das ist alles – aber der Strom ist der gleiche, der Kampf geht weiter. Er mag ein größerer Kämpfer sein als du, oder er mag ein dümmerer Kämpfer sein als du – denn dumme Leute haben immer Mut, und können leichter gegen den Strom schwimmen als alle andern. Idioten können Dinge vollbringen, die intelligente Leute normalerweise nicht fertigbringen. Narren wagen sich dahin, wo Engel sich nicht hinwagen.

Wenn ihr also in den Mönchen eurer Klöster, in euren Sannyasins, in euren sogenannten *Sadhus* dumme Leute seht, dann ist das natürlich. Seht in ihre Augen: ihr werdet nie den Blick der Intelligenz erkennen, ihr werdet nicht die Klarheit sehen, ihr werdet nicht die Flamme sehen. Ihr werdet nur dumme, idiotische Leute sehen, stumpf. Hohlköpfe. Denen fallen solche Dinge leichter. Sie können auf dem Kopf stehen, *Shirshasan*, und zwar jahrelang – aber sie haben sich nicht geändert, die Verwandlung hat nicht stattgefunden.

Zen sagt, der gewöhnliche Geist ist der erleuchtete Geist. Geht also nirgends hin. Die gewöhnliche Welt ist das Paradies. Hier und Jetzt – alles ist da. Ihr braucht nirgends hinzugehen! Ein Mann, dessen Geist offen ist: seine Frau verschwindet. Nicht, dass er vor seiner Frau davonläuft; seine Frau verschwindet einfach, und ein wunderschönes Wesen erscheint – wenn die Ehefrau fort ist, erscheint ein schönes Wesen. Wenn du ein lebendes Wesen zu einer Ehefrau oder einem Ehemann machst, kommt Hässlichkeit ins Spiel. Sonst aber ist da ein Freund, ein schöner, liebender Freund – denn Erwartungen bringen Feindschaft. Es ist dein Kopf, dein verschlossener Kopf, der die Probleme erzeugt – nicht die Ehefrau.

Wenn dein Geist offen ist, nimmst du zum ersten Mal die Schönheit der Welt wahr. Alles ist jung und frisch und lebendig, und Gott ist hier! Solange du glaubst, dass dein Gott irgendwo anders ist, hörst du immer noch auf den Verstand, denn das ist die Sprache des Verstandes: „Woanders, irgendwo anders! Niemals hier!" Und er ist immer hier.

Meditation offenbart dir das Hier und Jetzt. Und dann wird aus dem gewöhnlichen Geist der allergewöhnlichste. Und das gewöhnliche Leben wird zum Höchsten, zum Unübertroffenen. Der einzige Unterschied ist der zwischen einem offenen und geschlossenen Geist. Solange Gedanken da sind, ist der Geist geschlossen.

Wenn keine Gedanken mehr da sind, sind keine Wolken mehr da, und der Geist ist offen.

Und wenn der Geist offen ist, ist der alte Eimer gefallen, das Wasser ist ausgeflossen, und die Spiegelung verschwindet – kein Wasser, kein Mond.

7

Der Buddha mit der schwarzen Nase

Eine Nonne, die nach Erleuchtung suchte,
machte sich eine hölzerne Statue von Buddha und
bedeckte sie mit Blattgold.
Das sah sehr hübsch aus,
und die Nonne nahm die Statue mit, wohin sie ging.
Jahre vergingen, und die Nonne –
sie trug noch immer ihren Buddha bei sich –
ließ sich in einem kleinen Tempel auf dem Lande nieder,
in dem es viele Buddha-Statuen gab,
jede mit eigenem Altar.
Die Nonne brannte täglich
vor ihrem goldenen Buddha Weihrauch ab,
aber da sie nicht wollte,
dass ihr Duft auch zu den anderen Statuen aufstieg,
brachte sie einen Rauchfang an,
durch den der Rauch nur zu ihrer Statue gelangte.
Dies schwärzte die Nase des goldenen Buddhas und
machte ihn besonders hässlich.

Der Buddha mit der schwarzen Nase

EINES DER GRÖSSTEN PROBLEME, DEM JEDER, DER DEN WEG GEHT, unweigerlich begegnet, ist die klare Unterscheidung zwischen Liebe und Bindung. Beide scheinen dasselbe zu sein – sie sind es nicht. Sie sehen gleich aus – sie sind es nicht. Ja, selbst Hass ist der Liebe ähnlicher als Bindung. Bindung ist genau das Gegenteil: sie verdeckt die Wirklichkeit des Hasses und gibt sich den Anschein der Liebe. Sie tötet die Liebe. Nichts vergiftet so wie Bindung, wie Besitzanspruch. Versucht dies zu verstehen, und dann können wir in diese schöne Geschichte hineingehen.

Vielen ist es so ergangen; auch euch ergeht es so, denn eure Vorstellungen von Liebe und Bindung gehen völlig durcheinander. Und wer immer alles nur von außen betrachtet, wird Opfer. Bindung gilt für Liebe, und sobald du Bindung, Besitzanspruch für Liebe hältst, gehst du immer wieder am Wirklichen vorbei. Du hast dich für Falschgeld entschieden. Nun suchst du nicht mehr nach dem wirklichen Geld, weil du dies für das Wahre hältst. Du hast dich täuschen lassen. Besitzanspruch, Bindung, ist falsche Liebe. Hass ist besser, denn wenigstens ist er wahr, wenigstens ist er eine Tatsache. Und aus Hass kann jederzeit Liebe werden, aus Besitzanspruch jedoch kann niemals Liebe werden. Du musst ihn einfach fallenlassen, um in die Liebe hineinzuwachsen.

Warum sieht Bindung wie Liebe aus? Und wo liegt der Unterschied? – Der Mechanismus ist subtil. Liebe heißt, dass du bereit bist, dich im andern aufzulösen. Sie ist ein Tod, der tiefstmögliche Tod, der tiefste Abgrund, in den du fallen kannst und fällst und immer weiter fällst. Es hat kein Ende, es gibt da keinen Boden, es ist ein ewiges Fallen in den andern. Es hört nie auf. Lieben heißt, dass der andere so wichtig geworden ist, dass du verlorengehen kannst.

Liebe ist Auslieferung – bedingungslos; denn wenn es auch nur eine einzige Bedingung gibt, bist du wichtig, nicht der andere. Dann bist du das Zentrum, nicht der andere. Und wenn du das Zentrum bist, dann ist der andere nur ein Mittel. Du nutzt den andern aus, beutest den andern aus, suchst Befriedigung, Sättigung durch den andern, aber es geht um dich. Und Liebe sagt, es geht allein um den andern, in ihm löse dich auf, werde eins. Es ist ein Sterbephänomen, ein Todesvorgang. Genau deswegen haben die Menschen vor der Liebe Angst. Ihr mögt von ihr reden, ihr mögt von ihr singen, aber tief drinnen habt ihr Angst vor der Liebe. Ihr geht nie in sie hinein.

All eure Lieder, all eure Gedichte über die Liebe sind nur Ersatz – damit ihr singen könnt, ohne euch drauf einzulassen, damit ihr euch voller Liebe fühlen könnt, ohne zu lieben. Und Liebe ist ein so tiefes Bedürfnis, dass ihr ohne sie auch nicht leben könnt. Ihr braucht entweder die wahre Sache oder irgendeinen Ersatz. Der Ersatz mag falsch sein, aber wenigstens eine Zeitlang, fürs erste, gibt er dir das Gefühl, dass du liebst. Und das Falsche wird sogar genossen. Früher oder später entdeckt man, dass dies das Falsche ist, aber dann wechselst du nicht die falsche Liebe gegen die wahre Liebe ein; du wechselst dann den Geliebten oder die Geliebte.

Dies sind die beiden Möglichkeiten: wenn du zu der Einsicht kommst, dass diese Liebe falsch ist, dann kannst du es ändern, kannst du diese falsche Liebe fallenlassen und zu einem wahrhaft Liebenden werden; die andere Möglichkeit ist, den Partner zu wechseln. Und genau so funktioniert euer Geist; sobald du fühlst, „diese Liebe hat mir nicht das Glück gebracht, das sie verhieß, im Gegenteil, ich bin nur unglücklicher geworden", schiebst du es auf den andern: er hat dich betrogen; nicht, dass du betrogen hast.

Niemand kann dich betrügen, außer du dich selbst ... so glaubst du also, der andere sei betrügerisch, der andere sei verantwortlich. Also wechsle die Frau, wechsle den Mann, wechsle den Meister, wechsle den Gott; wechsle Mahavirs Tempel gegen Buddhas Tempel aus, wechsle die Religion, ändere dein Gebet, geh zur Kirche statt zur Moschee – verändere das Andere! Dann kannst du wieder für einige Zeit das Gefühl haben, verliebt zu sein, fromm zu sein. Aber früher oder später macht sich das Falsche wieder bemerkbar, weil es nicht befriedigen kann. Du kannst dich selbst zum Narren halten, aber wie lange kann man sich selber zum Narren halten? Bald musst du wieder etwas ändern – das Andere!

Wenn du zu der Erkenntnis kommst, dass nicht das Andere das Problem ist, sondern dass deine Liebe falsch ist, dass du nur über sie geredet und nie etwas unternommen hast, um in sie hineinzugehen, dass du Angst hast und zitterst ... Liebe ist wie Tod, und wenn du Angst vorm Tod hast, wirst du auch Angst vor der Liebe haben. Im Tod stirbt nur dein Körper. Das Wesentliche, das Ego – das, was dir wesentlich erscheint – bleibt ungeschoren. Dein Geist, der dir wichtig erscheint, wird weitergetragen, in ein neues Leben hinein. Deine innere Identität bleibt die gleiche, nur das äußere Gewand, nur die Kleider werden im Tod gewechselt.

Der Tod geht also nie sehr tief, er ist bloß oberflächlich. Und wenn du Angst vorm Tod hast, wie kannst du bereit sein, in die Liebe hineinzugehen? Denn in der Liebe stirbt nicht nur das Gewand, nicht nur das Gehäuse, sondern du stirbst, dein Geist, dein Ego stirbt. Diese Todesangst wird zu Liebesangst, und Liebesangst wird zu Angst vor Gebet, vor Meditation. Diese drei sind sich ähnlich: Tod, Liebe, Meditation. Der Weg zu allen dreien ist ebenfalls der gleiche. Und wer nie geliebt hat, wird nicht fähig sein zu beten, wird nicht in Meditation sein können. Und wenn du nie geliebt und nie meditiert hast, entgeht dir völlig die herrliche Erfahrung des Todes. Wenn du geliebt hast, erst dann, ist der Tod eine solch schöne und intensive Erfahrung, dass du sie mit nichts im Leben vergleichen kannst. Das Leben kann niemals so tief sein wie der Tod, weil sich das Leben über siebzig, achtzig Jahre erstreckt.

Der Tod ereignet sich in einem einzigen Augenblick – so intensiv wie es das Leben nie sein kann. Und Tod ist der Höhepunkt, nicht das Ende. Es ist der Höhepunkt, der Gipfel schlechthin; dein ganzes Leben über hast du dich angestrengt, um ihn zu erreichen. Und wie dumm! – wenn du den Gipfel erreichst, bist du so ängstlich, so benommen, du machst deine Augen zu, du wirst so ängstlich, dass du unbewusst wirst. Die Menschen sterben, sie sterben in einem unbewussten Zustand. Sie verpassen die Erfahrung. Also, Liebe kann hilfreich sein, denn Liebe bereitet dich für den Tod vor, und Liebe wird dich auch für Meditation vorbereiten. In Meditation musst du dich verlieren – der andere ist nicht da – du musst einfach dich selbst verlieren. Liebe ist tiefer als Tod; Meditation ist selbst tiefer als Liebe, denn in Liebe ist immer noch der andere da – du hast etwas an dem du dich festklammern kannst. Und wenn du dich festklammern kannst, wird etwas von dir überleben. In Meditation aber gibt es keinen anderen.

Aus diesem Grund leugnen Buddha, Mahavir und Laotse die Existenz von Gott. Warum? Sie wissen sehr wohl, dass Gott ist, aber sie leugnen seine Existenz, damit du nichts hast, was deine Meditation erleichtern würde. Wenn der andere da ist, kann deine Meditation bestenfalls zu Liebe, Ergebenheit werden, aber den totalen Tod hast du dann immer noch nicht erfahren. Totaler Tod ist nur möglich, wenn es keinen anderen mehr gibt und du einfach vergehst, dich einfach auflöst; es gibt niemanden zum dran festhalten – dann geschieht die größte Ekstase.

Das Wort „Ekstase" ist sehr bedeutungsvoll. Das englische Wort *Ecstasy* ist so schön und so bezeichnend; keine andere Sprache hat solch ein Wort. *Ecstasy* heißt „außerhalb (zu) stehen". *Ecstasy* bedeutet du bist vollkommen tot; und du stehst außerhalb von dir selbst und betrachtest diesen Tod als wäre die ganze Existenz zu einer Leiche geworden. Du bist außerhalb davon und deinen eigenen Tod betrachtend – in diesem Moment geschieht die höchste Glückseligkeit.

Wenn ich zu euch sage, dass ihr auf der Suche nach dem höchsten Tod seid, werdet ihr erschrecken – aber ihr seid auf dieser Suche. Die ganze Religion ist die Kunst sterben zu lernen! Liebe heißt Tod; aber Bindung ist nicht Tod. Liebe heißt, der andere ist so wichtig geworden, dass du dich auflösen kannst. Du vertraust dem andern so sehr, dass du keinen eigenen Geist brauchst – du kannst ihn beiseitelassen.

Darum sagen die Leute, dass Liebe verrückt ist; und die Leute sagen: „Liebe macht blind." So ist es! Nicht, dass deine Augen blind werden, aber wenn du dein Ego beiseite lässt, deinen Geist beiseite lässt, erscheinst du allen andern blind und verrückt. Es ist ein Wahnsinnszustand! Du denkst nicht selbständig. Du vertraust dich dem andern so sehr an, dass du jetzt nicht mehr zu denken brauchst. Denken ist nötig, solange es Zweifel gibt. Zweifeln erzeugt Denke, das Zweifeln ist die Grundlage des Denkens. Wenn du nicht zweifeln kannst, hört das Denken auf. Wenn du nicht denken kannst, wo ist dann das Ego? Wie kann das Ego bestehen? Darum zweifelt das Ego immer alles an und vertraut nie.

Wenn du vertraust, ist kein Ego da. Das Ego ist fort. Daher betonen alle Religionen, dass man nur durch Glaube und Vertrauen und Liebe den Tempel des Göttlichen betreten kann; es gibt kein anderes Tor zu ihm. Durch Zweifel kommst du nicht hinein, denn durch Zweifel bleibst du erhalten. Im Vertrauen gehst du verloren. Liebe ist Vertrauen, ein Sich-Auflösen des Ego. Der Mittelpunkt verlagert sich zum andern hin. Der andere wird so bedeutsam, wird zu deinem Leben selbst, deinem eigentlichen Wesen. Nicht der geringste Zweifel flackert in dir auf. Wie friedlich das ist, wie schön, wenn sich nicht der geringste Zweifel in dir regt ... keine Welle bewegt den Geist. Dein Vertrauen ist endgültig, ist vollkommen.

In einem so vollendeten Vertrauen ist Seligkeit, ist Gnade. Es dir auch nur vorzustellen, gibt dir einen kleinen Geschmack davon, wie es sein kann. Aber wenn du es erfährst, ist es ungeheuer! Es ist mit nichts zu vergleichen. Das Ego jedoch macht ein Betrugsmanöver.

Statt der Liebe gibt dir das Ego die Bindung. Besitzansprüche! Liebe sagt: Lass dich vom andern besitzen; Ego sagt: besitze den andern. Liebe sagt: löse dich in den andern auf; Ego sagt: soll der andere dir nachgeben, zwinge den andern dein zu sein. Lass den andern frei herumlaufen, beschneide dem andern die Freiheit, mach aus ihm deine Peripherie, deinen Schatten.

Liebe gibt dem andern Leben.

Besitzanspruch, Bindung, tötet den andern, nimmt dem andern das Leben. Darum bringen Liebende, sogenannte Liebende, sich immer gegenseitig um – sie sind giftig. Seht euch ein Ehepaar an: sie waren einmal Liebende, hielten sich für Liebende, und hatten dann angefangen, sich gegenseitig zu töten. Jetzt sind sie zwei Tote, sind sich gegenseitig zum Gefängnis geworden. Sie fürchten und langweilen sich nur, haben Angst voreinander.

Es geschah einmal:
In einem Zirkus gab es eine Dompteuse. Die wildesten Löwen waren völlig unter ihrer Kontrolle; wenn sie befahl, gehorchten sie. Der Höhepunkt war immer – allen stockte der Atem – wenn der wildeste Löwe aufgerufen wurde, und dann kam er, und die Dompteuse hatte ein Stück Zucker auf der Zunge, und der Löwe kam und nahm ihr den Zucker aus dem Mund. Alles raste – welche Erregung! Alles klatschte und war begeistert. Eines Tages war Mulla Nasruddin anwesend. Alle klatschten, nur Mulla blieb völlig ungerührt.
Er sagte: „Das ist gar nichts, das kann doch jeder!"
Die Dompteuse sah ihn verächtlich an und fragte: „Kannst du's vielleicht?"
Er sagte: „Sicher, jeder kann das – wenn der Löwe es kann!"

Der Mann hat eine solche Angst vor der Frau! – und das kommt von der Erfahrung der Liebe. Durch die Liebe, die sogenannte Liebe, tötet ihr euch gegenseitig. Warum sonst ist diese Welt so hässlich? Es gibt so viele Liebende, jeder liebt: der Ehemann liebt seine Frau, die Frau liebt den Mann, die Eltern lieben die Kinder, die Kinder lieben die Eltern, und dann die Freunde, und die Verwandten – alle. Die ganze Welt liebt ... So viel Liebe – und so viel Hässlichkeit, so viel Unglück?
Irgendwo scheint irgendwas völlig schiefgelaufen zu sein, schon an der Wurzel. Das ist keine Liebe, sonst wäre keine Angst mehr da. Je mehr man liebt, desto weniger Angst hat man. Wenn die Liebe sich wirklich voll entfaltet, gibt es keine Angst. Aber wenn man besitzen will, nimmt die Angst ständig zu. Denn wenn du einen Menschen besitzt, hast du immer Angst, er könnte dich verlassen, er könnte fortgehen – immer sind Zweifel da. Der Mann argwöhnt immer, seine Frau könnte einen andern lieben. Sie spionieren sich

gegenseitig aus und beschneiden sich ihre Freiheit, damit nichts möglich ist. Aber wenn ihr euch die Freiheit beschneidet, wenn ihr dem Unbekannten jede Möglichkeit abschneidet, wird das Leben tot und schal. Alles wird flach und bedeutungslos, wird zu Langeweile, zu Monotonie. Und je mehr das geschieht, desto besitzwütiger wirst du. Wenn das Leben verebbt, wenn die Liebe versiegt, wenn dir etwas aus den Händen rinnt, willst du es erst recht besitzen, klammerst du dich noch mehr. Du bist noch mehr auf Sicherheit bedacht, du errichtest noch mehr Mauern und Gefängnisse. Dies ist ein Teufelskreis.

Je mehr Gefängnisse es gibt, desto weniger Leben bleibt übrig. Du fürchtest immer mehr, dass etwas passiert, und da die Liebe abnimmt, machst du ein größeres Gefängnis. Aber so nimmt die Liebe noch mehr ab, und damit wird ein noch größeres Gefängnis nötig. Und hierfür gibt es viele versteckte Möglichkeiten: Eifersucht, ständige Eifersucht, und Besitzwut von einem solchen Ausmaß, dass der andere kein Mensch mehr bleibt. Der andere wird einfach zum Ding, zur Ware, denn ein Ding kann man leichter besitzen als eine Person.

Ein Ding kann sich nicht auflehnen, kann sich nicht widersetzen, kann nicht ohne deine Erlaubnis fortgehen, kann sich nicht in jemand anders verlieben. Wenn aus Liebe Frustration wird, und sie wird zur Frustration, da sie keine Liebe ist, – dann fangt ihr allmählich an, Dinge zu lieben. Seht euch die Leute an, wie sie ihre Autos polieren, wie sie sie anschauen – entzückt! Seht euch das verzauberte Leuchten auf ihren Gesichtern an, wenn sie auf ihr Auto sehen ... Sie sind in ihr Auto verliebt.

Im Westen vor allem, wo man die Liebe völlig getötet hat, lieben die Leute Sachen oder Tiere: Hunde, Katzen, Autos, Häuser. Es ist leichter, ein Ding oder ein Tier zu lieben. Ein Hund ist treuer, als es jede Ehefrau sein kann. Man kann kein treueres Tier finden als einen Hund – er bleibt treu, da ist keine Gefahr. Eine Ehefrau ist gefährlich! Ein Ehemann ist gefährlich! Jederzeit kann er fortgehen, ohne dass du etwas dran ändern kannst! Und wenn er geht, dann geht dein ganzes Ego zu Bruch, dann fühlst du dich verletzt.

Um zu verhüten, dass ihr je so verletzt werdet, fangt ihr an, euren Mann oder eure Frau zu töten, auf dass sie so wie Autos und Häuser werden – tote Dinge. Das ist eben das Elend, dass immer dann, wenn du einen Menschen besitzt, dieser zum Ding wird. Du wolltest aber einen Menschen lieben, nicht ein Ding.

Ein Ding kann man besitzen, aber ein Ding kann nicht zärtlich sein. Du magst ein Ding lieben, aber das Ding kann deine Liebe nicht erwidern. Du magst dein Auto umarmen, aber dein Auto kann dich nicht umarmen. Du magst dein Auto küssen, aber dieser Kuss kann nicht erwidert werden.

Ich habe eine Anekdote über Picasso gehört: Eine Frau, eine Verehrerin, ein Picasso-Fan, kam zu ihm und sagte: „Ich habe Ihr Selbstporträt in einer Kunstgalerie gesehen – es ist so schön, und ich war davon so hingerissen, dass ich mich völlig vergaß und das Porträt geküsst habe."

Picasso sah sie an und fragte: „Hat das Bild den Kuss erwidert?"

Die Frau sagte: „Was reden Sie da? Wie kann ein Bild küssen?"

Und Picasso sagte: „Dann war es nicht mein Porträt."

Wie kann eine tote Ehefrau einen Kuss erwidern? Wie kann ein toter Ehemann einen Kuss erwidern? Das ist die Misere: wenn du besitzen willst, tötest du. Und im gleichen Moment, da du Erfolg damit hast, ist der ganze Glanz dahin. Denn nun kann der andere deine Liebe nicht mehr erwidern. Der andere kann sie nur in Freiheit erwidern, aber du kannst keine Freiheit zulassen, weil du gar nicht liebst. Liebe will nie besitzen. Sie kann es nicht wollen, das ist ihre ureigenste Natur. Und das macht ihr nicht nur, wenn ihr eine Frau oder einen Mann liebt; auch wenn ihr einen Buddha zu lieben beginnt, macht ihr es ganz genauso, ihr wollt auch ihn besitzen.

Nur darum sind so viele Tempel errichtet worden – aus Besitzgier. Die Christen denken, Christus gehöre ihnen. Christus kann keinem gehören, aber die Christen glauben, er gehöre ihnen. Sie sind die Besitzer. Die Muslime denken, Mohammed gehöre ihnen. Du darfst kein Bild von Mohammed machen, sonst stellt man dich vor Gericht! Du darfst keine Statue von Mohammed machen, denn das erlauben die Muslime nicht. Aber wer sind diese Muslime? Wie wurden sie zu den Besitzern? Sie haben aus Mohammed etwas Totes gemacht. Keiner kann Mohammed besitzen, keiner kann Christus besitzen. Sie sind so groß, und euere Hände so klein! Sie können nicht besessen werden.

Liebe kann nie besessen werden. Sie ist eine solche Urkraft des Lebens, eine so unendliche Kraft, und ihr seid so winzig und klein, dass ihr sie einfach nicht besitzen könnt. Aber die Christen haben ihren Christus, die Muslime haben ihren Mohammed, die Hindus ihren Krishna, die Buddhisten ihren Buddha.

Bei den Jainas gibt es zwei Glaubensgemeinschaften – sie haben ihren Mahavir entzwei geschnitten. Es gibt ein paar Tempel in Indien, die sich beide Gemeinschaften teilen, sodass es ständig Streit gibt und ständig Prozesse. Sie teilen sich die Zeit ein: morgens beten die *Swetambers*, abends beten die *Digambers*, die andere Gemeinde. Und sie wechseln sich ab, weil die *Swetambers* falsche Augen auf Mahavirs Statue kleben, während die *Digambers* ihren Mahavir mit geschlossenen Augen verehren.

Sie können also nicht beide die gleiche Statue anbeten. Erst müssen die Augen geschlossen sein, oder die falschen Augen entfernt werden, dann fühlen sie sich wohl, erst dann ist es ihr Mahavir. Aber wie kann ein Mahavir dir oder mir gehören? Ist denn Mahavir ein Ding, ein Haus, ein Geschäft, eine Ware? Aber Menschen, die lieben – oder angeblich lieben – sind in Wirklichkeit Besitzer, keine Liebenden. Das ist mit allen Religionen so geschchen, dass Religion, statt ein Segen für die Welt zu sein, sich als gefährlich erwiesen hat. Durch solche Besitzansprüche wird die Religion zur Sekte, dann betet ihr dies tote Ding an, und nichts passiert in eurem Leben, und ihr glaubt dann, etwas sei mit der Religion nicht in Ordnung. Mit der Religion ist alles in Ordnung.

Mahavir hätte euch zu neuen Menschen machen können. Krishna hätte euch das Licht, das er hatte, geben können; aber ihr habt es ihm nicht erlaubt. Christus hätte ganz gewiss eure Erlösung sein können, aber ihr habt es ihm nicht erlaubt. Die Juden haben ihn gekreuzigt, und ihr – ihr habt ihn in den Kirchen einbalsamiert.

Jetzt ist er ein totes Ding – gut zur Anbetung, gut zum Besitzen, aber wie sollte ein toter Christus euch umwandeln können? Und der Priester weiß dies ganz genau. Darum ist mir noch kein Priester über den Weg gelaufen, der ein Gläubiger war. Priester sind im Grunde ihres Herzens immer Ungläubige, weil sie das Geschäft kennen. Sie wissen, dass dieser Christus tot ist, und wenn sie ihre Messen halten, sind das reine Gesten – nur Schau.

Es geschah einmal – es ist eine historische Tatsache –, dass es im Jahre 999, am 31. Dezember, auf der ganzen Welt das Gerücht gab, besonders unter den Christen, dass mit dem 1. Januar 1000 der letzte Tag gekommen sei. Am 1. Januar des Jahres 1000 werde das Jüngste Gericht kommen, und die Welt werde sich auflösen und ein jeder trete vor das Angesicht Gottes. Alle Christen der Welt schlossen also am 31. Dezember 999 ihre Läden, ihre Büros, viele verteilten sogar ihre Habe, denn am Morgen des 1. Januars würde es keine Welt mehr geben … Die Leute küssten und umarmten sich, sie gingen selbst zu ihren Feinden hin und baten um Vergebung. An jenem Abend war es eine völlig veränderte Welt. Alles war geschlossen, denn morgen war die Zukunft weg. Warum sich also Feind sein? Und warum sich nicht lieben? Warum nicht vergnügt sein? Die Leute feierten, der letzte Tag war da! Auf der ganzen Welt war bei allen Christen Ladenschluss, nur nicht für die Büros des Vatikans in Rom … Denn der Papst wusste, dass es ein Aberglaube war. Sie hatten die ganze Sache erfunden. Aber der Papst verteilte keinen roten Heller. Die Priester wissen genau Bescheid, sie wissen, dass Christus tot ist. Und ihr seid Narren, ein totes Ding anzubeten. Aber das dürfen sie nicht verraten, weil es ein Berufsgeheimnis ist, weil nur so Ausbeutung möglich ist. Es ist außerdem ihr ganzer Vorteil, denn wenn Christus lebte, könnten sie nicht die Zwischenträger sein. Ein lebender Christus kommt direkt zu euch; er lässt keinen Mittelsmann, keinen Zwischenträger zu. Er würde das nicht erlauben. Christus würde keinem Priester erlauben, herzugehen und sich zwischen ihn und seine Liebenden zu stellen. Er würde zu ihnen gehen, er kommt direkt zu euch. Für die Priester also ist ein lebender Christus gefährlich, ist nur ein toter Christus gut.

Priester mögen einen Mahavir nie zu Lebzeiten, sie mögen einen Buddha nie zu Lebzeiten. Sie sind immer gegen ihn, solange er lebt. Wenn er tot ist, kommen sie sofort an und organisieren sich um ihn, machen einen Tempel und fangen an, euch auszubeuten. Priester sind gegen einen Mahavir, Buddha, Krishna; aber sie wissen, dass sich ihre Namen ausbeuten lassen, sobald sie tot sind. Aber merkt euch gut, dass eure Liebe, eure Andacht, eure Anbetung tödlich wird, wenn sie zugreift und haben will. Und wenn ihr einen Krishna tötet, wie soll er euch dann umwandeln? Wie soll er euch dann zum Krishna-Bewusstsein führen?

Und jetzt sollten wir uns dieser Geschichte zuwenden. Sie ist sehr schön!

> Eine Nonne, die nach Erleuchtung suchte,
> machte sich eine hölzerne Statue von Buddha und
> bedeckte sie mit Blattgold.
> Das sah sehr hübsch aus,
> und die Nonne nahm die Statue mit, wohin sie ging.

Vieles muss hier verstanden werden, und zwar Wort für Wort. *Eine Nonne ...* – weil so das Herz der Frau ist: besitzen zu wollen! Darum kein Mönch, sondern eine Nonne. Aber glaubt ja nicht, dass nur Frauen besitzen wollen. Auch Männer wollen besitzen, aber dann haben sie das Herz der Frau, nicht des Mannes. Warum ist der Frau das Besitzen wichtiger als dem Mann? Weil Besitzen aus Angst kommt. Der Mann ist weniger ängstlich als die Frau – darum. Der Mann hat weniger Angst als die Frau. Und weil er weniger Angst hat, ist er nicht so besitzergreifend. Die weibliche Psyche ist ängstlicher, Angst ist für sie natürlich, es ist immer ein Zittern da. Und wegen dieser Angst ist die Frau besitzergreifend. Solange sie sich nicht völlig sicher ist, dass sie besitzt, ist sie nicht glücklich. Und wenn sie völlig besitzt, kann sie nicht glücklich sein, weil der Mann dann tot ist. Nur in Freiheit kann Leben existieren.

Deswegen wird für diese Geschichte eine Nonne genommen. Aber bedenke, wenn du ein Mann bist, dass es keinen Unterschied macht, dass dein Sinn trotzdem weiblich sein kann. Männer sind rar. Du magst Frau sein, und doch die Furchtlosigkeit eines Mannes haben. Der Unterschied ist also kein geschlechtlicher, sondern hängt von der Einstellung ab. Ein Mann kann eine Frau sein, die Frau kann ein Mann sein. Hier wird nur symbolisch eine Haltung aufgezeigt. Was für eine Haltung?

Wenn du ein Mann bist und trotzdem besitzen willst, dann bist du weiblich. Wenn du eine Frau bist, aber nicht besitzergreifend bist, hast du eine männliche Haltung. Es heißt, Mahavir habe fest darauf beharrt, dass keine Frau zur Erleuchtung gelangen könne; erst müsse sie zu einem Mann werden. Die Leute haben es wörtlich genommen und nicht verstanden, worum es geht. Sie dachten, eine Frau könne die Erleuchtung nicht erlangen, und so müsse jede Frau, die nach Erleuchtung verlange, im nächsten Leben als Mann wiedergeboren werden, anders könne sie nicht hinkommen. Das ist Unsinn. Aber eine weibliche Einstellung kann keine Erleuchtung erlangen, das ist wahr. Denn sie steht für Angst und Besitzenwollen. Und durch Angst und Besitz ist keine Liebe, ist keine Meditation möglich.

Eine Frau wurde erleuchtet, was die Jainas, die Anhänger Mahavirs und der *Teerthankers*, zutiefst verwirrte. Was tun? Sie änderten also den Namen der Frau, machten einen Männernamen daraus, und vergaßen die Sache kurzerhand.

Eine Frau namens Mallibai wurde erleuchtet; was sollte man nun mit der Theorie anfangen? Man änderte den Namen: aus Mallibai wurde Mallinath! Sie änderten die Statue, eine weibliche Statue ist nirgends zu finden!

Und diese Mallibai oder Mallinath war ein so außerordentliches Wesen, dass man ihr den Titel *Teerthanker* zubilligen musste. So ist also von den vierundzwanzig *Teerthankers* einer eine Frau, nur könnt ihr sie nicht finden, weil der Name, den man ihr gab, Mallinath ist.

Sie glauben also, dass noch nie eine Frau zur Erleuchtung gelangt sei. Aber in einem andern, tieferen Sinn stimmt es: keine weibliche Haltung gelangt hin, weil die Furcht dort nicht hinkommt, weil das Besitzenwollen dort nicht hinkommt.

> Eine Nonne, die nach Erleuchtung suchte,
> machte sich eine hölzerne Statue von Buddha ...

Und für eine Haltung, die weiblich ist, ob Mann oder Frau, ist es sehr schwer, allein zu sein. Die weibliche Haltung macht sich eine Statue, erschafft sich den „Andern". Sie kann nicht allein sein. „Eine Statue", das bedeutet, dass der „Andere" erschaffen wurde. Es ist niemand da, aber mit nichts kannst du dich nicht zufriedengeben. Etwas muss es geben, an das du dich klammern kannst. Deswegen die vielen Tempel und die vielen Statuen – sie wurden aus der weiblichen Haltung heraus geschaffen. Genau deswegen sind auch nicht viele Männer in Tempeln zu finden, ganz gleich wo. Aber es werden viele Frauen da sein. Und wenn ein paar Männer mitgekommen sind, dann sind das die Pantoffelhelden. Sie sind mit ihren Frauen gekommen, sie sind nicht direkt gekommen. Nur ihren Frauen zuliebe sind sie mitgekommen.

Als Mahavir predigte, nahmen vierzigtausend Menschen Sannyas von ihm; dreißigtausend waren Frauen, nur zehntausend waren Männer. Wie kommt das? Und so ist überhaupt das Verhältnis! Das ist auch bei mir die Verteilung. Von vier Leuten sind drei Frauen, und einer ist Mann. Und der Mann kommt nur zögernd her und geht leicht wieder weg, die Frau jedoch kommt leicht und geht sehr schwer wieder fort. Sie klammert. Es ist sehr schwer für sie, wieder zu gehen. Aber der weibliche Sinn kann auch Schwierigkeiten und Hindernisse schaffen. Wenn ihr Besitzansprüche anmeldet, geht ihr fehl. Ihr dürft nicht vergessen: ihr müsst die Angst hinter euch lassen, nur dann steigt die Liebe auf.

Die Angst muss fallen, denn Angst gehört zum Ego. Wenn Angst da ist, bleibt das Ego bestehen, dann könnt ihr euch eine Statue machen und euch an der Statue festhalten. Die Statue kann euch die letzte Wahrheit nicht offenbaren, denn sie ist eure Schöpfung. Ihr mögt sie mit Gold bedecken, sie mag hübsch aussehen, aber sie ist ein totes Ding. Ihr könnt euch eine goldene Statue machen, aber das hilft nichts – sie ist ein totes Ding.

> Das sah sehr hübsch aus,
> und die Nonne nahm die Statue mit, wohin sie ging.

Sie wurde zur Last; sie musste mitgeschleppt und behütet werden. Die Nonne konnte nicht gut schlafen, weil vielleicht jemand die Statue stehlen konnte. Sie konnte sie nicht unbeaufsichtigt lassen, weil ja sonst jemand anders sie in Besitz nehmen konnte. Man hätte sie ihr wegnehmen können. Ihr ganzer Sinn kreiste besitzergreifend um ihren Buddha. Die Statue wurde zum Mittelpunkt, zum Zentrum ihres Festhaltens, ihrer Furcht, ihrer Anbetung. Aber das ist nicht Liebe.

> Jahre vergingen, und die Nonne –
> sie trug noch immer ihren Buddha bei sich –
> ließ sich in einem kleinen Tempel auf dem Lande nieder,
> in dem es viele Buddha-Statuen gab,
> jede mit eigenem Altar ...

Jahre vergingen, nichts passierte. Wenn man einen Buddha mitschleppt, kann nichts passieren; denn wie kann man einen Buddha mitnehmen? Man kann nur eine Statue mitnehmen. Buddha muss gelebt, nicht getragen werden. Buddha muss geliebt, nicht besessen werden. Du musst dich in Buddha auflösen, du darfst ihn nicht als Besitz mit dir herumtragen.

Buddha lebt nur, wenn du dich in ihn auflöst. Aber das macht Buddha gefährlich, denn du wirst nie zurückkehren! Es ist ein Punkt, von dem keiner zurückkommen kann. Bist du erst einmal in ihn gefallen, dann bist du gefallen. Es gibt kein Zurück. Angst und Zittern packt dich, du fürchtest, dass du vielleicht verloren bist. Und deine Angst stimmt: du wirst verloren sein.

Aber bei einer Statue gibt es keine Angst, du kannst sie mitnehmen. Die Statue mag eines Tages verloren gehen, aber du kannst nicht verloren gehen. Du kannst dir eine andere, noch schönere machen. Da gibt es kein Problem. Sie ist deine Schöpfung. Geht in die Tempel – was hat der Mensch gemacht?

Er hat Statuen geschaffen, seine eigenen Schöpfungen! Jetzt kniet er vor ihnen und weint und fleht. Und das Ganze ist falsch, weil die Basis falsch ist. Eure Gebete, eure Tränen – an wen richtet ihr sie? Vor wem weint und fleht ihr? Vor euren eigenen Schöpfungen, eurem eigenen Spielzeug! Mögen sie noch so schön und teuer sein, es macht keinen Unterschied. Ihr seid die Schöpfer eurer Götter, und ihr weint und fleht vor ihnen und glaubt, so könne etwas geschehen. Ihr benehmt euch einfach dumm. Die Tempel sind voll von dummen Leuten. Sie sind sich nicht bewusst, was sie tun: knien vor ihren eigenen Geschöpfen! Nun, wie soll euch das helfen?

Sie nahm ihre Statue mit. Viele Jahre vergingen, viele Leben vielleicht, nur sie trug ihren Buddha und war nirgendwo. Sie wanderte nur von einem Ort zum andern, von einem Leben zum andern, von einer Stimmung zur andern, von einem Geist zum andern, aber sie wanderte nur, und kam nirgendwo an. Schließlich hatte sie genug von der Reise: ein Ziel war offenbar nirgends zu finden, das Ziel schien nirgends näherzurücken.

Und die Nonne ...
ließ sich in einem kleinen Tempel auf dem Lande nieder,
in dem es viele Buddha-Statuen gab,
jede mit eigenem Altar ...

Aber es gab dort viele Buddha-Statuen. In China, in Japan hat man viele große Tempel für Buddha errichtet. In China gibt es einen Tempel mit zehntausend Buddhas – zehntausend Altäre in einem einzigen Tempel! Zehntausend Statuen! Aber selbst zehntausend Statuen bringen nichts ein. Ein Buddha ist genug – zehntausend Statuen sind nicht genug. Warum hört der Geist nicht auf, solchen Unsinn zu produzieren? – Eine Statue bringt's nicht, also mach zwei. Das ist seine Mathematik: zwei bringen es nicht, also mach drei – zehntausend Statuen! Ein einziger Mensch irrt zwischen zehntausend Statuen herum, und nichts geschieht. Es kann nichts geschehen, denn aus einem toten Ding kann einfach kein Leben entstehen. Ein Mensch wird nie durch eine tote Statue umgewandelt.

Such dir einen lebenden Buddha! Und wenn du keinen lebenden Buddha finden kannst, schließe die Augen und forsche dort nach. Wenn du ihn draußen nicht finden kannst, wirst du ihn innen finden, denn die Buddhas sind nie tot. Sie sind da, man braucht sie nur zu suchen – und sie sind immer da. Sie sind vielleicht gleich um deine Hausecke, du hast nur niemals nachgesehen. Oder du bist so an den Nachbarn gewöhnt, an die Hausecke, dass du meinst, ihn zu kennen. Niemand kennt ihn – du kannst dem Buddha in einem Bettler begegnen. Du musst nur die Augen offen halten. Aber wenn du eine Statue mitschleppst, sind deine Augen geschlossen.

Diese Frau hat vielleicht wegen ihrer Statue viele Buddhas verpasst, weil sie glaubt, ihn schon zu haben. Sie besitzt den Buddha schon, wozu ihn also suchen? Schließlich ließ sie sich in einem Tempel nieder. Leute, die Statuen tragen, lassen sich immer in einem Tempel nieder. Leute, die mit Statuen leben, können das höchste Ziel nicht erreichen: sie müssen sich irgendwo unterwegs niederlassen, am Rand des Weges – eine Kapelle, ein Tempel.

Viele haben sich in Tempeln niedergelassen. Sie sind gewandert, haben gesucht, und dann entdecken sie, dass es nichts zu finden gibt, dass es unmöglich ist. Nicht, weil das Ziel so weit weg ist – das Ziel ist sehr nahe, näher, als ihr es euch vorstellen könnt – sondern weil sie Statuen tragen: diese Statuen sind ihre Blindheit, ihre Augen sind durch ihre Statuen verschlossen. Ihre Herzen werden von ihren Statuen niedergedrückt, von ihren Worten, ihren Schriften ... alles toter Kram.

Ich habe gehört, dass einmal in alten Tagen ein König, der ein großer Gelehrter war, ein Mädchen heiraten wollte. Aber es durfte kein gewöhnliches Mädchen sein. Er wollte eine vollkommene Frau, astrologisch lupenrein. Also zog er viele Astrologen zu Rate. Es war sehr schwierig; viele Jahre vergingen, seine Jugend war fast zu Ende. Er war nicht mehr jung, denn diese Astrologen sind komplizierte Leute, und Mathematik braucht Zeit. Jedes Mal, wenn eine Frau gefunden war, fehlte ihr noch irgendeine Eigenschaft – nicht wirklich vollkommen. Wirklich, ihr könnt keinen Menschen finden, der vollkommen ist. Das ist unmöglich.

Denn Perfektion bedeutet immer Tod. Solange man lebt, heißt das, dass man unvollkommen ist. Darum sagen wir, dass einer, der vollkommen ist, nie wieder geboren wird. Denn wie kannst du geboren werden, wenn du vollkommen bist? Dann hast du diese Welt hinter dir, dann bist du ausgewachsen, ausgereift, und kannst nicht wieder eingelassen werden. Schließlich sagte der König: „Es reicht; wenn nicht vollkommen, dann eben ungefähr vollkommen. Meine Jugend schwindet, ich bin fast achtunddreißig; findet mir endlich eine Frau!"

Also wurde eine Frau gefunden – nicht ganz hundertprozentig, aber neunundneunzigprozentig. Jetzt fing die Suche nach dem richtigen Termin an, wann er mit dieser Frau ins Bett solle, denn er wollte ein außergewöhnliches, ein einmaliges Kind. Das war sehr schwierig; viele Schriften wurden konsultiert, das I-Ging und andere. Viele Weise aus fernen Ländern wurden berufen, und sie berieten und beratschlagten ... inzwischen war der König fast vierundvierzig! Da reichte es ihm eines Tages, und er warf sie alle hinaus. Er verbrannte alle Bücher und sagte zu seiner Frau: „Was zuviel ist, ist zuviel! Jetzt wollen wir uns lieben."

Sie hatten sich bis dahin noch nicht geliebt. Aber auch die Frau war alt geworden, genau wie er. Und mit der Liebe gibt es ein Problem: wenn man früh damit anfängt, kann man bis an sein Lebensende damit weitermachen. Wenn man aber spät damit anfängt, ist es früh damit vorbei; denn die körperliche Liebe ist etwas Mechanisches. Ihre Mechanik braucht Geschick. Wenn ein Mann also mit vierzehn mit der Liebe anfängt, kann er weitermachen, bis er achtzig ist. Und glaubt nicht, dass man, wenn man sich in jungen Jahren sehr viel liebt, es im fortgeschrittenen Alter nicht mehr kann. Da irrt ihr euch absolut. Nur wenn ihr sehr viel liebt, könnt ihr es auch später noch. Und zuviel Liebe, das vergesst nicht, könnt ihr gar nicht machen, denn der Körper lässt das gar nicht zu. Zu viel ist unmöglich. Im Körper ist ein Thermostat – zu viel ist nicht möglich. Was du auch anstellst, es ist immer innerhalb der Grenzen.

Aber inzwischen war der König impotent geworden, er konnte nicht mehr lieben, und die Frau war frigide. Sie hatten den richtigen

Augenblick verpasst. Es wurde ihnen nie ein Kind geboren, und so mussten sie eines adoptieren.

So geht es immer: Ihr müsst einen Buddha adoptieren. Ihr müsst einen Gott adoptieren. Er wird euch nicht geboren, und Gott muss dir geboren werden, sonst ist es ein falscher Gott. Aber er entgeht euch, weil ihr zu sehr mit den heiligen Schriften beschäftigt seid, mit weisen Männern, mit Astrologie und allem möglichen Unfug. Ihr seid so von Worten besessen, von Statuen, Tempeln, Ritualen, Formalitäten, dass das Leben vorbei ist, wenn ihr die Formalitäten erfüllt habt.

Wenn ihr endlich zu der logischen Schlussfolgerung kommt, fehlt euch das Leben, sie auszuführen.

Diese Frau ließ sich schließlich in einem Tempel nieder; und ich sage euch: Lasst euch niemals in einem Tempel nieder! Denn ein Tempel kann nur ein Obdach für die Nacht sein, nie eine dauerhafte Bleibe. Lasst euch nie in einem Tempel nieder, lasst euch nie in einer Sekte nieder, lasst euch nie auf den Vatikan ein, oder auf den Shankaracharya von Puri, oder auf irgendeinen Sektierergeist.

Ihr könnt euch mal ausruhen, das ist okay. Bleibt für eine Nacht da und macht euch am Morgen, bevor sie euch festhalten können, auf und davon! Geht immer weiter, bis ihr das Höchste gefunden habt; das ist der einzige Tempel. Nur werdet ihr dort keine Statue finden. Dort findet ihr das Original, nicht die Statue; nicht das Abbild, sondern die wahre Sache.

Lasst euch nicht beim Abbild nieder. Lasst euch nicht beim Falschen nieder. Lasst euch nicht bei der Kopie nieder. Sucht nach dem Original, nach der eigentlichen Quelle.

Die Frau ließ sich nieder; sie musste sich niederlassen. Wenn man einen hölzernen Buddha mitschleppt, wie kann man da zur Erleuchtung gelangen? Wenn hölzerne Buddhas euch Erleuchtung geben könnten, wäre es kein Problem. Ein hölzerner Buddha ist ein hölzerner Buddha. Du kannst ihn mitnehmen, mit ihm spielen.

> Die Nonne brannte täglich
> vor ihrem goldenen Buddha Weihrauch ab ...

Der Buddha war aus Holz, nur mit Gold belegt, aber sie nannte ihren Buddha ihren „goldenen Buddha". Das Gold war so dünn wie die Haut; darunter war nur ein hölzerner Buddha, mehr nicht. Aber man kann Dinge verbergen, und mit Gold lässt sich alles verbergen. Wenn keine Liebe da ist, dann ist die Frau mit Gold behängt. Ein hölzerner Buddha unter Blattgold – und ihr glaubt, alles sei okay. Und die Ehefrau glaubt auch, alles sei okay, weil der Ehemann mit immer mehr Schmuck nach Hause kommt. Wenn die Liebe tot ist, wird Schmuck sehr lebendig. Wo Liebe ist, braucht's keinen Schmuck.

Einen wahren Buddha bedeckt ihr nicht mit Gold, oder? Der Buddha erlaubt es euch gar nicht, er läuft euch einfach davon. Er sagt: „Halt! Was machst du da? Du bringst mich ja um!" Gold tötet. Lebendiges lässt sich nie mit Gold zudecken. Nur Totes. Nur der Tod erlaubt euch, so etwas zu tun. Das Leben erlaubt euch solchen Unsinn nicht. Aber sie nannte ihren hölzernen Buddha ihren „goldenen Buddha."

> Die Nonne brannte täglich
> vor ihrem goldenen Buddha Weihrauch ab,
> aber da sie nicht wollte, dass ihr Duft auch zu den anderen
> Statuen aufstieg, brachte sie einen Rauchfang an,
> durch den der Rauch nur zu ihrer Statue gelangte.

So denkt der Mensch, der besitzt: nicht einmal der Duft, der Weihrauch, das Räucheraroma darf andere Buddhas erreichen – dabei sind die andern auch Buddhas! „Aber mein Buddha ist etwas Besonderes, dein Buddha ist nichts." In dem Tempel waren alle andern auch Buddhas. Nicht etwa, dass die eine Statue ein Krishna war, oder die andere ein Ram; sonst wäre der Unterschied zu groß gewesen, in so einem Tempel wäre sie nicht geblieben! Aber es war ein buddhistischer Tempel, und so konnte sie bleiben. Aber das hier war ihre Statue, und jene andern nicht.

Wenn wirkliche Liebe da ist, kümmert es dich nicht, wen sie erreicht. Wenn wirkliche Liebe da ist, liebst du den geliebten

Menschen, aber du bringst keinen Rauchfang an, damit deine Liebe nur deinen Geliebten erreicht. Liebe ist so beschaffen, dass sie über den geliebten Menschen hinausgeht, wenn sie eintritt. Sie geht immer weiter und weiter, breitet sich aus zu allen hin. Es ist wie bei einer Welle auf einem See. Wirf einen Stein in einen See, und es steigt eine Welle auf, die sich bis ans Ufer ausbreitet. Und wenn du einen Menschen liebst, ist es nicht linear, sondern kreisförmig, es entsteht ein Wellenring. Liebe einen Menschen, und du wirfst einen Stein in den See der Liebe. Nun kommt sie allen zugute, nicht nur dem Menschen, den du liebst.

Wenn du sie nur dem Menschen gönnst, den du liebst, dann tust du nichts anderes, als was diese Nonne tat. Es ist so nicht möglich! Jedes Mal, wenn jemand liebt, strömt seine Liebe unentwegt nach allen Seiten. Sie lässt sich nicht kanalisieren, das ist mit der Liebe nicht möglich. Flüsse können kanalisiert werden, Liebe aber ist ozeanisch. Sie ist nicht zu kanalisieren.

Bindung kann kanalisiert werden, Liebe nicht. Wenn du einen Stein in einen See wirfst, das ist richtig, fällt er an einem bestimmten Punkt, aber dann breitet sich die Welle aus. Wenn du in die Liebe hineinfällst, fällst du an einem bestimmten Punkt, mit einem bestimmten Menschen; aber das ist nur der Anfang, nicht das Ende. Danach breitet sich die Liebe weiter aus, dann kommt sie der ganzen Welt zugute.

Wo immer ein einziger Liebender ist, kommt er der ganzen Welt zugute. Es wird einen Mittelpunkt geben, wo der Stein fiel, wo die Wellen entstehen und sich fortsetzen bis ans entfernteste Ufer. Es wird einen Mittelpunkt geben – den Geliebten, den Liebenden. Aber die Liebe kann dort nicht festgehalten werden. Sie ist etwas Wachsendes, niemand kann sie festhalten. So wird der Liebende nur zu der Tür, zu der Öffnung, durch die sie dem ganzen Universum zugute kommt. Aber diese arme Nonne war genau wie ihr. Ein einfacher Menschengeist, der mit menschlicher Dummheit funktionierte. Sie mochte es nicht, wenn ihr Duft zu den andern Statuen drang – dabei waren diese andern Statuen auch Buddhas! Wenn ich einen Menschen liebe, finde ich das Göttliche in ihm.

Liebe offenbart das Göttliche im Menschen. Einmal offenbart, sind alle Statuen aller Buddhas göttlich, sind alle göttlich. Der Baum ist göttlich, die Wolke ist göttlich, der Bettler auf der Straße ist göttlich, alles ist dann göttlich. Wenn die Liebe geschehen ist und du das ursprüngliche Gesicht eines Menschen gesehen hast, welches sich nur in der Liebe offenbart, dann sind überall Buddhas, dann ist jede Statue ein Buddha, dann ist die ganze Welt zum Tempel geworden.

Aber dann machst du dir keine Sorgen. Dann ärgert es dich nicht, dass dein Duft andere erreicht. Es kümmert dich nicht, dass der Duft deines Geliebten sonst noch jemanden erreicht. Du freust dich, dass durch dich der ganzen Welt Gutes geschieht, dass durch dich die ganze Welt diesen Segen empfängt.

Wenn du Angst hast und ihn für dich behalten willst, ist es Besitz und tötet. Suche nicht, ihn zu behalten, suche nicht, ihn zu besitzen. Erlaube ihm zu wachsen, hilf ihm zu wachsen, hilf ihm, alle zu erreichen. Nur dann empfängst du ihn, denn du kannst ihn nur empfangen, wenn die ganze Welt ihn empfängt.

Das ist das Problem: wenn du einen Menschen liebst, willst du ihn behalten, ihn gefangennehmen. So, als wolltest du einen Baum in einen Topf tun – nicht nur die Wurzeln, sondern den ganzen Baum. Du würdest ihn töten.

Der Baum muss sich in den Himmel strecken, er muss sich in den Himmel ausbreiten. Seine Blüten schenken vielen ihren Duft, seine Äste spenden vielen ihren Schatten, viele werden seine Früchte genießen. Die Wurzeln freilich sind in dir, aber der Baum wächst immer weiter. Und Liebe ist der größte Baum, den es geben kann: sie kann sich in den ganzen Himmel ausbreiten, sie kann nicht eingesperrt werden.

Du kannst sie nicht in Schranken halten ... Liebe ist von Natur aus unbeschränkt.

... aber da sie nicht wollte,
dass ihr Duft auch zu den andern Statuen aufstieg,
brachte sie einen Rauchfang an,
durch den der Rauch nur zu ihrer Statue gelangte.

Und was geschah dann? Es musste so kommen:

> Dies schwärzte die Nase des goldenen Buddhas
> und machte ihn besonders hässlich.

So ergeht es den Liebenden mit dem geliebten Menschen, denn nun ist der Duft kein Duft mehr, sondern wird zu Rauch – Duft muss sich ausbreiten können. Sonst wird die Nase schwarz, und alle Buddhas haben heute eine schwarze Nase.

Seht euch euren Krishna an, seht euch euren Buddha an, euren Mahavir: sie alle haben schwarze Nasen. Euretwegen, eurer Besitzansprüche wegen. Euer Gebet ist Besitzanspruch, es ist nicht echt. Die Jainas erlauben keinem, ihren Tempel zu betreten, der nicht Jaina ist. Die Hindus sperren die Unberührbaren aus, weil sie nicht der höheren Kaste angehören.

Alle Tempel sind schwarz geworden, weil sie Eigentum sind: „Mein Tempel!" Im Augenblick, wo ich auf dem „mein" bestehe, ist kein Tempel mehr, denn wie kann ein Tempel dir oder mir gehören? Ein Tempel ist einfach ein Tempel.

Ich wurde einmal vor Gericht zitiert, weil ich eine Kirche eingeweiht hatte. Die Kirche war mindestens zwanzig Jahre lang geschlossen gewesen. Die Gemeinde der Kirche war weggezogen, sie war nicht mehr in Indien. Die Kirche gehörte irgendeiner englischen christlichen Sekte, und es gab niemanden in der Stadt, der sich auch nur um sie kümmerte. Es war eine schöne Kirche, aber völlig verfallen.

Da kamen ein paar Christen zu mir und sagten: „Wir gehören nicht dieser Sekte an, aber wir haben keine Kirche. Kannst du uns helfen? Willst du diese Kirche für uns einweihen, damit wir unsern Gottesdienst halten können?"

Ich sagte: „Okay." Also brachen sie das Schloss auf und säuberten die Kirche ... sie putzten die schwarze Nase Christi! Und ich hatte sie für alle geöffnet, und ich sagte: „Es geht nicht darum, wem diese Kirche gehört. Sie gehört dem, der beten will."

Aber binnen zwei oder drei Monaten erfuhren die Besitzer davon.

Sie beauftragten einen Rechtsanwalt, der mich vor Gericht holte, weil er wissen wollte, warum ich diese Kirche geöffnet hatte.

Der Richter fragte mich: „Warum haben sie diese Kirche geöffnet? Sie gehört diesen Leuten nicht. Sie ist nicht deren Eigentum."

Ich sagte ihm: „Eine Kirche kann niemandem gehören. Der betet, dem gehört sie. Eine Kirche ist kein Eigentum, es ist überhaupt kein legales Problem."

Der Richter sagte: „Lenken sie nicht von der Sache ab. Wir können hier nicht philosophieren. Es ist ein legales Problem."

Eine Kirche ein legales Problem? Ja, sie ist zum legalen Problem geworden. Ein Tempel ein legales Problem? Wenn ein Tempel ein legales Problem ist, dann gehört er dieser Welt an, nicht jener.

Also sagte ich: „Okay, Sie können sie wieder schließen, wenn es ein legales Problem ist. Sie können sie schließen, aber machen Sie sich ganz klar, dass genau auf diese Art die Religion getötet und gemordet wird." Es hat absolut nichts mit Eigentum zu tun! Aber alle Kirchen, alle Tempel sind zu Eigentum geworden. Sie sind dein oder mein – und so wird Buddhas Nase schwarz, so wird er besonders hässlich.

Alle Tempel, alle Kirchen sind hässlich geworden. Sie müssen zerstört werden, geputzt werden, damit die Erde wieder sauber wird – erst wenn diese Tempel verschwinden, kann der wirkliche Tempel entstehen. Sie gehören heute dem Markt, sie gehören euren Gemeinden. Sie sind nicht mehr Symbole des Jenseits.

So etwas ist nur wegen des Verstandes möglich: er macht aus allem Besitz, weil das Ego nur bestehen kann, wenn es besitzt. Und das Ego ist die Schranke.

Das Ego ist das Wasser, in welchem sich nur Spiegelungen einfangen lassen, wo sich nie das Wirkliche erkennen lässt. Werft endlich diesen Eimer hin! Warum erst auf einen Unfall warten?

Werft diesen alten Eimer hin und lasst das Wasser ausfließen – kein Wasser, kein Mond.

8

Der Gebende sollte dankbar sein

Der Meister Seistsu brauchte mehr Platz, da das Gebäude,
in dem er lehrte, sehr überfüllt war.
Umezu, ein Kaufmann, entschloss sich, für den Bau eines neuen
Gebäudes fünfhundert Goldstücke zu spenden.
Umezu brachte dem Meister das Geld, und Seistsu sagte:
„Schön, ich will es nehmen."
Umezu übergab Seistsu den Sack Gold, war aber sehr
unzufrieden mit der Haltung des Meisters, da die Summe,
die er gestiftet hatte, beträchtlich war –
ein ganzes Jahr lang konnte man von drei Goldstücken leben –
und der Meister hatte sich nicht einmal bei ihm bedankt.
„In dem Sack da sind fünfhundert Goldstücke",
gab Umezu zu verstehen.
„Das hast du mir schon gesagt", sagte Seistsu.
„Auch wenn ich ein reicher Kaufmann bin,
fünfhundert Goldstücke sind viel Geld … ", sagte Umezu.
„Willst du, dass ich dir dafür danke?", sagte Seistsu.
„Das solltest du", sagte Umezu.
„Wieso sollte ich?", sagte Seistsu,
„der Gebende sollte dankbar sein."

Der Gebende sollte dankbar sein

ES GIBT NUR ZWEI ARTEN, DEIN LEBEN ZU LEBEN, DU KANNST NUR so oder so sein. Das eine ist die richtige Art, das andere ist die falsche Art. Die richtige Art ist zu geben, zu teilen, zu lieben. Die falsche Art ist wegzunehmen, auszubeuten, anzuhäufen.

Liebe und Geld sind die Symbole dieser beiden Wege. Liebe ist der richtige Weg und Geld ist der falsche Weg. Jeder lebt auf die falsche Art. Warum ist das so? Was ist die Dynamik dahinter? Warum machen es alle falsch? Wo sind die Regeln? Da müssen wir also tief eindringen, nur dann könnt ihr diese wunderschöne Geschichte verstehen. Und wenn ihr diese Geschichte nicht verstehen könnt, könnt ihr Buddha, Jesus, Mahavir nicht verstehen – ausgeschlossen. Das ist nicht möglich, weil sie den Weg der Liebe gingen; ihr seid auf dem Weg des Geldes, und diese beiden Wege begegnen sich nie. Sie können sich nicht begegnen. Manchmal, selbst wenn ihr versucht, Mahavir, Buddha, Jesus zu verstehen, versucht ihr, sie in den Begriffen des Geldes zu verstehen.

Die Jainas zählen immer auf, wie viel Mahavir zurückließ – wie viel, darum geht es. Wäre Mahavir der Sohn eines Bettlers gewesen, hätte kein Jaina ihn angebetet. Er war der Sohn eines großen Königs. Er hatte ein großes Königreich, viel Geld, viel Gold, Diamanten – und er entsagte alledem. Plötzlich wird er wichtig. Die Wichtigkeit liegt im Geld, dem er entsagte, nicht in ihm. Selbst wenn ihr euch Mahavir nähert, nähert ihr euch durch das Geld. Wie absurd! Und dann heben die Jainas diesen Umstand immer hervor, wobei sie übertreiben, denn wirklich, das Königreich war nicht so groß. Es war ein kleines Fürstentum; denn in jener Zeit gab es in Indien zweitausend Königreiche. Es war nur ein sehr kleiner Bezirk. Und Mahavirs Vater war auch nicht sehr reich, obwohl, natürlich reich.

Erst als Mahavir dem Geld entsagte, wurde er sehr wichtig. Und dann fingen sie an, die Summe des Geldes zu übertreiben, der er entsagt hatte. Inzwischen haben sie es ins Fantastische, ins Absurde ausgesponnen; was sie auch behaupten, ist falsch. So wird Mahavir also wichtig: durch das Geld, dem er entsagt. Wer ist in euren Augen wirklich wichtig?

Wie konnte es geschehen, dass nicht ein einziger Teerthanker der Jainas aus einer gewöhnlichen Familie kam? Alle vierundzwanzig waren sie Söhne von Königen. Wie konnte es geschehen, dass nicht ein einziger armer Mann *Avatar* der Hindus werden konnte? Warum nur Ram, Krishna – die Könige? Wie konnte es geschehen, dass nicht ein einziger Armer ein Buddha werden konnte? – nur Gautam Siddharta, der Prinz? Wie kam das?

Alle drei Religionen wurden in Indien geboren – und es sind die größten! Nicht, dass ein *Teerthanker* nicht in eine arme Familie geboren werden kann, aber wenn, dann werdet ihr ihn nicht anerkennen. Nicht, dass ein Buddha nicht im Hause eines Bettlers geboren würde, aber wenn, dann werdet ihr ihn nicht anerkennen. Eure Anerkennung wird nur durch das Geld möglich, dem er entsagt. Buddha ist nichts wert – das Geld, dem er entsagt, ist das Wahre! Das zieht euch an, das hypnotisiert euch.

Ein Mensch auf dem Weg des Geldes kann den Menschen auf dem Weg der Liebe nicht verstehen – es ist unmöglich, sie begegnen sich nie. Ihr mögt beten, aber ihr betet aus falschen Gründen, weil ihr nicht verstehen könnt. Euer Gottesdienst wird auf einer falschen Grundlage ruhen. Was ist der Mechanismus? Versuche erst zu begreifen, warum Liebe so unmöglich wird – weil das die Wurzel ist – warum du nicht lieben kannst. Wenn du lieben kannst, wirst du dich nie ans Geld hängen, nie und nimmer. Warum kannst du nicht lieben? – Von Anfang an geht im Gemüt des Kindes etwas schief, sodass es nicht lieben kann.

Zum einen: Liebe ist etwas ganz Spontanes. Ihr könnt sie nicht manipulieren. Wenn ihr anfangt, sie zu manipulieren, verfehlt ihr sie. Das ist das Problem mit allem Spontanen. Alle spontanen Dinge sind schön, das Schönste überhaupt – aber manipulieren kann man sie nicht. Wenn man sie manipuliert, wird es künstlich, geht etwas kaputt. Sobald ein Kind geboren ist, fangt ihr an, seine Liebe zu manipulieren. Du sagst: „Ich bin dein Vater – liebe mich!", als wäre die Liebe ein logischer Syllogismus.

„Ich bin dein Vater, darum liebe mich."
„Ich bin deine Mutter, darum liebe mich."
„Er ist dein Bruder, darum liebe ihn."

Und Liebe kennt kein „darum". Sie ist kein Syllogismus. Wir warten nicht erst auf das Kind, ob sich die Liebe in ihm oder ihr einstellt. Wir fangen an, es zu manipulieren und zu kontrollieren, als fürchteten wir, es könnte vielleicht, wenn man es seiner eigenen Spontaneität überlässt, seine Mutter nicht lieben – da gibt es keine Notwendigkeit. Vielleicht liebt es seinen Vater nicht – es muss nicht so sein. Du kannst dich nicht darauf verlassen: vielleicht passiert es, vielleicht nicht. Bevor das Spontane passiert, wollen wir das Kind schon zwingen. Und das Kind muss sich fügen, weil es hilflos ist. Es beginnt, seine Liebe zu verkaufen. Politik entsteht, es wird zum Politiker. Es lächelt, und tief darunter ist es wütend; es zeigt seine Liebe, und tief darunter ist keine Liebe da – es hasst seinen Vater. Jeder Sohn hasst seinen Vater, und darum zwingt jede Gesellschaft das Kind, seinen Vater zu ehren, seinen Vater zu lieben.

Jede Kultur weiß, dass ein Sohn den Vater hasst; daher führt man das Gegenteil herbei, ehe der Hass explodiert! Jede Tochter, jedes Mädchen, hasst die Mutter; daher musst du deine Mutter lieben, sie ist deine Mutter. Ehre sie! Wir haben so viel Angst, dass wir das Gegenteil bewirken, nur als Schutz. Warum hasst ein Sohn den Vater? Nicht, weil er ihn notgedrungen hassen muss. Es ist ein Teufelskreis; zunächst ist Reibung nötig, das gehört zum natürlichen Wachstumsprozess. Das Kind muss mit seinen Eltern kämpfen, weil es sonst nie wachsen wird. Und der Kampf beginnt mit dem ersten Augenblick, da das Kind geboren wird, der Kampf beginnt mit der Geburt. Das Kind will geboren werden, und die Mutter will es zurückhalten. Deswegen gibt es solche Schmerzen.

Heute sagen die Physiologen, dass es den Schmerz nur wegen des Konflikts gibt. Das Kind will herauskommen, und die Mutter will es zurückhalten – dies ist der Konflikt, und deshalb ist die Geburt so schmerzvoll. Sonst nämlich, bei Tieren, gibt es nicht viel Schmerz; in primitiven Gesellschaften gibt es keinen Schmerz dabei. Wie kommt es, dass die Geburt umso schmerzhafter wird, je zivilisierter die Frau ist? Weil das Ego umso größer, umso stärker ist, je zivilisierter du bist.

Die Mutter möchte das Kind drin behalten – aus der unbewussten Angst, dass das Kind sie verlässt. Und das wird ihm sein ganzes Leben lang folgen: dass es sie verlässt. Das Kind muss sie verlassen, weil es sonst im Mutterleib stirbt. Es muss sich vom Mutterleib abstoßen, vom Mutterleib entfernen – das ist natürlich. Und wenn das die Mutter einmal versteht, gibt es bei der Geburt keinen Schmerz. Dann hilft sie dem Kind, fortzugehen. Und wenn ihr dem Kind fortzugehen helft, wird es euch niemals hassen. Das ist das Problem: wenn ihr dem Kind nicht erlaubt, fortzugehen, wenn ihr Hindernisse aufbaut, dann wird es euch dieser Hindernisse wegen hassen. Und da ihr vor dem Hass Angst habt, bewirkt ihr das Gegenteil! Ihr zwingt das Kind, euch zu lieben; es ist hilflos, also muss es sich fügen. Nicht freiwillig, gegen seinen Willen muss es sich fügen. Tief unten bleibt Hass zurück, die Liebe wird zur bloßen Maske, zur Fassade. Das Kind wird geboren und entfernt sich dann mit jedem Tag weiter von der Mutter. Das muss es, weil es sonst nie unabhängig wird, nie es selbst sein wird. Es muss fortgehen, mit jedem Tag, auf jede Art, und die Mutter lässt es nicht zu. „Über diese Grenze darfst du nicht! Geh nicht aus dem Haus! Geh nicht auf die Straße! Spiel nicht mit dem Jungen da! Geh nicht weg!"

Die Mutter zieht mehr und mehr Grenzen. Je mehr Grenzen gezogen werden, je mehr die Freiheit getötet wird, desto mehr hat das Kind zu leiden – Hass wird geboren. Und was jetzt mit dem Hass anfangen? Die Mutter erzwingt das Gegenteil. Aber sobald ihr das Gegenteil erzwingt, seid ihr schon auf dem Holzweg. Der Hass muss verstanden, akzeptiert werden. Man braucht nicht das Gegenteil zu machen. Man braucht nur zu wissen, dass dies zum Aufwachsen dazugehört. Das Kind muss fortgehen, ihr müsst ihm immer mehr Freiheit lassen.

Natürlich müsst ihr dabei sehr wachsam sein, denn das Kind kann sich selbst schaden. Freiheit darf also nicht zum Chaos werden – und das erfordert viel Feingefühl. Aber wenn ihr dem Kind seine Freiheit ganz raubt, unter dem Vorwand, es könne sich eventuell Schaden antun, dann erzeugt ihr eine hassende Seele. Und wenn ein Kind seine Mutter zu hassen anfängt, wird es niemals eine andere Frau lieben können, weil die erste Frau mit Hass assoziiert worden ist. Darum hasst du deine Frau – weil du am Anfang deine Mutter gehasst hast; und du wirst dich nie bei einer Frau wohlfühlen. Eine Frau wird dir immer ein gewisses Unwohlsein einflößen. Sie wird dich anziehen und zugleich abstoßen. Deine ganze Liebe wird auf sie konzentriert sein, aber diese Liebe wird sehr oberflächlich sein; denn wenn du deine Mutter nicht tief lieben konntest, wie kannst du dann irgendeine andere Frau lieben? Unmöglich!

Hinter jeder Liebe strömt Hass. Die Liebe wird gespalten, das Gegenteil verbirgt sich in ihr, und dann wird alles vergiftet. Das Kind entfernt sich mehr und mehr, und eines Tages verliebt es sich in eine andere Frau. Das ist der endgültige Bruch. Wirklich, erst an diesem Tag wird das Kind geboren. Die Abnabelung ist erst an diesem Tag beendet. Sie dauert zwanzig, fünfundzwanzig Jahre; jeden Tag gibt es Schmerz und Kampf. Und dann ist es der letzte Schritt, wenn das Kind sich in eine andere Frau verliebt – das ist der Bruch. Jetzt hat es die Mutter endgültig verlassen. Jetzt ist eine andere Frau ins Spiel gekommen.

Darum können sich Mütter nie mit ihren Schwiegertöchtern anfreunden, unmöglich! Und darum gibt es auch so viele Geschichten über die Schwiegermütter – sie können sich nicht abfinden, unmöglich! Denn dies ist der Feind, diese Frau ist der Feind, dieser Mann ist der Feind, der ihr das Kind genommen hat, ganz und gar.

Es gibt einen Ausspruch von Jesus – ein ganz rätselhafter, unmöglich zu vereinbaren mit dem Geist von Jesus, und sehr gefährlich; auch wie er es sagt, ist gefährlich – Jesus sagt zu seinen Jüngern: „Solange ihr nicht Vater und Mutter hasst, könnt ihr nicht zu mir kommen." Ein Mann wie Jesus, der sagt, dass Liebe der Weg ist, der sagt, dass Gott Liebe ist, der die Liebe auf den höchstmöglichen

Gipfel führt, und sie der Meditation gleichstellt, sagt: „Solange ihr nicht Vater und Mutter hasst, könnt ihr nicht zu mir kommen." Er hat recht, denn solange dir nicht Jesus zu Vater und Mutter wird, kannst du zu keinem Meister kommen. Solange du Vater und Mutter nicht endgültig zurückgelassen hast – und das heißt: die ganze Vergangenheit, vergangene Assoziationen, vergangene Beziehungen ... endgültig, restlos – wie kannst du da zu einem Jesus kommen, wie kannst du da zu einem Meister kommen?

Wenn du noch der Vergangenheit verpflichtet bist, ist deine Gegenwart belastet, und deine Zukunft dunkel. Du musst dich von der Vergangenheit lösen, völlig mit der Vergangenheit gebrochen haben, sie völlig abgeschlossen haben. Nur dann ist deine Gegenwart leicht, und deine Zukunft keine mechanische Fortsetzung der Vergangenheit.

Jesus hat recht: solange du nicht deinen Vater und deine Mutter hasst, kannst du zu keinem Meister kommen. Darum sind dein Vater und deine Mutter so verstört, wenn du zu einem Meister gehst – es muss so sein. Nichts kann sie so verstören.

Du kannst zu einer Prostituierten gehen – da sind sie nicht so beunruhigt. Du kannst zum Alkoholiker werden, da sind sie nicht so beunruhigt. Aber geh zu einem Buddha, oder einem Jesus, einem Meister, und sie sind total verstört. Etwas in ihrem Unbewussten sagt: „Das ist jetzt der allerletzte Bruch. Wenn jetzt dieser Sohn, diese Tochter zu einem Meister geht, dann sind Vater und Mutter endgültig abgeschnitten." Diese Angst! Selbst wenn der Sohn mit einer Frau weggeht, kann die Mutter noch eine Beziehung zu ihr haben, eine gewisse Beziehung.

Aber wenn der Sohn mit einem Jesus mitgeht, dann sind alle Beziehungen abgebrochen. Dann gibt es keine Hoffnung, denn Jesus fordert die totale Hingabe. Keine Frau kann sie fordern, kein Ehemann kann sie fordern, nur ein Meister kann die totale Hingabe fordern, ohne jeden Vorbehalt.

Das Kind muss hinaus, und wenn ein Kind erleuchtet wird, dann hat es endgültig gebrochen – vollständig, endgültig mit aller Vergangenheit gebrochen – mit Mutter, Vater, allem!

Es gibt einen anderen Ausspruch, der ebenso mysteriös und sehr hart aus dem Munde eines Jesus klingt. Er sprach zu einer Menschenmenge, und jemand sagte: „Jesus, deine Mutter wartet draußen, aber die Menge ist so groß, dass sie nicht hereinkommen kann, aber sie möchte dich sehen!"

Jesus sagte: „Niemand ist meine Mutter! Sag dieser Frau, niemand ist meine Mutter." – Hört sich sehr hart an, sehr schroff. Aber Jesus kann nicht schroff sein und er kann nicht hart sein. Manchmal jedoch ist Wahrheit schroff, ist Wahrheit hart. Und Jesus kann nicht lügen – er hat recht: „Niemand ist meine Mutter."

Es geschah einmal – Jesus war noch ein kleiner Knabe, und mit seinem Vater und mit seiner Mutter war er zum jährlichen Fest in den großen Tempel der Juden gekommen. Jesus verlor sich irgendwo in der Menge, also suchten sie und suchten sie, und erst am Abend, als sie schon sehr in Sorge und voll Angst waren, fanden sie ihn schließlich. Er saß bei einigen Gelehrten. Noch ein Kind, und er diskutierte mit ihnen über die letzten Dinge.

Da sagte sein Vater: „Jesus, was tust du hier? Wir haben uns den ganzen Tag Sorgen um dich gemacht."

Jesus sagte: „Kümmert euch nicht um mich. Ich hatte mit Geschäften meines Vaters zu tun."

Der Vater sagte: „Ich bin dein Vater, und was soll das für ein Geschäft sein, um das du hier bist? Ich bin ein Zimmermann!"

Und Jesus sagte: „Mein Vater ist dort – droben im Himmel. Du bist nicht mein Vater."

Genauso, wie ein Kind den Körper der Mutter verlassen muss, weil es sonst im Schoß sterben würde – es muss aus dem Schoß herauskommen – genauso muss es eines Tages geistig aus dem Schoß von Vater und Mutter herauskommen. Nicht nur physisch, sondern auch geistig; nicht nur geistig, sondern auch spirituell. Und wenn das Kind spirituell geboren wird, völlig aus der Vergangenheit heraus ist, völlig mit ihr gebrochen hat, erst dann gewinnt es zum ersten Mal ein Selbst, eine unabhängige Wirklichkeit, steht es auf seinen eigenen Füßen. Jetzt ist es! Zuvor war es nur ein Teil der Mutter, oder des Vaters, oder Familie – aber nie es selbst.

Von Anfang an versuchen Vater und Mutter, dem Kind keine Freiheit zu geben. Und Liebe wird erst in Freiheit geboren, weil sie ein spontanes Phänomen ist. Ihr könnt nichts daran ändern. Wenn ihr es versuchen wollt, zerstört ihr die bloße Möglichkeit. Sie versuchen es: „Liebe uns!" – und das Kind muss nachgeben, es ist hilflos. Einfach um zu überleben, muss es den Kuhhandel mitmachen. Der Kuhhandel sieht so aus, wenn das Kind sagt: „Ja, ich liebe dich, Mutter", und wenn es sagt: „Ich liebe niemanden so wie dich", wenn das Kind sagt: „Ich liebe dich, Vater, und es gibt niemanden wie dich, du bist einmalig, du bist der beste, der größte Vater aller Zeiten", dann feilscht es nur, dann spielt es nur Politik; es ist zum Mitspieler in einem Täuschungsmanöver geworden.

Aber dann sind die Quellen vergiftet. Von Anfang an wird ihm nicht bewusst, dass Liebe ein spontanes Phänomen ist. Man muss frei sein, muss es andächtig erwarten. Man kann nichts dazu tun. Es ereignet sich. Und nun wird dies Ereignis sein ganzes Leben lang nicht geschehen. Dieser Mensch wird immer manipulieren, wird immer nur kontrollieren wollen, wird immer künstlich sein.

Hast du je beobachtet, dass du dich jedes Mal entzweist, wenn du liebst? – ein Teil, der manipuliert ... und tief in dir weißt du ständig, dass du manipulierst. Der Mann will die Frau ausbeuten, die Frau will den Mann ausbeuten. Und sind sie erst verheiratet, das heißt, ist aus ihrer Liebe erst eine Bindung geworden, wird die ganze Verlogenheit allmählich fadenscheinig, und die authentische, die wirkliche Person kommt zum Vorschein – und dann knallt's. Dann verschwindet alle Liebe, weil diese Liebe von Anfang an überhaupt nicht da war. Wie sonst kann Liebe verschwinden?

Liebe ist das Ewige in der Welt. Die Erde kann verschwinden, die Sterne können verschwinden, die ganze Welt kann verschwinden – Liebe nicht! Liebe ist das Allerewige, das Allergöttlichste. Wie kann sie so schnell verschwinden? Die Flitterwochen sind noch nicht vorbei, und die Liebe ist schon weg. Sie war von Anfang an nicht da. Du wolltest nur den andern zum Narren halten, und dich selbst dazu. Wie lange kann man das? Und wenn du die Täuschung zu lange fortsetzt, wird sie zu einer solchen Last, wird sie so schwer, dass es unmöglich wird, damit zu leben. Du kannst nicht vierundzwanzig Stunden lang Schauspieler sein. Für ein paar Minuten ist es okay. Am Strand, in den Bergen ist es sehr gut; da kannst du romantisch sein – auf künstliche Weise. Ein paar Minuten lang ist es okay. Schön, es ist ein Spiel – aber vierundzwanzig Stunden lang?

Wenn du vierundzwanzig Stunden lang künstlich sein musst, führt das zu einer solchen Verspannung, führt das zu einer solchen Unruhe, dass du dir wie eingesperrt vorkommst, wie im Gefängnis. Und wenn du dich eingesperrt fühlst, gefangen, meinst du, der andere sei verantwortlich. Dann nimmst du Rache, dann reagierst du; dann kann deine Frau sagen, was sie will, du wirst wütend; der Mann kann sagen, was er will, die Frau wird wütend. Da wird Schweigen zu Gold, und je mehr du den Mund halten kannst, desto besser. Aber das kommt daher, dass von Anfang an das Echte gar nicht da ist.

Mulla Nasruddin war in eine Frau verliebt. Die Frau war sehr groß und wohnte fast einen Kilometer von der Endstation der Buslinie weg. Nasruddin begleitete sie jeden Abend nach Hause. Eines Abends sagte er schon nach ein paar Minuten: „Gib mir einen Kuss."
Aber sie war so groß, dass Nasruddin einen Schemel oder etwas ähnliches brauchte. Sie sahen sich um und sahen eine Schmiede, die leer stand; dort fanden sie einen Amboss. Nasruddin stieg auf den Amboss und gab der Frau einen Kuss. Als sie weiter gegangen waren, sagte Nasruddin nach einer halben Meile: „Noch einen, Liebling!"
Die Frau sagte: „Nein! Einer reicht für heute Abend."
Nasruddin sagte: „Und wozu schlepp ich dann diesen verdammten Amboss mit?" – er hatte den Amboss mitgenommen.

Nasruddin schenkte derselben Frau einen Fernseher – einen Schwarz-Weiß-Fernseher.
Sie sah ihn an und sagte: „Wunderbar, aber das Ding hat einen Fehler, es ist kein Farbfernsehgerät!"

Nasruddin sagte: „Schatz, hast du noch nie gehört, dass Liebe blind macht?"

Die Frau sagte: „Ja, sicher, aber doch nicht farbenblind."

Die Gerissenheit! Die Manipulation des Verstandes! Du kannst sogar blind spielen, aber wie kannst du wirklich blind sein? Du kannst spielen, aber aus Spiel kann nicht Leben werden. Und tief drinnen hast du nichts damit zu tun – und fängst an zu hassen.

Liebe kann nur spontan sein. Es gibt keinen andern Weg zu ihr. Was immer die Dale Carnegies sagen, es gibt keinen andern Weg zu ihr. Liebe kann nur spontan sein, du kannst nicht für sie trainiert werden. Durch Training verfehlst du sie auf immer. Man muss lediglich warten, andächtig warten.

Dem Kind muss Freiheit gelassen werden, sodass eines Tages die Liebe aufsteigt. Aber dazu gehört eine sehr mutige Mutter, ein sehr mutiger Vater. Darum sage ich immer, dass es zum Schwierigsten auf der Welt gehört, Mutter zu sein. Jeder kann ein Kind in die Welt setzen, aber sehr wenige sind dazu geeignet, eine Mutter oder ein Vater zu sein, ganz selten nur, denn eine Mutter sein heißt, dem Kind so viel Freiheit zu geben – mit großer Liebe – dass in dem Kind die spontane Liebe aufsteigen kann.

Das Kind muss sich in die Mutter verlieben, es darf nicht gezwungen werden. Vielleicht geschieht es – vielleicht nicht. Darum gehört so viel Mut dazu: vielleicht geschieht es auch nicht. Niemand weiß! Niemand kann es vorhersagen, es ist nicht mechanisch. Wenn es geschieht, ist es wunderschön für die Mutter; andernfalls kann die Mutter nur beten, dass es eines Tages mit einer andern Frau geschieht. Aber erzwingt es nicht! Wenn ihr es erzwingt, wird das Kind einen Trick lernen, wird es eine Masche lernen. Nun wird es immerzu dieselbe Masche wiederholen, mit dieser und mit jener Frau, mit diesem und mit jenem Mann. Sein ganzes Leben wird zur Masche, es wird unecht sein, es wird künstlich werden.

Wenn Liebe unecht wird, wird Geld wichtig. Das muss verstanden werden. Warum wird Geld wichtig, wenn die Liebe künstlich ist? Weil Liebe dir eine innere Sicherheit gibt. Wenn du liebst, bist du sicher. Du brauchst keine andere Sicherheit. Wenn du liebst, bist du absolut geschützt. Du brauchst keinen anderen Schutz.

Liebe genügt, nichts anderes ist nötig. Du kannst ein Bettler auf der Straße sein, aber wenn du liebst, kann sich kein Kaiser mit dir vergleichen, was deine Sicherheit betrifft, selbst Salomo ist neben dir ein armer Mann.

Wenn du liebst, bist du der Reichste. Nichts lässt sich auch nur entfernt mit dem Reichtum der Liebe vergleichen. Du magst nichts haben, aber du hast alles. Ein einziger Augenblick der Liebe, und dein ganzes Leben hat sich erfüllt. Wenn du liebst, hast du nie Angst vor dem Tod. Denn du hast einen Tod erfahren – den Tod der Liebe. Und der war so schön, so melodisch, war eine solche Gnade, dass du jetzt sogar den wirklichen Tod hinnehmen kannst, den Tod des Körpers. Du kannst ihn akzeptieren! Jetzt ist da keine Angst mehr, denn du weißt jetzt, wie schön dies Verschmelzen mit einer Frau oder einem Mann war; wie viel schöner wird es sein, wenn du mit der Ganzheit der Schöpfung verschmilzt.

Der Tod ist ein Verschmelzen. Wenn du Liebe kennst, hat der Tod nichts Beängstigendes. Wenn du die Liebe nicht kennst, dann wird die Angst zum Mittelpunkt deines Lebens. Wie sollst du dich schützen? Dann baust du Schlösser, dann legst du dir ein Bankkonto an. Das sind nur Schutzmaßnahmen gegen den Tod. Und wenn du Angst vor dem Tod hast, hast du Angst vor dem Leben, denn zu leben ist immer gefährlich.

Um zu leben, musst du auf unbekannten Pfaden gehen. Gefahr lauert: an jeder Biegung mag dich der Tod erwarten. Ein Mensch, der Angst vor dem Tod hat, schrumpft langsam zusammen und bekommt auch Angst vor dem Leben. Er kann in keinem Flugzeug fliegen, er kann in keinem Zug fahren, denn es gibt Unfälle. Er kann keinen Fremden zum Freund haben, denn wer weiß…? Er kann sich in keine Frau verlieben, denn wer weiß, ob sie ihn betrügen wird oder nicht? Er kann nicht glauben. Wenn die Liebe nicht geschehen ist, kannst du nie Vertrauen haben. Dann wirst du immer zweifeln, misstrauisch sein. Und wie kann eine Beziehung wachsen, wenn du zweifelst?

Und wenn die Liebe nicht geschehen ist, kannst du nie zu einem Meister gelangen. Selbst wenn ein Buddha in deine Stadt kommt, wirst du ihn verpassen. Du wirst nicht hingehen, weil diese Leute gefährlich sind. Sie könnten dich hypnotisieren und sie könnten dich in die Irre führen. Sie könnten deine tägliche Routinewelt stören, in der du Geld verdienst und anhäufst, und in der du mit jedem Tag erfolgreicher wirst: die Fabrik wird immer größer und dein Konto wächst, und alles läuft so gut! Warum sich durch ein neues, fremdes Element aus der Ruhe bringen lassen? Lass also kein Element von außen eindringen. Lebe in deinem Gefängnis, geschützt, sicher.

Wenn du die Liebe kennst, hast du keine Angst vor dem Tod. Und wenn du keine Angst vor dem Tod hast, erst dann wirst du leben können! Denn wenn ein Mensch Angst vor dem Tod hat, wie kann er da leben? Er hat selbst Angst vor dem Einatmen, weil es Bakterien gibt.

Ich kenne einen Dichter. Er ist ein großer Dichter, aber ich habe mich immer gefragt, wie er ein großer Dichter sein kann … er kann noch nicht einmal ein Mann sein. Er muss die Tricks der Sprache kennen, er muss Grammatiker sein. Er muss trickreich mit Worten spielen, aber er kann kein großer Dichter sein, weil große Dichtung nur aus Leben entsteht – und er ist so ängstlich! Einmal reiste er mit mir. Seine Frau hatte mir gesagt: „Nimm ihn nicht mit, er wird nur Schwierigkeiten machen." – Und die Schwierigkeiten fingen damit an, dass er den Tee im Hotel nicht trinken wollte.

Er sagte: „Wer weiß? Vielleicht hat jemand Gift reingetan!"

So sagte ich: „Wer hat denn etwas gegen einen Poeten? Wer soll dich vergiften? Niemand schert sich um dich!"

Trotzdem weigerte er sich und sagte: „Ich besorge einen Kocher und werde Tee machen." Er wollte nicht im Hotel essen, wer weiß…? Er hatte solche Angst vor allem. Wie konnte dieser Mann leben? Als ob es nur darum ginge, nicht zu sterben.

Aber Leben bringt Tod; der Tod ist der Höhepunkt! Wenn du nicht sterben willst, lebe nicht! – das ist der einzige Ausweg. Es gibt keinen andern, denn indem du lebst, gehst du auf den Tod zu. Leben bringt Tod. Der logische Ausweg ist also, nicht zu leben.

Je weniger du lebst, desto geringer ist die Möglichkeit des Todes. Wenn du total nicht lebst, wenn du Selbstmord begehst, kannst du nie wieder sterben, dann ist Schluss. Es ist kein Leben da, jetzt kannst du nicht sterben, dann ist Schluss. Es ist kein Leben da, jetzt kannst du nicht sterben. So ein Mensch ist also schon ein toter Mensch. Diese Leichen könnt ihr auf den Märkten, an den Universitäten herumlaufen sehen, arbeitsam, geschäftig – aber es sind Leichen.

Leben braucht Ausdehnung. Angst kann euch nicht erlauben, euch auszudehnen, und so wird Sicherheit zum A und O... wie ist man sicher? Die ganze Lebenskunst besteht darin, wie man nicht stirbt. Und ich sage euch: die ganze Lebenskunst besteht darin, wie man freudig stirbt, wie man selig stirbt, wie man den Tod zulässt – denn wenn du bereit bist zu sterben, bist du bereit zu leben.

Wenn du bereit bist zu sterben, bist du bereit zu lieben. Wenn du bereit bist zu sterben, bist du bereit, dem Göttlichen zu begegnen. Es gibt keinen andern Weg: der Tod ist die Tür. Was meine ich damit, wenn ich sage: der Tod ist die Tür? Du darfst nicht da sein, du musst dich auflösen, du musst dich verlieren. Was heißt Sicherheit? Was auch immer geschieht, du musst sein, du musst in deinem Ego fortbestehen. Darum wird Geld so wichtig, weil Geld dir dazu verhilft, nicht zu leben. Ein armer Mensch muss leben, ein reicher braucht es nicht.

Ich habe von einem sehr reichen Mann gehört: er reiste viel mit dem Auto. Und von der Hotelhalle bis zu seinem Zimmer ließ er sich immer auf einer Bahre tragen. Er war in eine neue Stadt gekommen, in ein neues Hotel, wo er noch nie gewesen war. Und als er auf seiner Bahre hereingetragen wurde, dachte der Manager, er sei gelähmt oder dergleichen. Er erkundigte sich bei der Frau: „Was ist passiert?" Er war sehr mitfühlend. „Ihr Mann sah ganz gesund aus. Ist er gelähmt, oder ist mit seinen Beinen etwas nicht in Ordnung?"

Die Frau sagte: „Nein! Seine Beine sind absolut in Ordnung. Aber er braucht nicht zu laufen – er ist ein reicher Mann." Ein Reicher braucht nicht zu leben, er kann es sich leisten! Ein Armer muss leben. Ein Armer muss auf die Straße gehen, sich in Gefahr begeben, unter die Leute gehen. Ein Armer kann es sich nicht leisten, nicht zu leben. Darum schließt sich ein Reicher immer mehr in seinem Reichtum ein – isoliert. Dann lebt er allein, dann kann er nicht einmal seine eigene Frau ins Zimmer lassen. Er mag eine Erklärung dafür finden – „Wir sind keine armen Leute, warum also sollten meine Frau und ich im gleichen Zimmer leben? Wir sind reich. Wir können uns zwei getrennte Zimmer leisten." – Aber in Wirklichkeit ist es etwas anderes.

Hitler erlaubte keinem Menschen, mit ihm im Zimmer zu wohnen, weil er Angst hatte. Wer weiß? Die Ehefrau könnte ein Spion sein. Er heiratete nie. Er heiratete erst kurz vor seinem Selbstmord, drei Stunden davor, denn da hatte er keine Angst mehr. Als der Tod sicher war, heiratete er, nicht eher – denn eine Frau ist etwas Gefährliches. Wer weiß. Sie steht vielleicht mit einer ausländischen Macht in Verbindung, oder sie ist vielleicht Kommunistin. Nachts könnte sie töten. Er liebte viele Frauen, aber erlaubte keiner Frau je, mit ihm zu leben, erlaubte keiner Frau je, die Nacht über bei ihm zu bleiben. Erst drei Stunden vor seinem Tod, als er sah, dass es jetzt keinen andern Ausweg gab – der Tod ist gewiss, der Feind bombardiert Berlin – rief er in der Nacht einen Priester zu sich. Der Priester wurde aus dem Schlaf geholt und augenblicklich in die unterirdische Kammer gebracht, wo Hitler war, und er sagte zu ihm: „Schließe unsere Ehe." Und als die Zeremonie vorbei war, gingen beide in sein Zimmer, nahmen Gift und starben. Was für eine Art von Mensch ist das? Aber diese Art Mensch könnt ihr überall finden.

Wo Angst ist, kann niemand ein Freund sein. Dann ist jeder der Feind und du musst dich schützen. Ein Reicher kann sich besser schützen; darum wird soviel Wind ums Geld gemacht – soviel Wahnsinn! Ihr könnt nicht einmal verstehen, was passiert. Warum diese Neurose ums Geld?

> Mulla Nasruddin lag im Sterben. Er machte das Auge auf und sah seine Frau an. Seine Frau sagte: „Wir sind hier, Mulla. Geh du nur still zu Gott, in Frieden und Gebet. Wir sind alle hier."
> Mulla sah auf die Gesichter ... seine Augen waren trübe, er war

fast schon hinüber, es fiel ihm schwer, zu sehen.
Er fragte: „Wo ist Raiman?" – sein ältester Sohn.
Seine Frau sagte: „Hier, an deiner rechten Seite."
Dann fragte er: „Wo ist Rahim?" – ein anderer Sohn.
Und seine Frau sagte: „Hier steht er, bei deinen Füßen."
„Und wo ist Farid, wo ist Abdul?" fragte er. Alle waren sie da; seine Frau sagte: „Alles ist gut, wir sind alle da."
Nasruddin wurde sofort ganz erregt und sagte: „Und wer kümmert sich um den Laden? Wenn alle hier sind – wer kümmert sich dann um den Laden?"
Er lag auf dem Totenbett, nur einen Augenblick später starb er.

Nein – weder das Leben noch der Tod sind wichtig – der Laden! Wer kümmert sich ums Geschäft? Noch im letzten Augenblick ist dem Verstand nichts heilig – außer dem Laden, dem Markt, dem Geld. Warum ist Geld so wichtig? Es ist euer Schutz gegen die Liebe, gegen das Leben, gegen den Tod, gegen Gott. Daher entsagen ihm Buddha und Mahavir. Dies Entsagen ist einfach die Einsicht, dass diese ganze Einrichtung gegen das Leben ist, gegen die Liebe, gegen Gott. Sie kehren sich einfach ab! Es ist nicht um des Geldes willen, dass sie entsagen, sondern einfach, weil sie eingesehen haben, dass sie sich durch diesen Schutz selbst getötet haben: es war Gift. Also flohen sie einfach aus ihren Palästen.

Ein neues Leben beginnt, sobald du erkennst, dass Geld Neurose ist. Sicherheit, das Verlangen nach Sicherheit und Schutz zeigt, dass du schon tot bist, dass dich das Leben verlassen hat. Eine ständige Anstrengung sich abzusichern zeigt, dass du nicht lieben konntest; sonst ist Liebe Sicherheit genug, keine andere Sicherheit ist nötig. Ein Augenblick der Liebe ist Ewigkeit. Es gibt keine Angst vor dem Tod – ein Liebender kann leicht, kann liebend sterben. Er hat das Leben kennengelernt, er ist dankbar.

Wenn Liebe da war – und sei es auch nur für einen Augenblick – so hat er ihren Glanz kennengelernt; ihre Gnade, alle ihre Segnungen waren mit ihm. Er kann Gott für diesen einen Augenblick danken, der ihm geschenkt wurde – und er war nicht würdig.

Wer ist würdig? Niemand ist würdig. Habt ihr je über die Tatsache nachgedacht, dass ihr am Leben seid? Bist du würdig zu leben? Womit hast du das verdient? Du hast die Blumen und die Bäume und die Vögel im Flug kennengelernt, und die aufgehende Sonne, und so viele Abende und so viele Morgen, und die Sterne. Womit hast du verdient, am Leben zu sein? Es ist einfach Gnade. Du bist es nicht würdig, du hast es in keiner Weise verdient. Es ist einfach Gottes Gnade, dass du bist.

Aber wenn jemand auch nur einen Augenblick der Liebe kennenlernt, wird dies ganze Leben nichtig. Dann sind all die Vögel, die du gesehen hast, und all die Lieder, die du gehört hast, und all die Musiker der Welt – nichts! Dann ist all dies Grün der Bäume nichts. Dann ist kein Glanz in der Sonne und keine Musik in den Sternen. Wenn du auch nur für einen Augenblick die Liebe kennengelernt hast, dann ist diese ganze Welt nur trüb und schattenhaft. Sie ist nur eine Spiegelung, nicht das Wirkliche.

Wenn du einen einzigen Augenblick der Liebe kennengelernt hast, wirst du Ewigkeiten dankbar sein und dem Göttlichen Dankeslieder singen. Dann gibt es keinen Tod mehr – Liebe kennt keinen Tod, Liebe kennt nur Leben. Ihr kennt nur Tod. Liebe – ihr seid an ihr vorbeigegangen, irgendwie habt ihr sie nicht durchgemacht; ihr gingt an ihr vorbei, und nun wird Geld wichtig. Geld ist symbolisch für den toten Menschen, Geld ist die Liebe des toten Mannes.

Seht euch einen Geizhals an. Geld ist nicht einfach Geld, wenn er es in die Hand nimmt. Ich habe einmal einen Geizhals gesehen – wie viel Zärtlichkeit in seinen Augen war, wenn er seine Geldscheine ansah! Kein Liebender hat je so liebevoll seine Liebste angeblickt. Er befühlte und betastete sie ... und seine Augen! Der Glanz, der in seine Augen kam, die Poesie, die sein ganzes Wesen übernahm ... Nein, selbst Majnu war nicht so selig, als er Laila erblickte; nein, Shiri war nicht so selig, als sie Farihad erblickte. Dieser Mann war ein Verwandter von mir, also hatte ich viele Gelegenheiten, ihn zu sehen und ihn zu verstehen. Er war der perfekte Geldmensch, ein Buddha auf diesem Weg. Er heiratete nie, er sagte immer: „Es ist so teuer, und ich kann es mir nicht leisten. Eines Tages werde ich heiraten." Jetzt ist er tot, er hat nie geheiratet, er blieb Junggeselle. Aber er rationalisierte es immer: „Das ist *Brahmacharya*", sagte er gern, „das ist Enthaltsamkeit, und nach den heiligen Schriften, den Veden, ist das keusche Leben das edelste Leben." Aber er war nur ein Geizhals, sogar mit seinem Samen geizte er. Das war seine Keuschheit, er war kein *Brahmachari*.

Wenn ihr also keusche Männer trefft – neunundneunzig von hundert sind nur Samensparer. Sie haben Angst, loszulassen; wenn der Samen ihren Körper verlässt, sinkt ihr Bankkonto. Ihre *Brahmacharya* ist eine Art Verstopfung. Sie stinken! Kein Duft geht je von ihnen aus. Sie sind Geizhälse – aber sie rationalisieren. Sie leben immer durch den Verstand, niemals durch das Herz – weil das Herz eine gefährliche Sache ist.

Der Verstand packt immer zu, und das Herz will immer geben. Das Herz ist ein Geber, das Herz ist nie ein Geizhals. So kann ein Geizhals nie dem Herzen glauben. Nach und nach wird er sein Herz töten, wird er zum Kopf allein. Es ist kein Gefühl in ihm – Gefühl ist gefährlich. Er fühlt nichts, er wird unempfindlich. Er lässt keine Empfindung in seinem Wesen zu, denn wenn ein Bettler kommt und bittet, und du hast Gefühle, dann ist es sehr schwer, nein zu sagen. Aber wenn du nur einen Kopf hast, kannst du rationalisieren und sagen: „Ich halte nichts vom Betteln. Es schadet der Wirtschaft, es ist nicht gut für unsere Kultur – du siehst doch ganz gesund aus, geh also und arbeite." Du wirst rationalisieren und du weißt auch, dass diese Gründe nur oberflächlich sind, tief unten willst du nur nichts geben – das ist der Grund. Aber du kannst den Umstand nicht akzeptieren, dass du kein Geber bist.

Ihr lebt in Worten, Gründen, Rationalisierungen, und ihr verbergt die grundlegende Tatsache, dass ihr euer Gefühl tötet. Wenn du auf dem Weg des Geldes bist, und jeder ist mehr oder weniger dort, dann schau dir das ganze Phänomen an, was sich in dir abspielt: du tötest dich selbst. Und man kann das Leben nicht hindern, weiterzufließen, das Leben wird den Tod erreichen. Ihr könnt es nicht zurückhalten, ihr habt es nicht unter Kontrolle. Es muss gehen – so wie es gekommen ist, muss es wieder gehen.

Bevor es euch verlässt, könnt ihr höchstens Angst erzeugen, das ist alles. Wenn du die Ebbe und Flut des Lebens, die Geburt und den Tod des Lebens akzeptierst ... wenn du das akzeptierst, brauchst du dir keine Angst zu machen. Du kannst lieben. Im Angesicht des Sterbens – liebe! Und Lass die Liebe zu. Bemühe dich nicht um Sicherheit und hab keine Angst vor dem Tod. Der Tod wird kommen. Gib dem Leben eine Chance, zu blühen. Wenn das Leben wirklich blüht, wird der Tod Höhepunkt sein, nicht das Ende. Er wird der Höhepunkt, das Crescendo sein.

Er wird der höchste Gipfel sein, der Everest – nicht das Ende! Und im Augenblick des Todes kommt für den, der richtig gelebt hat, durch Liebe gelebt hat – und das ist die einzig richtige Art zu leben – für den kommt der Tod als die herrlichste Ekstase. Er stirbt mit einem Gesang im Herzen. Er stirbt in Ekstase, Ekstase im ganzen Körper, pulsierend. Er ist im Begriff, dem Göttlichen Geliebten zu begegnen. Er hat gelernt, zu lieben und zu geben. So kann er auch im Augenblick des Todes geben.

Er gibt sein ganzes Dasein der Natur zurück: den Körper ... die Luft geht zur Luft, das Feuer geht zum Feuer, die Erde geht zur Erde, der Himmel geht zum Himmel. Er gibt, er ist ein Gebender – und sein Wesen kehrt zum Ursprung zurück, zum *Brahma*. Er hält nicht fest. Wenn du dich im Augenblick des Todes festhältst, wird alles hässlich. Aber du kannst nicht loslassen, wenn du dein ganzes Leben lang festgehalten hast. Wenn du dich immer nur geklammert hast, geklammert und geklammert, immer voll Angst und Bangen, nie die Liebe zugelassen hast, dann wird dir im Augenblick des Todes der höchste Gipfel entgehen, der überhaupt möglich ist, der möglich war. Dies sind die beiden Wege: der eine ist richtig, der andere ist falsch.

Jetzt wollen wir versuchen, in diese Geschichte hineinzugehen. Jetzt werdet ihr sie verstehen können – aber versteht mit dem Herzen!

> Der Meister Seistsu brauchte mehr Platz,
> da das Gebäude, in dem er lehrte, sehr überfüllt war.

Er muss in der gleichen Lage gewesen sein wie ich.

Umezu, ein Kaufmann ...

– zu mir ist er noch nicht gekommen –

Umezu, ein Kaufmann,
entschloss sich für den Bau eines neuen Gebäudes fünfhundert
Goldstücke zu spenden.
Fünfhundert Goldstücke sind wirklich Geld!
Umezu brachte dem Meister das Geld.
Seistsu sagte: „Schön, ich will es nehmen."

Aber das ist doch kein Benehmen! Der Mann muss ein Geizhals gewesen sein, wie hätte er sonst fünfhundert Goldstücke zusammentragen können? Und dies war nicht alles, was er gehortet hatte; es muss nur ein kleiner Bruchteil gewesen sein, ein Hundertstel seines Schatzes. Aber warum ist er, wenn er ein Geizhals ist, darauf gekommen, diesem Meister etwas zu geben? Das sieht widersprüchlich aus. Wenn er ein Geizhals ist und ein Geldmensch, dürfte er eigentlich nicht hingehen. Aber ich weiß den Grund: das gehört auch zur Angst, das ist auch eine Sicherheitsmaßnahme – fürs Jenseits.

Er muss dem Tod nahe gewesen sein, er muss alt geworden sein. Und Geldleute sind immer alt, sie sind nie jung – weil der Tod immer nah ist und sie immer zittern. Er muss gefühlt haben, dass der Tod jeden Tag kommen konnte, so musste er auch Vorkehrungen für jene andere Welt treffen. Er muss Tausende von Goldstücken gehabt haben ... was sind da fünfhundert? Nur um sicherzugehen: „Gib's dem Meister; die Leute sagen, er sei erleuchtet. Gib diesem Mann die fünfhundert Goldstücke, er wird sich ums Jenseits kümmern, er stellt dir vielleicht ein Zertifikat aus. Die Leute sagen, er steht mit Gott auf gutem Fuß, sein Name ist gut angeschrieben. Er wird irgendwie helfen können."

Es ist ein Tappen im Dunkeln. Jemand, der am Leben vorbeigegangen ist, denkt an ein nächstes Leben. Vergesst nicht: nur Leute, die dies Leben verfehlt haben, denken an jenes. Und wenn du dieses verfehlst, wirst du jenes auch verfehlen, weil du der gleiche bleiben wirst. Selbst wenn man dich unter Zwang in den Himmel brächte, würdest du eine Hölle aus ihm machen; denn du würdest deine Gewohnheiten mitnehmen, den Mechanismus deines Geistes, die Art, wie du funktionierst – du würdest deine gesamte Vergangenheit mitbringen. Du würdest eine Hölle aus ihm machen!

Kannst du im Himmel sein? Ich sehe da keine Möglichkeit. Du kannst es nicht. Wo immer du hingehst, nimmst du deine Hölle mit. Sie ist Teil von dir. Jene, die wissen, sagen daher, dass Himmel und Hölle nicht außerhalb sind, sondern in dir, es sind Eigenschaften deines Wesens. Auf dieser Erde haben Menschen im Himmel gelebt, auf dieser Erde bist du in der Hölle. Merkt es euch: wo immer ihr hingeht, werdet ihr eure eigene Hölle mitbringen. Kaum angekommen, werdet ihr eure Hölle um euch verbreiten. Ihr könnt nichts Neues tun. Der Geist ist alt, er folgt seinem Muster, immer im Kreis herum.

Dieser Umezu muss ein Geizhals gewesen sein, aber nun kommt der Tod näher, und er muss auch ans Jenseits denken. Diese Welt hat er verloren, jetzt darf er die andere nicht auch noch verlieren. Etwas muss geschehen, aber auch das muss durch Geld geschehen. Seht, wie der Geist arbeitet: er glaubte, sich das Leben mit Geld kaufen zu können; jetzt glaubte er, sich Gott mit Geld kaufen zu können. Er glaubte, Liebe mit Geld kaufen zu können. Jetzt glaubt er, dass durch Geld der Himmel zu kaufen sei. Aber sein Geist bleibt auf die Geldneurose fixiert. Er ist immer noch verrückt, Geld ist ihm nach wie vor das Mittel. Alles, was er vorhat, muss durch Geld geschehen.

Genau darum verhält der Meister sich so. Er sagt: *Schön, ich will es nehmen*, als wäre es nichts. Das will er damit sagen: als wäre es nichts; fünfhundert Goldstücke – nichts als Dreck.

Der Meister sagte: *Schön, ich will es nehmen*, als wäre es eine Last, und als täte er diesem Umezu einen Gefallen. Vergesst nie: wann immer ihr mit Geld zu einem Meister kommt, wird das die Behandlung sein. Es ist sehr leicht, dies in der Geschichte zu verstehen; es ist sehr schwer, wenn du so behandelt wirst.

Erst vor ein paar Tagen rief jemand an. Er hat ab und zu dem Ashram Geld gespendet und er sagte: „Jetzt hör ich auf, denn ich vermisse jede Dankbarkeit. Man gesteht mir nicht einmal ein besonderes Interview mit Osho zu, ich gebe also nichts mehr." – Er sitzt hier. Er sollte versuchen, diese Geschichte genau zu verstehen, denn es ist leichter, eine Geschichte zu verstehen, wenn man selbst nicht betroffen ist. Das ist sehr leicht! Aber wenn es dich betrifft, wird es sehr schwer. Dieser Mann soll mir fünfhundert Goldstücke bringen. Einverstanden! Und dann werde ich ihm sagen: „Schön, ich will es nehmen."

> „Umezu übergab den Sack Gold,
> war aber sehr unzufrieden mit der Haltung des Meisters,
> da die Summe, die er gestiftet hatte, beträchtlich war –
> ein ganzes Jahr lang konnte man von drei Goldstücken leben –

Der Meister hatte sich nicht einmal bei ihm bedankt ... Seht euch den Verstand an, den geldneurotischen Verstand. Was sagt er? *Ich habe ihm diesen Sack Gold gegeben – man kann ein ganzes Jahr lang von drei Goldstücken leben!* Er glaubt, Leben kommt durch Geld. Geld mag nötig sein, aber niemand kann durch Geld leben. Geld mag notwendig sein, aber es ist nicht alles. Und wenn es nur Geld und sonst nichts gibt – stirbst du besser früher denn später! Denn dein Leben ist überflüssig, du vertrödelst nur deine Tage. Es ist kein Leben.

Jesus soll gesagt haben: „Der Mensch lebt nicht vom Brot allein." Er weiß auch, dass Brot gebraucht wird. Niemand kann ohne Brot leben, das stimmt. Aber es gibt eine höhere Dimension des Lebens, wo niemand vom Brot allein leben kann. Wenn es nur Brot gibt, begeht lieber Selbstmord! Denn immer das gleiche Brot wieder und wieder zu essen, ist sinnlos. Aber ein Mensch, der durch das Geld lebt, denkt so: „Ein ganzes Jahr kann man von drei Goldstücken leben, und hier sind fünfhundert – man kann bis in alle Ewigkeit davon leben! Ewiges Leben ist möglich mit fünfhundert Goldstücken. Und was ist das für ein Typ? – er hat sich nicht mal bei mir bedankt." Er war sehr unzufrieden.

Wann immer du mit einer Bedingung gibst, wirst du unzufrieden sein, weil sich die Bedingung nicht erfüllen lässt. Jedes Mal, wenn du ohne eine Bedingung gibst, wirst du eine tiefe Befriedigung erleben, weil es keinen Grund gibt, unzufrieden zu sein. Jedes Mal, wenn man gibt, und gerne gibt, und Geben in sich selbst der Zweck ist ... so einer hätte getanzt, weil der Meister es annahm – genug! Er hätte dem Meister gedankt: „Ich hatte mir Sorgen gemacht, ob du es annehmen würdest oder nicht. Denn ich kenne dich gut – dies ist für dich Dreck, und doch hast du akzeptiert. Du bist so freundlich, dein Mitleid ist so tief." Er hätte getanzt und wäre dankbar gewesen, wäre zutiefst glücklich und selig gewesen. Aber nein, das war nicht möglich, weil es nicht Zweck, sondern Mittel war. Er wollte, dass ihm der Meister verpflichtet sei.

Wenn dieser Mann zu Gott kommt, wird er ihm einen Sack Gold mitbringen und auf das Dankeschön warten. Was könnt ihr Gott geben, der euch alles gegeben hat? Und ein Meister ist nichts als ein Repräsentant des Göttlichen, der gleichen Eigenschaft. Deswegen nennen wir Mahavir *„Bhagwan"*, deswegen nennen wir Buddha *„Bhagwan"* – weil sie von gleicher Beschaffenheit sind. Was könnt ihr ihm geben? Alles habt ihr durch ihn. Ihr gebt es höchstens zurück – allerhöchstens. Ihr solltet dankbar sein, akzeptiert worden zu sein.

Aber ein Geldneurotiker kann das nicht verstehen. Er wollte, dass der Meister ihm dafür dankbar sei, dass er dies getan hatte; und es war so viel! Für ihn war es so viel. Von seinem Standpunkt aus war es eine riesige Summe – fünfhundert Goldstücke; man konnte ein ganzes Jahr von drei Goldstücken leben! – denn der Verstand denkt in Relationen. Er weiß nichts vom Absoluten. Er kennt nur das Relative. So denkt er!

Ich habe gehört: Mulla Nasruddin starb und fuhr augenblicklich – oder wurde vielmehr hingeschickt – zur Hölle. Dort kam er zu Satan, der lange auf ihn gewartet hatte ... Satan empfing ihn, hieß ihn willkommen, und Mulla sagte zum Teufel: „Mann, bin ich froh, hier im Himmel zu sein."

Der Teufel sagte: „Nasruddin, du irrst dich. Das hier ist kein Himmel."

Nasruddin sagte: „Das kommt auf den Standpunkt an. Ich komme aus Indien – mir kommt es wie der Himmel vor."

Denken ist relativ. Fünfhundert Goldstücke! Er gab sein Lebensblut! Dort in jenem Sack voll Gold war sein Herz selbst. Diese fünfhundert Münzen waren nicht aus Gold, sie waren aus seinem Herzen gemacht. Er hatte sein Leben verkauft und dies Gold dafür erstanden. Er war für diesen Sack Gold gestorben – und nicht mal ein Dankeschön! Das war zuviel. Der Meister benahm sich nicht recht; er war unzufrieden.

> Dieser Mann sagte:
> „In dem Sack da sind fünfhundert Goldstücke ...
> Auch wenn ich ein reicher Kaufmann bin,
> fünfhundert Goldstücke sind viel Geld ..."

Und du bist nur ein Bettler. Das wird nicht gesagt, es ist darin enthalten. „Du solltest dir der Tragweite dessen bewusst werden, was ich hier tue. Eine so große Spende, und du sagst einfach:

> „Okay, ich will's nehmen."
> „Willst du, dass ich dir dafür danke?" sagte der Meister.

Denn Meister antworten nie auf das, was ihr fragt. Sie antworten auf das, was ihr eigentlich fragen wollt. Sie beantworten nie eure Frage, denn die ist unwichtig. Sie antworten immer auf das, was hinter der Frage verborgen liegt – warum ihr diese Dinge andeutet. Du bist nicht daran interessiert, zu beweisen, dass Gold viel wert ist. Du bist nicht daran interessiert, zu beweisen, dass fünfhundert Goldstücke eine große Summe sind – dies sind nur Rationalisierungen. Du willst auf etwas anderes hinaus. Der Meister fing ihn sofort und sagte:

> „Willst du, dass ich dir dafür danke?"

Er traf den Nagel genau auf den Kopf.

„Das solltest du", sagte Umezu.

Nicht: „Das erwarte und wünsche ich", sondern: „Das solltest du." Dieser Mann ist kein Geber, er ist nie einer gewesen. Auch wenn er gibt, gibt er nicht. Auch wenn er schenkt, ist es ein Kuhhandel. Er sagt: „Das solltest du. Ich habe eine solche Großtat vollbracht, dass es jetzt deine Pflicht ist, nicht etwa mein Wunsch oder meine Bitte."

„Wieso sollte ich?" sagte Seistsu,
„der Gebende sollte dankbar sein."

Dies will ihm absolut nicht in den Sinn – in den geldorientierten Sinn, dass der Gebende der Dankbare sein sollte! Das ist das Höchste auf dem Weg der Liebe.

Liebende erkennen, wie schön, wie selig das Geben ist; sie erkennen, dass du umso mehr hast, je mehr du gibst; je mehr Liebe du gibst, desto mehr Liebe hast du in dir; je mehr du sie weggibst, verteilst, umso mehr sprudelt nach – es ist eine ewige Quelle. Wenn du dies erst einmal weißt, dass du umso mehr hast, je mehr du gibst, dann hast du das Einmaleins der Spiritualität gelernt. Dann hältst du nie mehr zurück, dann bist du immer auf der Suche nach jemandem, der es dir abnehmen kann. Dann bist du immer auf der Suche nach jemandem, mit dem du es teilen kannst, denn er erneuert dich. Das Alte ist fort, das Neue entsteht. Von dorther sprudelt es immer neu. Du bist wie ein verdorbener Brunnen, weil du niemandem je etwas gegeben hast. Du hast nie dein Wasser mit andern geteilt. Das Wasser ist faulig geworden – gib es! Lass Leute kommen und lass sie aus dir trinken, dann eröffnen sich immer neue Quellen.

Sobald das alte Wasser beseitigt ist, kommt frisches Wasser nach. Dein Brunnen ist mit dem unendlichen Ozean verbunden – tief unten. Dein Brunnen ist nur eine Tür zum Ozean. Wer gibt, der erfährt es; wer teilt, der erkennt es – dann fühlt er sich dankbar. Jedes Mal, wenn jemand etwas von dir nimmt, ist etwas Neues in dir entstanden. Dein Dasein erneuert sich dadurch. Du wirst immer wieder jung gemacht, je mehr du gibst.

Der Geber bleibt immer jung. Der Nicht-Geber ist immer alt, tot, morsch. Der Meister sagt: „Der Gebende sollte dankbar sein. Du solltest mir dankbar sein, dass ich es annehme – und dass ich so etwas wie Geld annehme. Du solltest dankbar sein, weil Geld mir nichts bedeutet." Es mag in der Welt notwendig sein, denn ein Meister muss schließlich auch in der Welt leben. Es mag in dieser Wahnsinnswelt das Tauschmittel sein, und ein Meister muss in dieser Wahnsinnswelt leben – aber es ist nichts. Es ist nur ein erfundenes Mittel, auf das sich alle geeinigt haben, sodass wir Dinge tauschen können.

Das ist das Problem mit dem Denken. Er sagt: *Auch wenn ich ein reicher Kaufmann bin …* – ich habe genug Geld, aber selbst dann sind fünfhundert Goldstücke viel Geld … Für dich als Bettler ist das die ganze Welt. Für mich ist es viel Geld, und du behandelst es, als wäre es nichts. Du beleidigst mich.

Ein Mensch, der auf Geld ausgerichtet ist, kann einen Menschen der Liebe nicht verstehen. Der Mensch der Liebe kommt ihm immer wie ein Bettler vor, wie ein Verrückter, nicht von dieser Welt – er versteht ihn nicht. Er verhält sich absurd. So sehr ihr einen Buddha oder Mahavir auch anbeten mögt, wenn ihr ihnen irgendwie, irgendwo begegnet, werden sie euch verrückt vorkommen. Auch wenn ihr es nicht sagt – denn das wäre zu unhöflich – aber ihr seht natürlich sehr wohl, dass dieser Mann sein Leben damit verschwendet hat, unter einem Baum zu sitzen. Er hätte eine Menge Geld verdienen können! Das bekam Buddha oft zu hören.

Also verließ Buddha seine Heimat und ging in ein anderes Königreich, nur um seine Familie und seine Verwandten loszuwerden, die ihm ständig in den Ohren lagen und ihn überreden wollten, zurückzukommen. Aber als er in ein anderes Königreich kam, wurde er gewahr, dass es diese Leute überall gab, dass man ihnen nicht entrinnen konnte.

Das Gerücht verbreitete sich, dass der Prinz eines benachbarten Königreiches dieses verlassen hätte und im Lande sei. Und so kam der König dieses Nachbarlandes persönlich, um ihm zu sagen: „Mein Sohn, du bist jung und kennst die Welt nicht. Du bist unreif, ich habe Erfahrung. Ich sage dir aus meiner Erfahrung heraus: geh zurück nach Hause. Dies ist töricht! In deinem Alter bemächtigen sich solch törichte Gedanken deiner, da muss man widerstehen! In deinem Alter, wenn man jung ist, neigt man dazu, idealistisch zu sein. Aber später zeigt die Erfahrung, dass das falsch ist. Sei kein Hippie, geh zurück!"

Buddha hörte zu und er sagte: „Du magst recht haben, was deine eigene Erfahrung betrifft, aber ich habe in deiner Welt viele Leben lang gelebt, und nichts, nichts ist dadurch gewonnen. Jetzt ist es genug. Es ist aus Erfahrung, dass ich fortgegangen bin, nicht aus irgendeiner romantischen Jünglingsschwärmerei."

Der alte Mann wollte nichts davon wissen.

Er sagte: „Wenn du nicht zurückgehen willst, verstehe ich das – es könnte Schwierigkeiten geben. Es gibt vielleicht Spannungen zwischen dir und deinem Vater oder deiner Familie, oder es ist sonst irgendetwas schiefgegangen. Gut, dann geh nicht zurück, sondern komm zu mir. Ich habe eine schöne Tochter; heirate sie, und dies Königreich ist dein."

Buddha sagte: „Ich bin verheiratet und habe eine sehr schöne Frau zurückgelassen; man kann keine schönere finden. Aber selbst jene schöne Frau kann mir das Höchste nicht geben – und ich bin auf der Suche nach dem Höchsten."

Der alte König verließ ihn mit den Worten: „Du bist verrückt, unheilbar verrückt."

So geschah es, wohin Buddha auch ging. Und er war so jung und so schön, er hatte nie die Straße betreten, und so erkannte jeder sofort, wohin er auch kam, dass dies ein Prinz war, dass er kein Bettler war – und dann gab ihm jeder den Rat, zurückzukehren. Der Geist lebt durch seine eigenen Vorstellungen, denkt durch seine eigenen Vorstellungen. Ihr könnt den Geist nicht beiseite legen und nur schauen. Dieser alte Mann, der zu Buddha kam, verpasste eine Gelegenheit. Es mag in Millionen von Leben nicht wieder vorkommen. Aber er belehrte den größten aller Lehrer, er wollte ihm etwas beibringen, er wollte, dass Buddha etwas von ihm lerne. Er hatte selbst nichts gewonnen, er war nirgends angekommen.

Ihr könnt über jeden Meister nachdenken und ihr werdet finden, dass er sich nicht korrekt verhält. Vergesst nicht, wenn ihr nachdenkt – ich wiederhole – werdet ihr immer zu dem Schluss kommen, dass er sich nicht korrekt verhält. Wenn ihr hinseht, nicht nachdenkt, werdet ihr erkennen, dass er sich immer korrekt verhält. Er dachte nach, er kalkulierte. Es war für ihn so klar: fünfhundert Goldstücke – sein ganzes Leben war in dem Sack. Und dieser Mann sagte einfach: „Schön, ich will es nehmen."

„In dem Sack da sind fünfhundert Goldstücke",
gab Umezu zu verstehen ...

Er dachte: „Vielleicht hat er es überhört. Vielleicht ist er in Meditation oder sonst wo, denn wie kann es sein, dass ich ihm fünfhundert Goldstücke gebe und alles, was er sagt ist: *Schön, ich will es nehmen.* Er ist nicht ganz da! Also gibt er einen Wink.

„In dem Sack da sind fünfhundert Goldstücke",
gab Umezu zu verstehen.
„Das hast du mir schon gesagt", sagte Seistsu ...

Er sagte: „Es ist unnötig, warum wiederholst du dich? Ich habe es gehört." Das war noch schlimmer. Kein Dankeschön kommt aus dem Mann, und nun reagiert er nicht mal auf den Wink – es scheint, er war sogar ein bisschen ärgerlich, denn er sagte: *Das hast du mir schon gesagt.* Du brauchst es nicht zu wiederholen.

„Auch wenn ich ein reicher Kaufmann bin,
fünfhundert Goldstücke sind viel Geld ... ", sagte Umezu.

Es geschah einmal: In Japan entdeckte man, dass ein bestimmter Erleuchteter immer wieder festgenommen wurde – manchmal war es Diebstahl, manchmal etwas anderes, immer ein krimineller Akt, belanglose Sachen: er stahl zum Beispiel ein bisschen Geld. Und er war ein Erleuchteter! Sechsundzwanzig Mal in seinem Leben wurde er eingesperrt. Als er das letzte Mal aus dem Gefängnis kam, war er achtundsiebzig. Aber die, die Schüler von ihm waren, die kannten ihn. Und als er wieder einmal ins Gefängnis musste, hatten seine Schüler ihn gefragt: „Warum machst du sie eigentlich immer wieder?"

Er sagte: „Wer soll sonst ins Gefängnis gehen und versuchen, diese Halunken meditativ zu machen? Wer würde dann hingehen? Ich muss stehlen, das ist der einzige Weg, an diese Leute ranzukommen. Und mir macht das nichts. Ich hab helfen können, und dort gibt's wirkliche Übel. Ich werde dort gebraucht. Aber das ist die einzige Möglichkeit, wie ich hineinkommen kann, anders würden sie mich nicht reinlassen. Das ist die einzige Währung, die gefordert wird." – Ein Erleuchteter muss mit euch Halunken leben.

Aber wenn ihr bereit seid, die Neurose des Geldes und die Ekstase der Liebe zu verstehen, dann werdet ihr auch fähig sein, dies zu verstehen: dass der Gebende dankbar sein muss. Gib und sei dankbar! Denn der andere hätte auch ablehnen können. Diese Möglichkeit gibt es für diesen Geizhals nicht. Er kann sich nicht vorstellen, wie jemand fünfhundert Goldstücke ablehnen könnte. Er weiß es nicht, aber er hätte abgelehnt werden können. Der Meister hätte den Sack aus dem Tempel werfen und sagen können: „Lade deinen Müll woanders ab.

Es geschah einmal:

Ein Mann, der auch mit fünfhundert Goldstücken ankam – diese Geizhälse haben ihre eigene Mathematik; fünfhundert scheint das Äußerste, die Grenze zu sein, über die können sie nicht hinausgehen – so einer kam also zu Ramakrishna. Ramakrishna war sogar noch gefährlicher. Er sagte nicht nur: „Schön, ich will es nehmen, sondern benahm sich viel unhöflicher. Er sagte: „Okay, und jetzt geh zum Ganges und wirf alles hinein."

Der Mann konnte nichts mehr ändern, denn Ramakrishna hatte gesprochen: er bekam Angst. Es war für ihn unmöglich, zum Ganges zu gehen und fünfhundert Goldstücke hineinzuwerfen. Aber wenn Ramakrishna es sagt ... trotzdem, er zögerte.

Ramakrishna sagte: „Warum zögerst du? Hast du mir das Geld nicht gegeben? Dann ist es mein Geld? Geh und wirf es in den Ganges, denn im Augenblick brauche ich es nicht, und der Ganges braucht es."

Also ging der Mann, sehr langsam natürlich, und er kam nicht zurück! Eine Stunde verging, zwei Stunden vergingen, und Ramakrishna schickte ein paar Jünger, um nachzusehen, was aus dem Mann geworden war. Hatte er das Geld retten wollen und war ertrunken? – Geizhälse bringen so was fertig. So gingen die Jünger und sahen nach. Es war eine große Menschenmenge da, er hatte eine große Schau daraus gemacht. Er nahm immer nur eine Goldmünze und warf sie dann auf einen Stein – kling-klang! Der Ton! Und viele Leute standen dabei. Er zählte mit: einhunderteins, einhundertzwei, einhundertdrei... und warf sie dann in den Ganges.

Die Jünger berichteten also: „Dieser Mann ist ein perfekter Exhibitionist! Er hat eine große Menge um sich versammelt und wirft jede Münze einzeln rein, er zählt sie und macht alles ganz langsam."

Ramakrishna ging hin, versetzte dem Mann einen Schlag und sagte: „Wenn man hortet, muss man zählen. Aber wenn man entsagt. Was machst du da? Wenn man es wegwerfen muss, kann man den ganzen Sack wegwerfen!"

Aber die Leute entsagen und zählen trotzdem – sie haben nicht entsagt. Die Geber sollten die Dankbaren sein. Gib und sei dankbar. Wenn du dieser Regel folgen kannst, wird der alte Eimer zu Boden fallen, wird das Wasser ausfließen. Die ganze *Maya* verschwindet.

Kein Wasser – kein Mond.

Jetzt kannst du zum Himmel aufsehen, zum wirklichen Mond. Er ist immer da, aber ihr seid vom Spiegelbild gefangen.

Liebe ist der wirkliche Mond; Geld ist das Spiegelbild.

9

Ein Philosoph fragt Buddha

Ein Philosoph kam einmal zu Buddha und fragte ihn:
„Ohne Worte, ohne das Wortlose –
kannst du mir die Wahrheit sagen?"
Der Buddha bewahrte Schweigen.
Da verbeugte sich der Philosoph, dankte Buddha und sagte:
„Durch dein liebendes Mitgefühl habe ich meine Illusionen
durchschaut und den wahren Weg betreten."
Nachdem der Philosoph gegangen war,
fragte Ananda den Buddha, was der Philosoph erlangt hätte.
Der Buddha antwortete:
„Ein gutes Pferd läuft schon
beim bloßen Schatten der Peitsche."

Ein Philosoph fragt Buddha

ES KOMMT NUR SEHR SELTEN VOR, DASS EIN PHILOSOPH ZU EINEM Buddha kommt. Es ist fast unmöglich. Aber wann immer es geschieht, kann es eine Revolution geben, kann es für den Philosophen die Transformation bedeuten. Warum ist es für einen Philosophen so ausgeschlossen, zu einem Buddha zu gehen? Weil Philosophie und Religion wirklich Gegensätze sind; ihre Ansätze sind völlig gegensätzlich, diametral entgegengesetzt.

Die Philosophie glaubt an das Denken, und Religion glaubt an Vertrauen. Ein Denker kann leicht zweifeln, aber nicht leicht vertrauen. Ein Philosoph braucht einen Geist, der zweifelt, einen sehr skeptischen Geist. Um religiös zu sein, muss man tief vertrauen können – kein bisschen skeptisch, kein bisschen zweiflerisch sein. Der Philosoph lebt aus Logik, der religiöse Mensch lebt aus Liebe, und es gibt keine Möglichkeit, Liebe und Logik zusammenzuführen. Es ist unmöglich, sie treffen sich nie. Ihre Wege kreuzen sich nie. Sie mögen parallel laufen wie Eisenbahnschienen, aber sie treffen sich nie. Sie mögen sich sehr nahekommen, aber sie bleiben immer parallel. Selbst wenn ihr glaubt, dass sie sich irgendwo treffen, ist das nur Illusion.

Stellt euch einmal auf ein Bahngleis und seht auf die parallellaufenden Schienen: am weit entfernten Horizont scheinen sie zusammenzulaufen – aber sie laufen nicht zusammen. Es ist eine Illusion. Geht dorthin und ihr werdet sehen, dass sie nach wie vor parallel sind. Zwei parallele Linien können sich nie treffen. Herz und Kopf sind Parallelen; sie kommen nie zusammen. Ihr könnt springen: ihr könnt von der einen Linie zur andern springen – das ist möglich. Ihr könnt vom Kopf ins Herz springen, aber sie berühren sich nicht – es ist ein Sprung.

Wenn ihr zu sehr an den Kopf glaubt, mit andern Worten, an den Zweifel glaubt, wird dieser Sprung unmöglich. Es hat schon große Philosophen gegeben; sie haben immerzu gelehrt, und sie haben gegrübelt und nachgesonnen, und sie haben große Systeme entworfen, Wortwunder, aber sie sind nicht näher an die Wahrheit herangekommen, als jeder unwissende Mensch. Vielmehr das Gegenteil, ein unwissender Mensch mag ihr näherkommen, denn wenigstens ist er bescheiden in seiner Unwissenheit, wenigstens ist er kein Egoist, wenigstens kann er einem andern zuhören. Ein Unwissender kann wenigstens hingehen, wenn ein Buddha in die Stadt kommt, weil er weiß, dass er nichts weiß – so viel Bescheidenheit ist da. Ein Philosoph dagegen kann nicht hingehen, weil er ja Bescheid weiß! Das ist das Problem: ohne das geringste zu wissen, glaubt er zu wissen. Das passiert mir hier jeden Tag.

Wenn ein Philosoph kommt, oder ein Psychiater, einer, der an irgendeiner Universität Psychologie, Philosophie oder Religion studiert hat – dann ist es höchst schwierig, praktisch unmöglich, in irgendeine Art von Kommunion mit ihm zu treten. Man kann diskutieren, aber man trifft sich nicht – man bewegt sich nebeneinander her. Es sieht so aus, als sei man sich nahe, weil man dieselben Worte gebraucht, aber das ist nur Schein.

Warum ist es für die Logik so schwer zu lieben? Weil die Liebe einen sehr mutigen Akt erfordert – und dieser mutige Akt ist der Aufbruch ins Unbekannte. Logik ist immer ein Feigling. Sie stößt nie ins Unbekannte vor. Die Logik sagt: „Erst muss ich mich auskennen. Sobald mir das Terrain bekannt ist, geh ich los." Logik birgt kein Abenteuer. Liebe ist absolut abenteuerlich. Manchmal erscheint sie sogar töricht. Dem logisch Denkenden kommt sie immer töricht vor: „Was tust du nur? Du lässt dich aufs Unbekannte ein, ohne zu wissen, wohin du gehst? Was tust du nur! Und du verlässt das Terrain, das dir bekannt, sicher und vertraut ist? Wirst unnötig heimatlos? Gib nicht auf, was du hast. Sichere dich erst ab, was du dabei gewinnst."

Hier liegt das Problem. Logik sagt: „Sichere erst den nächsten Schritt ab, bevor du die Stufe verlässt, auf der du stehst." Aber so kannst du diese Stufe nie verlassen, denn du wirst die nächste Stufe niemals kennenlernen, solange du sie nicht betreten hast.

Ich habe gehört:
Mulla Nasruddin wollte schwimmen lernen. Er ging zu seinem Lehrer, und der Lehrer sagte: „Komm mit, ich geh zu Fuß. Es ist nicht schwer, du wirst's schon lernen. Es ist leicht, sogar Kinder lernen es."
Aber Nasruddin rutschte aus Versehen kurz vor dem Ufer aus, es war schlammig, und er fiel hin und bekam große Angst. Er rannte weit weg vom Ufer, unter einen Baum. Der Lehrer lief ihm nach und sagte: „Warum rennst du weg? Wo willst du hin?" Nasruddin sagte: „Hör zu! Jetzt bringst du mir zuerst das Schwimmen bei, dann komm ich zum Wasser. Das ist ja gefährlich! Wenn etwas schiefgeht, wer ist dann verantwortlich? Ich geh erst wieder zum Fluss, wenn ich Schwimmen gelernt habe."

Aber kann man Schwimmen lernen, ohne zum Fluss zu gehen? Und so hat Mulla Nasruddin nie das Schwimmen gelernt. Es ist zu gefährlich, der Schritt ist zu leichtsinnig.

Ein kluger Mann, ein Mann der Logik, kann diesen Schritt nicht tun. Logik wird zum Grab. Du verschanzt dich immer mehr, denn Leben ist Gefahr. Es gibt keine Chance, ihr zu entgehen. Es geht immer weiter ins Unbekannte hinein. Der Fluss geht immer in Richtung Meer. So schreitet das Leben fort: es lässt das Bekannte ständig zurück und geht ins Unbekannte weiter. So ist das Leben nun einmal! Da lässt sich nichts machen.

Wenn du etwas ändern willst, musst du den Ganges zwingen, zur *Gangotri*, seiner Quelle zu fließen – denn das ist das Bekannte – und nicht zum *Ganga Sagar,* nicht zum Meer. In der afrikanischen Mythologie gibt es einen Vogel, der „Wuffel-Wuffel!" heißt. Dieser Vogel gehört zu den sagenhaftesten Mythen der Welt. Er hat eine Besonderheit – er will nicht wissen, wo er hingeht, sondern nur, wo er herkommt; also geht er rückwärts. Er kommt nirgends an, weil er sich nur für seine Herkunft interessiert, er ist an der Vergangenheit interessiert. Es ist, als seist du alt und gingst auf den Mutterleib zu. Das ist unmöglich. Aber genauso funktioniert der menschliche Geist.

Mit Logik bewegst du dich auf die Quelle zu; mit Liebe schreitest du zur höchsten und letzten Blüte. Das sind verschiedene Dimensionen. Logik fragt: „Wer erschuf die Welt?" Sie interessiert sich für den Urheber, für die Vergangenheit, die ursprüngliche Quelle, für *Gangotri*, wo der Ganges entspringt. Liebe fragt nie, wer die Welt erschuf. Sie ist schon da, wozu sich also Gedanken machen? Wer A, B und C erschaffen hat, ist völlig egal. Was geht es dich an, wer die Welt erschaffen hat? Ob es nun eine Hindu-Gottheit war, ein *Brahma*, oder eine christliche Dreifaltigkeit – was macht das für einen Unterschied? Liebe interessiert sich nur dafür, wie die letzte und höchste Blüte aussehen wird.

Liebe ist an Buddhaschaft interessiert. Liebe interessiert sich dafür, was mit ihr selbst geschieht, mit ihrer Saat, wie eine Blüte daraus wird. Seht den Unterschied: Logik interessiert sich immer für das Bekannte, für die Vergangenheit, den Weg, der schon hinter dir liegt; Liebe interessiert sich immer für das Unbekannte, für das letzte Aufblühen, den Weg, den du noch nicht gegangen bist – nicht nur das, du hast ihn dir noch nicht einmal vorgestellt, noch nicht einmal erträumt. So also kommt es, dass nur selten ein Philosoph zu einem Buddha geht. Sie gehen in genau entgegengesetzten Richtungen: der Philosoph geht in die Vergangenheit, und der Buddha geht in die Zukunft. Ihr Ausgangspunkt mag der gleiche sein, aber ein Zusammentreffen gibt es nicht. Aber wenn ein Philosoph zu einem Buddha kommt – was selten passiert – aber wenn es vorkommt, dann findet unvermittelt eine Transformation statt.

Warum? Denn wenn ein Philosoph zum Buddha kommt, heißt das, dass er im Grunde verstanden hat, dass die Philosophie gescheitert ist. Warum sollte er sonst kommen? Er hat tief in sich das Scheitern der Logik erfahren.

Er hat sich alle erdenkliche Mühe gegeben, die Wahrheit mit ihrer Hilfe zu erkennen: durch Argumentieren, drum herum, für und wider, zugunsten, zu ungunsten ...

Er hat argumentiert und argumentiert und ist jetzt an den Punkt gekommen, wo er weiß, dass die ganze Sache sinnlos ist. Dass nichts dadurch erkannt werden kann. Dies Scheitern gibt ihm die tiefste Demut, die es überhaupt geben kann. Selbst ein unwissender Mensch ist nicht so demütig, weil er kein so großer Versager ist. Er hat das Leid des Scheiterns noch nicht erfahren. Er ist noch nicht vom Gipfel in den Abgrund geworfen worden.

Dieser Philosoph glaubte, den Gipfel erreicht zu haben. Plötzlich wurde ihm klar, dass er die ganze Zeit über im Abgrund gestanden hatte – und nur vom Gipfel geträumt hatte. Der Gipfel war nie da! Keinen Zentimeter war er vorangekommen. Die Wahrheit war ihm so unbekannt wie eh und je. Sein ganzes Leben war umsonst! Wenn jemand zu dieser Einsicht kommt, verschwindet plötzlich das Ego, und er wird bescheiden. Und solange du nicht bescheiden wirst, kannst du zu keinem Buddha kommen. Nur Bescheidenheit, tiefe Demut kann dich zu einem Buddha führen. Jetzt bist du bereit, zu lernen, denn du weißt nichts.

Es gibt also zwei Arten von Unwissenheit: gewöhnliche Unwissenheit – wenn einer nichts weiß, ohne zu wissen, dass er nichts weiß; und wenn ein Philosoph zu der Einsicht kommt, dass er nichts weiß – das ist die zweite Art von Unwissenheit ... eine sehr tiefe. Er hat erkannt, dass er unwissend ist; er ist sich völlig im Klaren darüber, dass er unwissend ist. Unwissenheit, die sich selbst erkennt, das ist der erste Schritt zur Weisheit.

Das erste, was es also zu verstehen gibt:

Ein Philosoph kam einmal zu Buddha und fragte ihn ...

Zu Zeiten Buddhas gab es viele Philosophen. Ja, damals war die größte Blütezeit des Intellekts überhaupt – nicht nur in Indien, sondern auf der ganzen Welt. Hier war Buddha und Mahavir, und Prabuddha Katyayan, ein großer Logiker; Ajit Keshakambal, ein großer Philosoph; Makhali Goshal, ein einmaliger Intellekt; Sanjaya Vilethiputta und viele andere gab es in Bihar. Ihre Namen sind heute kaum noch bekannt, denn sie bildeten keine Anhängerschaft.

Zu genau derselben Zeit gab es in Griechenland Sokrates, Plato, Aristoteles – die drei, die den gesamten Geist des Abendlands prägten. In China waren es Konfuzius, Laotse, Tschuangtse, Mencius. Es scheint, dass mit diesem weltweiten intellektuellen Höhepunkt der menschliche Geist seinen Everest erstiegen hatte.

Es gibt nur drei Kulturen: die eine ist chinesisch, die zweite indisch und die dritte griechisch. Es gibt auf der Welt nur drei Kulturen, alle andern sind nur deren Nebenprodukte. Der ganze Westen entstand aus dem griechischen Geist Athens. Die ganze chinesische Zivilisation – eine völlig andere Zivilisation – entstand aus der Auseinandersetzung zwischen Konfuzius und Laotse. Und alles Schöne, was Indien besitzt, ging aus Buddha und Mahavir hervor. Und all diese Leute lebten zum gleichen historischen Zeitpunkt.

Die Historiker sagen, dass die Geschichte sich wie ein Rad dreht: es gibt Augenblicke, da die Intelligenz auf ihrem Höhepunkt ist. Es gibt Augenblicke, da die Intelligenz absinkt. Damals war die Zeit, da die Intelligenz auf der Höhe stand. Die Zahl der Philosophen war groß, vor allem in Indien, das ganze Land war philosophisch. Die Menschen wanderten von einer Ecke zur andern und suchten Wahrheit – Tausende von Suchern! Nur wenn es Tausende von Suchern gibt, nur dann, können einige wenige erleuchtet werden. Denn es ist wie bei einer Pyramide: eine Pyramide ist sehr breit an der Basis, und dann kommt nach und nach die Spitze.

Einen Buddha gibt es nur, wenn an der breiten Basis Tausende von Menschen die Wahrheit suchen, anders kann er nicht existieren. Ausgeschlossen – er kann nicht stehen! Wo soll er stehen? Er braucht Tausende und Abertausende von Suchern. Sie bilden die Basis. In jenen Tagen wurden überall Systeme entworfen, und zwar so komplizierte, raffinierte Systeme, dass es nie wieder etwas Vergleichbares gab. Die Philosophie und Religionshistoriker sagen, dass Indien zu jener Zeit alles wusste, was die Philosophie überhaupt je erkannt hat – jede Schattierung und Nuance des Denkens, jeden Ansatz. Indien erforschte damals alle Wege und Möglichkeiten; jede Möglichkeit wurde gründlich erörtert. Und seit jener Zeit hat es in der Philosophie nichts Neues mehr gegeben.

Und wenn ihr meint, etwas wäre neu, dann heißt das nur, dass ihr euch nicht gut mit Indien auskennt. Es hat seit Buddha nichts Neues mehr gegeben, weil damals alles erforscht und praktisch jede Möglichkeit ausgeschöpft wurde.

Im Westen kommen viele Leute zu bestimmten Erkenntnissen und glauben, damit etwas Neues beigesteuert zu haben. Es erscheint ihnen neu, weil sie es noch nicht kennen, weil sie nicht Bescheid wissen. Und noch heute liegt der ganze Schatz in Pali, Prakrit und Sanskrit vergraben – Sprachen, die keiner mehr spricht, die außer Gebrauch sind; aber jede Spielart des Denkens ...

Zum Beispiel glaubte man an eine sehr revolutionäre Entdeckung, als Sigmund Freud zum ersten Mal erklärte: „Ich vermute, dass unser bewusster Geist nicht das ganze Bewusstsein ist. Tief unter dem Bewusstsein gibt es eine unterbewusste Schicht. Und jenseits davon vermute ich sogar eine unbewusste Schicht."

Aber zu Buddhas Zeiten war dies bekannt. Nicht nur dies – Buddha sprach von noch mehr Schichten. Er spricht von sieben Schichten des Bewusstseins. Diese drei, von denen Freud spricht, die gibt es, aber es gibt noch vier weitere. Und wenn es bis zur dritten stimmt, dann besteht jede Möglichkeit, dass es auch jenseits davon stimmt; denn er ist auf der richtigen Spur. So nahm Jung an, dass es jenseits vom Unbewussten ein kollektives Unbewusstes gibt ... das ist bei Buddha die vierte Schicht.

Heute ist die gesamte Psychologie zu dieser vierten Schicht vorgedrungen. Alle vier sind bei Jung vertreten, aber es gibt noch drei weitere. Früher oder später werden wir sie entdecken. Auch hat es nie wieder eine so hohe Einschätzung des Denkens und der Logik gegeben, wie damals. Und die Haarspalterei ging bis ins äußerste Extrem!

Buddha spricht von sieben Schichten des Geistes, und Prabuddha Katyayan spricht von siebenhundert Schichten des Geistes. Nicht zu fassen! Aber sehr logisch, und natürlich ist es möglich, den Geist in siebenhundert Schichten aufzuteilen. Nichts ist unmöglich.

Zu jener Zeit kam ein Philosoph zu Buddha.

Versucht zunächst, Buddhas Lage zu verstehen. ‚Buddha ist so antimetaphysisch, wie man es sich nur vorstellen kann; er ist kein Philosoph. Wirklich, ihr könnt keinen anti-philosophischeren Menschen als Buddha finden, denn für ihn sind alle philosophischen Fragen Unsinn.

Die zwei Grundanschauungen im Westen sind heute die von Bertrand Russell und von Wittgenstein. Und Wittgensteins Standpunkt ist, dass alle philosophischen Fragen und Antworten Unsinn sind. Wenn du trotzdem eine Frage stellst, eine philosophische Frage, beantwortet sie Bertrand Russell: Ja oder Nein. Buddha hat nie geantwortet. Denn wenn es Unsinn ist, warum dann antworten?

Buddha verharrte in Schweigen. Daher war es Routine geworden, dass jedes Mal, wenn Buddha in einen Ort kam, seine *Bhikkhus* in die Stadt gingen und die Leute informierten: „Stellt bitte diese elf Fragen nicht." Sie hatten eine Liste von elf Fragen, und mit diesen elf Fragen erschöpfte sich die gesamte Metaphysik; über diese elf hinaus lässt sich nichts fragen. Sie umfassen das ganze Reich philosophischer Fragestellungen.

Ehe Buddha also zu einer Stadt kam, gingen die *Bhikkhus* voraus und verbreiteten die Nachricht: „Bitte fragt nicht über diese elf Dinge, weil er sonst nicht antwortet. Wenn ihr etwas außer diesen elf Fragen wissen wollt, könnt ihr kommen, ihr seid eingeladen."

Aber es gibt außer diesen elf Fragen nichts. Was also tun?

Dieser Mann war kein Philosoph, war kein Skeptiker, er glaubte nicht an den Zweifel. Er glaubte so wenig an den Zweifel, dass er nie von Vertrauen sprach. Das muss verstanden werden; denn Vertrauen ist nur nötig, wenn du Zweifel hast. Wenn du nicht zweifelst, wieso dann überhaupt von Vertrauen reden? Alles Reden über Glaube zeigt, dass der Zweifel sich eingeschlichen hat. Er hat nie gesagt: „Glaube!", weil es für ihn nicht ums Glauben oder Nichtglauben ging. Man muss *sein*. Es ist keine intellektuelle Frage; denn Glaube und Zweifel bleiben beide intellektuell. Von woher zweifelt man? Vom Kopf her. Von woher glaubt man? Vom Kopf her. Dein Glaube hat also die gleiche Wurzel. Sie ist längst vergiftet. Wer glaubt? Und wer zweifelt? Du bist der gleiche, und du bist das Problem.

Buddha trifft also die Wurzel, wenn er sagt: „Nicht nötig zu vertrauen, nicht nötig zu zweifeln. Kommt einfach zu mir und *seid*. Geht weder in das eine Extrem, noch ins andere. Nehmt keinen Standpunkt ein, seid einfach in der Mitte." Darum ist sein Weg als Mittelpfad bekannt – *Maj-jhim Nikaya* – geh nie ins Extrem. Das gehört zu den ursprünglichsten Entdeckungen über den menschlichen Geist und seine Funktionsweise, denn das Denken schlägt immer gerne ins Gegenteil um.

Du liebst einen Menschen. Durch deine Liebe vergrößerst du ihn, und er wird zum Gott. Wenn dann die Liebe verschwindet, fängst du augenblicklich zu hassen an. Niemand bleibt in der Mitte stehen – danach machst du genau das Gegenteil. Dann schrumpft dieser Mensch in deinem Hass und wird zum Teufel. Gibt es irgendeine Möglichkeit, zwischen Gott und Teufel zu stehen, und nicht ins Gegenteil umzuschlagen? Der Geist fühlt sich sehr wohl dabei, vom einen ins andere umzuschlagen. Das ist kein Problem, so macht ihr es seit eh und je. Ihr zweifelt an jemandem, dann könnt ihr glauben; ihr glaubt an jemanden, dann könnt ihr zweifeln.

Buddha sagt, dass man in der Mitte stehenbleiben soll, weil es in der Mitte keinen Geist gibt. Geist existiert nur in den Extremen. Liebe? – der Geist ist da. Hass? – der Geist ist da. Für? – der Geist ist da. Dagegen? – der Geist ist da. In der Mitte kann der Geist nicht existieren. In der Mitte gibt es keine Möglichkeit für irgendeinen Gedanken, denn der Gedanke trägt entweder Zweifel oder Vertrauen, Liebe oder Hass, Feindschaft oder Freundschaft. Und ihr wisst sehr gut, dass in jedem Freund ein Feind steckt, und in jedem Feind ein möglicher Freund.

Einer der raffiniertesten Geister der Welt, Machiavelli, hat in seinem Buch „Der Fürst" geschrieben: „Sage nichts, nicht einmal zu einem Freund, was du nicht auch zu einem Feind sagen würdest, denn ein Freund kann vielleicht jeden Tag zum Feind werden. Und sag nichts gegen einen Feind, was du nicht auch gegen einen Freund sagen würdest, denn das kann dich jederzeit in Schwierigkeiten bringen. Wenn der Feind zum Freund wird, bist du in Verlegenheit." Und das ist der Rat eines Politikers an Fürsten, an andere Politiker.

Politiker sind also auf der Hut. Je erfahrener sie werden, desto weniger könnt ihr an ihren Worten, ihren Behauptungen ablesen, gegen wen sie reden und für wen sie reden. Ihre Worte werden immer ungreifbarer, damit sie möglichst nicht in Schwierigkeiten kommen, wenn der Freund zum Feind wird, wenn der Feind zum Freund wird ... Und die Politik wechselt wie das Wetter, jeden Tag; es ist wie mit dem Wetter, man kann nie wissen.

Ich habe gehört:
Zwei Politiker unterhielten sich über einen dritten Gesinnungsgenossen. Der eine sagte: „Er ist so unehrlich, so gerissen, so gemein, wie ich sonst keinen kenne. Er ist der unehrlichste Mann hier. Und ich habe das Gefühl, dass du ihn nicht so gut kennst, wie ich."
Der andere Mann sagte: „Nein, du irrst dich. Ich kenne ihn auch sehr gut."
„Wie kannst du ihn denn so gut kennen?" fragte der erste.
„Ich bin sein bester Freund!"

Nur Freunde kennen sich sehr gut. Und er sagt, dass er der unehrlichste, der größte Schurke von allen sei. Er sagt: „Woher willst du ihn so gut kennen? Ich bin sein bester Freund." Freundschaft und Feindschaft sind die zwei Gesichter einer Haltung. Bleibt in der Mitte stehen! Und Buddha blieb in der Mitte stehen. Er half vielen Leuten, in der Mitte stehenzubleiben. Es ist wie Seiltanzen – habt ihr schon einmal einen Seiltänzer beobachtet? Was genau macht er?

Hier offenbart sich eine der tiefsten Wahrheiten des Lebens. Wann immer er das Gefühl hat, dass er nach links fallen wird, neigt er sich augenblicklich nach rechts. Es mag euch nicht sichtbar sein, weil ihr meint, er neigt sich nach rechts, lehnt sich nach rechts. Aber jedes Mal, wenn er sich nach rechts lehnt, weiß er, dass er im Begriff war, nach links zu fallen. Um es auszubalancieren, wenn er spürt, gleich nach rechts zu fallen, lehnt er sich sofort nach links.

Man muss das Gegenteil suchen, um das Gleichgewicht herzustellen. Wenn du einen Menschen am Morgen zu sehr liebst, musst du ihn am Abend hassen. Andernfalls wirst du vom Seil stürzen – es ist ein Seiltanz. Wenn du einen Menschen zu sehr liebst, hast du dich zu sehr nach links gelehnt. Jetzt wirst du abstürzen. Um Gleichgewicht zu halten, musst du dich nach rechts lehnen.

Liebende sind immer am Kämpfen, das ist nichts als ein Balancieren; nichts weiter, nichts Ernstes. Es ist ganz natürlich, außer man steigt vom Seil herunter; das ist dann etwas anderes.

Das ist es, was Buddha sagt. Buddha sagt: „Lehne dich nicht nach rechts; lehne dich nicht nach links." Was passiert dann? Dann fällst du vom Seil. Und dies Seil ist dein Geist, dies Seil ist dein Ego. Du musst es ausbalancieren, ständig ausbalancieren. Darum sieht es so paradox aus. Wann immer du deine Geliebte, deine Frau, deinen Freund hasst, versuchst du in Wirklichkeit nur, das Gleichgewicht herzustellen, sodass du wieder lieben kannst. Sonst fällst du vom Seil des Geistes herunter.

Und ohne Geist keine Liebe, keinen Hass – jedenfalls nicht der Hass, den ihr kennt, nicht die Liebe, die ihr kennt. Die gibt es dann nicht. Eine andere Art der Menschenliebe steigt auf, die jenseits dieser Dualität ist. Aber die kommt erst, wenn du das Seil verlassen hast, die Anstrengung aufgegeben hast, dich auf dem Seil zu halten. Wenn du dich verloren gibst, ist dein Ego verloren – das Ego ist ein subtiler Balanceakt.

> Ein Philosoph kam einmal zu Buddha
> und fragte ihn: „Ohne Worte, ohne das Wortlose –
> kannst du mir die Wahrheit sagen?"

Er verlangt etwas Unmögliches. Aber bei einem Buddha wird das Unmögliche möglich. Und nur bei einem Buddha wird das Unmögliche möglich. Dort bei ihm sind alle Gesetze, alle üblichen Gesetze, aufgehoben. Was ist die Frage?

Er fragt:

> Ohne Worte und ohne das Wortlose –
> kannst du mir die Wahrheit sagen?

Das ist schon oft vorgekommen. Es war auch bei Buddha schon früher einmal vorgekommen, aber das muss ein Mann von sehr anderer Qualität gewesen sein, denn Buddha verhielt sich anders. Ein Buddha hat keine festen Antworten. Er hat keine festen Vorstellungen, weil er keinen Geist hat. Wann immer ein Mensch vor ihn hintritt, ist er genau wie ein Spiegel – er spiegelt den Menschen wider. Wenn ein anderer die gleiche Frage stellt …

Dieser Mann hatte gefragt: „Herr, könnt Ihr mir etwas über die Wahrheit sagen, ohne Worte zu gebrauchen?", und Buddha hatte gesagt: „Dann musst du fragen, ohne Worte zu gebrauchen. Frag du, ich antworte. Wenn du nicht ohne Worte fragen kannst, wie willst du da …? Also geh und lerne es erst. Wenn du soweit bist, zu fragen ohne Worte zu gebrauchen, dann komm."

Aber diesem Philosophen antwortete Buddha nicht so. Dieser Mann hatte in Wirklichkeit eine andere Frage gestellt, denn dieser Mensch war anders. Die Frage enthält die Bedeutung des Fragenden. Die Frage trägt die Bedeutung nicht in den Worten. Sie enthält dich, so wie du bist. Du kannst die gleiche Frage stellen, aber sie kann nicht dasselbe bedeuten. Wenn du anders bist, wird die Frage anders sein. Ein Wort enthält die Bedeutung dessen, der es sagt. Ein Wort an sich ist ohne Bedeutung. Ihr mögt Lexika befragen, ihr mögt die Bedeutung von Wörtern erfahren, aber das ist keine wirkliche, keine lebendige Bedeutung. Sie ist tot.

Wenn ein Mensch ein Wort benutzt, gibt er ihm eine lebendige Bedeutung, eine wirkliche Bedeutung. Der Sinn kommt von dem Menschen.

Was fragte dieser Mann? Es war eine sehr subtile Frage:

„Ohne Worte und ohne das Wortlose –
kannst du mir die Wahrheit sagen?"

Ohne Worte ist es einfach – du kannst still bleiben. Aber ohne das Wortlose wird es unmöglich, denn schweigst du, gebrauchst du das Wortlose. Und der Mann hatte gefragt: „Gebrauche weder Worte noch Nicht-Worte und sag mir die Wahrheit." Schweigen hilft nicht,

Worte helfen nicht. Sprache ist kaum zu gebrauchen und Schweigen ist kaum zu gebrauchen. Was also soll Buddha machen?

> Der Buddha bewahrte Schweigen.

Aber dies Schweigen ist anders. Es gibt zweierlei Schweigen. Wenn ihr still bleibt, ist es eine erzwungene Stille. Es gibt Worte im Innern, da ist es laut. Die Stille ist nur an der Oberfläche. Du siehst still aus, aber bist nicht still. Das ist die Art von Schweigen, die ihr kennt. Es gibt ein anderes Schweigen, bei dem man sowohl an der Oberfläche still ist, als auch innen zur Stille gezwungen wird: wenn man zum Beispiel in Gefahr ist, wenn jemand droht, dich zu töten, bist du in dem Moment auch innen still, aber diese Stille wird wortlos sein.

Das erste Schweigen – bei dem du oberflächlich still warst und innen die Worte weiterplapperten – war ein Schweigen mit Worten. Dies Schweigen dagegen ist wortlos, es ist nicht mehr laut innen, denn in einer gefährlichen Situation, im Schock, hört der Lärm auf. Aber das ist immer noch nicht das Schweigen des Buddhas. Das Schweigen eines Buddhas ist die dritte Art von Schweigen, die ihr noch nicht kennt. Dies Schweigen ist weder laut noch nicht-laut.

Buddha ist nicht still, weil er seine Worte zum Schweigen gebracht hat – es ist keine Stille der Anstrengung – er schweigt einfach, weil es sonst nichts zu tun gibt. Dies Schweigen ist positiv, es ist nicht das Gegenteil von Worten. Dies Schweigen ist in der Mitte, nicht am andern Extrem. Das eine Extrem sind Worte, das andere Extrem ist Wortlosigkeit.

Dies Schweigen ist genau in der Mitte. Da ist kein Wort, da ist keine Wortlosigkeit. Er ist einfach still – nicht gegen das Laute. Wenn du gegen das Laute bist, dann kann dein Schweigen sehr leicht gestört werden. Ihr kennt viele Leute, die es stört, wenn sie beten oder meditieren, und dann ein Kind zu lachen oder zu kichern anfängt. Da ist irgendein Lärm auf der Straße, Verkehrslärm, jemand hupt, und sie fühlen sich gestört. Eine aufgesetzte Stille ist ganz leicht zu stören. Nur eine aufgesetzte Stille kann gestört werden. Aber wenn du wirklich im Sinne Buddhas still bist, dann kann ein Kind kichern, können Vögel singen, kann jemand hupen – es kann noch so laut sein, aber du bleibst ungestört. Der Lärm kommt und geht wie in einem leeren Zimmer: durch diese Tür kommt der Lärm herein und durch jene Tür geht er hinaus. Es ist niemand da, der gestört werden könnte.

Aber wenn dein Schweigen erzwungen ist, dann bist du da, ist das Ego da – nur auf deinen Gedanken reitend, nur den Geist zügelnd, nur damit beschäftigt, sich um jeden Preis still zu machen. Das ist eine gezwungene, eine angestrengte Stille. Sie kann sehr leicht gestört werden, sogar ein Kind kann sie stören. Was soll das für eine Buddhaschaft sein?

Das ist nicht Buddhaschaft, das ist Falschmünzerei. Denkt daran, während ihr meditiert, wird das euer tiefstes Problem sein. Gewöhnlich plappert ihr; ihr könnt das Plappern gewaltsam abschalten. Es ist genau wie bei einem Kind, das spielt und herumrennt und viele unsinnige Dinge tut, und dem ihr dann mit Strafe drohen könnt: „Setz dich in die Ecke." Und du bist stark, das Kind ist hilflos, also setzt es sich in die Ecke und sieht ganz wie Buddha aus – aber innen brodelt und explodiert es und wartet nur darauf, wieder loszurennen. Seht euch ein Kind an, wenn ihr es gezwungen habt – das ist die zweite Art von Schweigen. Es bewegt sich nicht; wenn ihr es zu sehr einschüchtert, bewegt es nicht einmal den Körper. Es schließt die Augen, aber was tut es in Wirklichkeit? Es zwingt sich, kämpft gegen sich an, ist dauernd angestrengt. Es unterdrückt sich, setzt sich auf die eigene Brust. Es wird nicht atmen können vor Angst. Denn mit dem Atmen geht alle Bewegung los.

Das ist der Grund, warum niemand wirklich atmet. Ihr habt das volle Ausmaß des Atmens seit eurer Kindheit verlernt, als aller Zwang begann. Jeder atmet nur von den oberen Lungen her. Der Atem kann nicht tief gehen, weil ihr Angst habt. Seit frühster Kindheit hat man euch Zwang angetan. Seht euch ein Kind beim Schlafen an. Seht, was passiert: seine Brust bleibt unbewegt, sein Bauch bewegt sich. Sein Atem geht so tief es nur geht, bis zum tiefsten Grund. Sein Bauch bewegt sich, seine Brust nicht. Dies Kind gehört noch nicht der Gesellschaft an, es ist noch kein Bürger, es ist noch ungezähmt. Ihr müsst es trainieren, und dabei müsst ihr Zwang anwenden – und wann immer ihr zu einem Kind sagt: „Tu das nicht!", was muss es da tun, um sich selbst zu zügeln?

Das erste ist: Nicht atmen! Sobald ihr etwas unterdrückt, fangt ihr an, flach zu atmen. Unterdrückung und flaches Atmen geschehen gleichzeitig. Sobald ihr eure Unterdrückung abwerft, euch ausdrückt, geht der Atem tiefer. Nur wenn ihr tief schlaft, geht der Atem tiefer, weil ihr im Schlaf nichts unterdrücken könnt: das Ego ist unbewusst geworden. Im Schlaf atmet ihr also vom Bauch aus, und das ist die richtige Art zu atmen. Oder wenn ihr euch liebt, geht der Atem tiefer. Das muss er, weil sich alle Verdrängungen um den Sex herum gebildet haben, und wenn ihr im Liebesakt seid, wenn ihr den Sex zulasst, wird die Unterdrückung abgeworfen. Dann geht der Atem tief, in den Bauch, du atmest wieder wie ein Kind. Du wirst wieder wild, du wirst wieder natürlich, du wirst spontan.

Seht euch ein Kind an, wenn ihr es bedroht habt. Und dann seht euch eure Mönche in den Klöstern an! Die habt ihr auch bedroht. Voller Angst vor der Hölle, gierig nach dem Himmel, so sitzen sie dort – unterdrückt. Ihr Schweigen befindet sich am andern Pol, am andern Extrem. Sie sind wortlos, sie haben die Worte gezwungen zu verschwinden. Aber sie sind nicht über die beiden Extreme hinausgelangt.

Buddha bewahrte Schweigen. Buddha gehört der dritten Dimension an. Er sagte nichts: Worte durften nicht gebraucht werden. Aber er unterdrückte die Worte auch nicht, denn auch Wortlosigkeit war nicht erlaubt. Er blieb einfach wo er war – nicht denkend, nicht meditierend, einfach da, wie ein Baum.

Noch fünfhundert Jahre nach Buddha gab es von ihm keine Statue. Fünfhundert Jahre lang gab es kein Bild von Buddha. Und um Buddha darzustellen, zeichneten die Menschen nur den Bodhibaum. Das war schön, denn er war genau wie ein Baum. Könnt ihr diesen Baum hier still nennen? Nein, weil dieser Baum nie laut ist, wie kann er also still sein? Könnt ihr sagen, dieser Baum sei meditativ? Wie könnte er meditieren? Er hat nie gedacht; es hat nie Gedanken gegeben, wie kann er da meditieren? Wo ist aber dann dieser Baum? Dieser Baum befindet sich in der dritten Dimension, wo es kein Reden gibt, und auch kein Nicht-Reden. Dieser Baum ist in der Mitte, ganz genau in der Mitte.

Ihr mögt keine Buddhas sein, aber dieser Baum ist ein Bodhibaum. Wenn du unter einem Baum sitzen könntest, so wie der Baum, würdest du zum Buddha. Und jeder beliebige Baum kann zum Bodhibaum werden, alle Bäume sind es. Es muss nur ein Buddha kommen und entdecken, welcher Baum ein Bodhibaum ist. Setze dich unter jeden beliebigen Baum, und wenn du in der Mitte bist, wird der Baum zum Bodhibaum. Alle Bäume sind es, man braucht nur jemanden, der diesen Umstand aufdeckt, denn Bäume glauben nicht an Reklame – sonst würden sie es zeigen.

> Der Buddha bewahrte Schweigen.
> Da verbeugte sich der Philosoph, dankte Buddha und sagte: „Durch dein liebendes Mitgefühl habe ich meine Illusionen durchschaut und den Wahren Weg betreten."

Es scheint ein Wunder, oder es ist absurd; denn obwohl Buddha nichts gesagt hat, hat er verstanden. Ich habe schon viel gesagt, aber ihr habt nicht verstanden. Es gab auch bei Buddha viele, zu denen er unentwegt sprach, und sie verstanden ihn nicht. Und dieser Mann verstand ohne Worte, ohne Wortlosigkeit. Was war geschehen?

Was für eine Kommunikation spielte sich in jenem Moment ab, als Buddha Schweigen bewahrte? Kein Wissen wurde übertragen. Offensichtlich – weil sich Wissen nicht ohne Worte übertragen lässt. Man kann Wissen auch nicht ohne Wortlosigkeit übertragen; denn es gibt zwei Arten von Wissen. Einmal das gewöhnliche Wissen, das durch Worte übertragen werden kann, und dann das andere Wissen, das okkulte, das durch Wortlosigkeit übertragen werden kann – okkult, telepathisch. Man braucht es nicht auszusprechen, aber es kann übertragen werden. Beides war nicht erlaubt.

Jener Philosoph hatte gesagt: „Benutze keine Worte und benutze keine Nicht-Worte. Ich hab von beidem genug. Ich hab die Nase voll von extremen Gegensätzen. Ich bin zu tief in die Logik gegangen – von A bis Z. Ich habe alle Möglichkeiten der Logik gelebt, ich hab genug davon. Gib mir einfach die Wahrheit, ohne Worte und ohne Wortlosigkeit."

Und was geschah? Was war das für eine Übertragung? Was für eine Kommunion geschah in diesem Moment? Es geschah in einem einzigen Moment. Und der Philosoph verbeugte sich und dankte Buddha und sagte:

> „Durch dein liebendes Mitgefühl habe ich meine Illusionen durchschaut und den wahren Weg betreten."

Wenn ein Buddha still ist, und auch du still sein kannst, dann wird Sein übertragen, nicht Wissen. Nicht, was Buddha weiß, sondern was Buddha ist. Sein wird übertragen. Plötzlich geht er in dich hinein, wenn du still bist. Und dieser Mann, der ehrlich nach dem Wahren gefragt und ihn gebeten hatte, weder Worte noch Wortlosigkeit zu gebrauchen, der alle Qualität verneinte, dieser Mann war bereit. Buddha bewahrte Schweigen. Der Philosoph sah Buddha an – der Blick war da. Er war aufmerksam, er schenkte seine völlige Aufmerksamkeit. Was geschah? Er dachte nicht – damit war er fertig, er hatte genug gedacht!

Deshalb sage ich, wann immer ein Philosoph kommt, ist es eine Transformation. Er hatte die Nase voll. Ihr habt noch nicht die Nase voll. Ihr klammert euch noch ans Denken, denn ihr habt noch nicht bis zu Ende gedacht. Ihr hofft immer noch, dass ihr eines Tages durch Denken zu einem Ergebnis kommen könnt, denn ihr seid noch nicht bis ans wirkliche Ende gekommen. Wenn ihr ganz bis ans Ende geht, dann wisst ihr, dass das Denken nie mit einem Ergebnis aufwartet, es ist nie schlüssig. Es gibt euch nur das Gefühl, dass sich bald die Tür öffnen wird. Die Tür öffnet sich natürlich auch, aber es geht nur in ein anderes Zimmer.

Und dann wieder eine Tür. Die geht auf, aber in ein anderes Zimmer. Du kommst nie ganz raus. Das Haus scheint grenzenlos – Millionen von Zimmern. Von einem Zimmer gehst du ins nächste, und wieder ins nächste, und so gehst du immer weiter und hoffst:

„Diese Tür wird mich ins Freie führen." Sie führt auch nur wieder in ein anderes Zimmer. Wenn ihr ganz bis ans Ende gegangen seid, so wie dieser Mann, dann könnt ihr schweigend zuhören. Er wartet nicht auf irgendeine Antwort, denn er weiß: Antworten können ohne Worte nicht gegeben werden, und auch ohne Wortlosigkeit können Antworten nicht gegeben werden. Alle Antworten sind entweder das eine oder das andere.

Buddha bewahrte Schweigen. Der Mann sah Buddha an. In diesem Blick lösten sich die beiden Persönlichkeiten auf. Sie waren nicht mehr zwei – in jenem Augenblick gab es nur Eins; zwei Körper, zwei Herzen, die schlugen, aber nur ein Sein. Alle Grenzen waren überschritten. Buddha drang in ihn, betrat ihn. Es war eine Übertragung von Sein.

Der Mann schmeckte, was Buddha ist, nicht, was er weiß. Er weiß nicht viel. Man kann Buddha sehr leicht schlagen. Ihr könnt ohne weiteres mehr wissen als er – heute steht viel mehr Wissen zur Verfügung – aber darum geht es nicht. Buddha hat mehr Sein.

Gurdjieff befragte jeden Sucher – wer immer zu ihm kam; als erstes fragte Gurdjieff immer, ob sie Wissen oder Sein suchten: „Willst du mehr wissen, oder willst du mehr Sein?" Dies sind zwei grundverschiedene Dimensionen. Und wenn jemand sagte: „Ich will mehr wissen", sagte Gurdjieff: „Diese Tür ist verschlossen, ich bin nicht dazu hier, um dir Wissen zu vermitteln. Es gibt genug Institute, Universitäten, Hochschulen, die vermitteln Wissen – geh dorthin. Wenn du vom Wissen die Nase voll hast, dann komm und klopfe an. Wenn ich noch lebe, ist diese Tür offen, aber diese Tür öffnet sich nur für die, die auf der Suche nach Sein sind."

Was bringt es euch, wenn ihr Wissen erlangt? Wie kann das helfen? Jemand mag alles über Wasser wissen, aber wie kann das seinen Durst löschen? Es ist so offensichtlich dumm! Du magst wissen, dass H_2O die Grundformel allen Wassers ist, und jemand stirbt vor Durst in der Wüste und du schreibst ihm die Formel auf ein Stück Papier: „Dies ist das Geheimnis des Wassers." Er wird sagen: „Okay, dies ist das Geheimnis. Aber was ist mit meinem Durst?"

Ein Mensch stirbt aus Mangel an Liebe, und du fütterst ihn mit

Wissen *über* Liebe. Wie soll das helfen? Es gibt Bücher zu Tausenden über die Liebe, aber kein einziger Liebender kann Befriedigung durch sie finden. Wie soll das helfen? Ein Mensch stirbt, er stirbt, und du redest von Unsterblichkeit; das wird ihn nicht sättigen, das wird keine Unsterblichkeit in ihm wecken.

Sein ist nötig – jemand, der Sein vermittelt, nicht Wissen. Wissen ist außerhalb, Sein ist im Zentrum. Wissen ist an der Peripherie. Ihr seid zu mir gekommen – seid ihr gekommen, um mehr Wissen zu sammeln? Dann seid ihr an den Falschen geraten, dann verschwendet ihr eure Zeit. Aber wenn ihr auf der Suche nach Sein seid, dann ist etwas möglich. In dem Augenblick geschah dies Wunder: das Geheimnis Buddhas offenbarte sich. Es offenbart sich immer in Schweigen, wie eine Blume, die sich um Mitternacht öffnet – keiner weiß es. Sie öffnet sich in der Stille. Wer geduldig warten kann, dem kann die Blume ihr Sein mitteilen, austeilen. Buddha kam in dem Augenblick in ihn.

Ananda, der Buddhas Hauptjünger war, konnte nicht verstehen, was geschah. Denn ihm ging es um Wissen. Er wurde in gewissem Sinne gebraucht, obwohl er kein richtiger Sucher war; denn Ananda verdanken wir, dass wir alles wissen, was Buddha gesagt hat. Er sammelte es, er war das Aufnahmegerät. Heute gibt es Aufnahmegeräte, also brauche ich keinen Ananda. Und es ist auch nicht gut; etwas, das von einem mechanischen Mittel getan werden kann, sollte nicht von einem Menschen getan werden. Denn indem er es tut, wird er mechanisch. Ananda konnte sich jedes einzelne Wort merken, dass Buddha aussprach, über vierzig Jahre hin. Er war einer von jenen ungewöhnlichen Gedächtniskünstlern. Als Buddha starb, ließ er die ganzen vierzig Jahre abspulen! Tausende von Seiten zeichnete er auf. Er war nötig, aber er war kein wirklicher Sucher – ein Aufnahmegerät, ein gutes zwar, aber was ihn selbst betraf, fehlte ihm etwas.

Wenn ihr euch merkt, was ich sage, fehlt euch etwas. Seid nicht als Gedächtnis von mir. Merkt es euch nicht, sondern versteht es! Denn wenn ihr euch mit dem Merken beschäftigt, missversteht ihr mich. Und es gibt viele Leute, die denken: „Erst will ich es mir merken, dann versuchen, es zu verstehen."

Ich habe viele Leute gesehen, die sich Notizen machen. Hier bin ich und und spreche, und sie machen sich Notizen. Hier verpassen sie mich, und zu Hause sehen sie sich ihre Notizen an und wollen sie dann verstehen. Es gibt Leute, die in den Himalaja gehen, und was machen sie da? Sie suchen gute Panoramas und Motive zum Fotografieren. Dort gibt es für sie keinen Himalaja, sondern nur die Kamera. Heimgekehrt sehen sie sich dann ihr Album an und freuen sich daran. Die Bilder hättet ihr euch auch kaufen können, dazu braucht ihr nicht erst in den Himalaja zu fahren. Das machen professionelle Fotografen – ihr braucht deswegen nicht hinzufahren. Und besser als die Profis könnt ihr es doch nicht, eure Fotos werden Amateurfotos sein. Aber wenn ihr dann zu Hause sitzt, freut ihr euch über sie. Den Himalaja habt ihr verpasst, und mitgebracht habt ihr nur mittelmäßige Fotos.

Versucht zu verstehen, was ich sage! Versucht zu sein! Merkt es euch nicht. Das ist nicht nötig. Vergesst einfach, was ich gesagt habe. Wenn ihr es wirklich verstanden habt, folgt es euch wie ein Duft. Unnötig, es im Gedächtnis zu behalten; es wird zu eurem Sein gehören. In jenem Moment verstand der Philosoph. Er verbeugte sich in tiefer Dankbarkeit. Und was sagte er? Seine Worte sind sehr bedeutsam. Er sagte: *Durch dein liebendes Mitgefühl …* und nicht: „Durch deine große Weisheit …" Nein: „Du weißt so viel, du bist allwissend! Deine Weisheit, dein Wissen!" Nein, das war es nicht!

„Durch dein liebendes Mitgefühl…"

Buddha sagt, dass bei der Erleuchtung zwei Dinge im Menschen geschehen – sie blühen zugleich auf. Das eine ist *Karuna* – Mitgefühl, liebendes Mitgefühl; das andere ist Weisheit – *Prajna*. Diese beiden Dinge blühen in ihm auf. Wenn du also ein Sucher von Wissen bist, wird er durch seine Weisheit zu dir sprechen, aber das ist nicht so wichtig. Wenn du ein Sucher von Sein bist, wird er durch sein liebendes Mitgefühl zu dir sprechen – durch sein *Karuna*. Weisheit kann das Ziel verfehlen, aber *Karuna* verfehlt es nie, liebendes Mitgefühl verfehlt es nie.

Als dieser Mann sagte:

„Ohne Worte und ohne das Wortlose,
kannst du mir die Wahrheit sagen?",

– sagte er damit: „Ich bin nicht hier, um mehr zu wissen, davon hatte ich schon immer mehr als genug. Ich habe viel Wissen gesammelt, aber das kann einem niemals die Freiheit geben. Vielmehr das Gegenteil, es wird zur Gefangenschaft. Jetzt bin ich hier, um etwas über das Sein zu erfahren. Um selbst zu sein. Ich möchte den Geschmack davon, nicht die Worte. Ich möchte hineingehen."

Buddha blieb still und sah den Mann aus seinem ganzen Sein heraus an, mit einem tiefen Strom von Liebe und Mitgefühl. Wann immer du jemanden mit tiefer Liebe ansiehst, fließt etwas von dir in den andern über, so wie ein Fluss ins Meer fließt. Aber der andere muss ganz wie ein Tal sein, nur dann kann er strömen, sonst nicht.

Erst kürzlich hat mich jemand gefragt: „Ich bin zu dir gekommen, und du sitzt auf dem Stuhl und ich sitze auf dem Boden. Warum? Warum kein Stuhl für mich?" Ich sage: „Du kannst einen haben, ich verliere nichts dabei. Du kannst sogar einen noch höheren Stuhl haben als ich oder aufs Dach gehen und dort sitzen; ich verliere nichts dabei. Du wirst viel verlieren; denn es ist nur symbolisch."

Du musst ein Tal sein, nur dann kann der Fluss fließen, genau wie Wasser zum Tal hinabfließt. Du musst ein Tal sein – eine tiefe Demut, eine Empfänglichkeit, ein Schoß – damit du empfangen kannst. Dieser Mann saß still vor Buddha – demütig, bereit zu empfangen. Und Buddha blickte ihn mit tiefer Liebe an, unendlicher Liebe, er floss in ihn über ... Und er kostete davon! Für einen Augenblick lebte er Buddha. Er sah es leuchten, als wäre für einen Augenblick die Dunkelheit fort und es blitzte.

Einen einzigen Augenblick lang berührte Buddhas Sein diesen Mann, und es blitzte – alles war anders.

Er verbeugte sich in tiefer Dankbarkeit und sagte:
„Durch dein liebendes Mitgefühl

habe ich meine Illusionen durchschaut."

Illusionen können nicht mit Theorien durchschaut werden. Keine Philosophie kann helfen. Illusionen sind sehr real; sie brauchen etwas, das wirklicher ist als sie, nur dann können sie durchschaut werden. Wenn du in den Illusionen des Sex gefangen bist, können dir keine Theorien helfen. Nur die Liebe, die dir entgegenströmt, kann sie vertreiben, weil Liebe eine höhere Realität ist als Sex.

Wenn du in Illusionen über die Welt gefangen bist, kann nur ein Buddha sie zerstören. Wenn er in dich strömt, dann gibt es für diesen Augenblick keine Welt mehr. In diesem Augenblick gab es nur Buddha, es gab keine Welt. In diesem Augenblick war nicht einmal der Sucher mehr da. Er sagte:

„... ich habe meine Illusionen durchschaut
und den wahren Weg betreten."
Nachdem der Philosoph gegangen war,
fragte Ananda den Buddha ...

Es muss ihm ein Rätsel gewesen sein, was da passiert war. Buddha hatte nichts gesagt. Hätte er, Ananda hätte es aufgezeichnet. Wenn ich schweige, nimmt dieses Aufnahmegerät hier nichts auf. Das Aufnahmegerät würde, wenn es sprechen könnte, fragen: „Was ist los?", denn ein Aufnahmegerät kann nur das Greifbare aufzeichnen, den Ton, das Körperliche. Das Spirituelle geht völlig über seinen Horizont. Ananda war völlig perplex – „Was ist passiert?"

Er muss bereit gewesen sein und gewartet haben: „Dieser Mann hat eine wichtige Frage gestellt. Was wird Buddha jetzt sagen?" Und dann sagte Buddha – nichts. Nicht nur das – denn es kam oft vor, dass Buddha nichts sagte, das war nichts Neues ... sondern dieser Mann verbeugte sich, als hätte er etwas empfangen. Er sagte: *Ich habe den wahren Weg betreten.* Und er sagte: *Durch dein liebendes Mitgefühl habe ich all meine Illusionen durchschaut.*

Ananda war anwesend, aber er bekam es nicht mit. Wie könnt ihr verstehen, was da passiert war? Warum bekam Ananda es nicht mit?

Er war nicht demütig; das war sein ganzes Problem. Er war ein Vetter Buddhas, ein älterer Vetter; das war sein ganzes Problem. Tief drinnen hielt er immer daran fest, dass er älter als Buddha war. Er hatte diesen Mann schon als ein ganz kleines Kind gekannt: „Er mag in gewisser Hinsicht weise geworden sein, er mag mir etwas voraus haben, aber schließlich bin ich sein älterer Bruder." Dies blieb in seinem Unbewussten haften, dies setzte die Schranke. Es war sehr schwierig für ihn.

Wenn ein Jesus in eine Familie hineingeboren wird, ist es für die Mutter, für den Vater, für die Brüder, die Schwestern, die Familie, für die Stadt, sehr schwer, ihn anzuerkennen. Unmöglich! Denn wie kannst du es für möglich halten, dass in deiner Familie ein Wunder geschieht? Wie kannst du glauben, dass mit diesem Menschen ein Wunder geschehen ist, und nicht mit dir? Nein, das ist nicht möglich. Du kennst dich selbst sehr gut, und andere auch. Entweder macht dir dieser Mensch was vor, oder ihm ist eine Kleinigkeit passiert, die dir auch passieren kann – ein bisschen Anstrengung, mehr ist nicht nötig.

Dies blieb für Ananda die Schranke, und so blieb er blind. Er fragte, nachdem der Philosoph gegangen war, was er denn erlangt hätte: „Ich kann nämlich nichts erkennen, was kommuniziert worden wäre. Ich kann nichts entdecken, und dieser Mann sagt, er hätte den Weg gefunden, den Weg betreten. Was ist passiert?"

Der Buddha antwortete – und seine Antwort ist wunderschön:

„Ein gutes Pferd läuft schon
beim bloßen Schatten der Peitsche."

Es gibt dreierlei Pferdetypen – und alle drei gibt es auch hier! Erster Typ: wenn du es nicht schlägst, bewegt es sich nicht vom Fleck. Schlägst du es, wird es die Last ein bisschen weitertragen. Hältst du ein, bleibt es stehen. Du musst ständig darauf einschlagen: mit dem Stock, mit der Peitsche – nur dann werden kleine Fortschritte gemacht. Dann gibt es eine andere Art Pferd: man muss es nicht so schlagen. Du brauchst bloß zu drohen und ihm zeigen, dass du es schlagen wirst, und es bewegt sich. Und dann gibt es einen dritten Pferdetyp – den besten. Nur der Schatten der Peitsche, nicht einmal die Peitsche selbst, nur der Schatten der Peitsche genügt – du brauchst sie nicht einmal zu heben, schon die bloße Möglichkeit ... und es läuft los. Dieser dritte Typ von Pferd erreicht die Erleuchtung – in einem einzigen Augenblick. Buddha tat nichts. Weder peitschte er diesen Mann, noch drohte er mit Hölle und Himmel. Er sagte nicht einmal etwas, er blieb still. Und in diesem Schweigen zeigte sich der Schatten. Das war genug.

Es geschah einmal, dass drei Minister von Akbar, dem Großmogul, etwas falsch gemacht hatten. Es war ein Verbrechen, also fragte er den einen: „Was soll ich tun? Was für eine Strafe wünschst du?"

Der Mann sagte. „Es reicht, dass du fragst", ging nach Hause und beging Selbstmord. Der zweite kam für zwei Jahre ins Gefängnis, und der dritte wurde gehenkt.

Andere Minister wunderten sich, denn das Verbrechen war das gleiche: sie hatten alle drei das Verbrechen zusammen begangen, und alle drei hatten gestanden.

Sie fragten also: „Was ist das für eine Gerechtigkeit, dass dem einen überhaupt nichts gesagt wird, er kann frei nach Hause gehen; der zweite wird zu zwei Jahren Gefängnis verurteilt, und der dritte zum Galgen?"

Akbar antwortete: „Es waren drei verschiedene Pferde. Für den ersten reichte der bloße Schatten der Peitsche. Ich fragte ihn, welche Art von Strafe er wünsche, und er sagte, das reiche. Er ging nach Hause und beging Selbstmord. Das hatte gereicht. Er hatte genug Strafe erhalten. Der zweite ist für zwei Jahre ins Gefängnis geschickt worden, denn weniger als das hätte nicht gereicht. Jetzt wird er ständig denken: ‚Ich habe etwas Schlechtes getan. Sobald ich wieder frei bin, werde ich einiges wieder gutmachen.' Er fühlt keine Schuld, nur, dass er einen Fehler gemacht hat, den er wieder gutmachen will. Er denkt und sinnt, wie er wieder herauskommen kann und wie ... Für den dritten wäre selbst lebenslängliches Gefängnis nicht genug gewesen, denn er hat überhaupt nicht das Gefühl, ein Verbrechen begangen zu haben. Vielmehr glaubt er, er sei nur nicht klug genug vorgegangen und deshalb ertappt worden. Das nächste Mal würde er klüger sein, hätte er die Schliche gelernt, die nötigen Tricks – mehr und bessere – das ist alles. Er fühlt keine Schuld. Keine Bestrafung könnte diesem Mann helfen, er muss aus der Gesellschaft entfernt werden. Und der erste Mann hat sich selbst entfernt, weil das schon zuviel war."

Buddha sagte:

> „Ein gutes Pferd läuft schon
> beim bloßen Schatten der Peitsche."

Wenn du verstehen kannst, reicht der Schatten. Du hast keine Hölle nötig, denn die wird für die erfunden, die nicht hören wollen. Du hast keinen Himmel nötig, für deine Habgier und deinen Ehrgeiz. Das Leben an sich genügt, wenn du verstehen kannst. Und wenn du fühlen kannst, wirst du dich durch dein Fühlen verändern.

Eine Mutation geschieht, wenn du für das Leben mehr und mehr Gefühl bekommst. Die bloße Feinfühligkeit gibt dir Bewusstheit, Wachheit. Andernfalls kann selbst ein Buddha nichts ausrichten.

Ich habe gehört:
Mulla Nasruddin hängte sich an einen Bankier, der aus seinem Büro kam und sagte: „Haben sie vielleicht zwei *Groschen* für eine Tasse Kaffee?"

Mulla sah so notleidend aus, so traurig, dass der Mann Mitleid mit ihm hatte und sagte: „Hier ist eine Rupie, nehmen Sie, trinken sie acht Tassen Kaffee dafür."

Der Mulla zog davon. Am nächsten Tag war er wieder da und wartete auf den Stufen des Büros, und als der Bankier herauskam, schlug er ihm mit der Faust auf die Nase.

Der Mann sagte: „He, was soll das?! Und das, nachdem ich Ihnen gestern eine Rupie gegeben habe? Was ist das für ein Dank?"

Mulla sagte: „Sie mit Ihren lumpigen acht Tassen Kaffee!", und schlug ihm erneut auf die Nase. „Die ganze Nacht konnte ich kein Auge zutun."

Kein Mensch hatte von ihm verlangt, acht Tassen auf einmal zu trinken. Einen Buddha dürft ihr erst recht nicht in zu großen Dosen zu euch nehmen, sonst könnt ihr kein Auge mehr zutun … und dann wollt ihr mir eins auf die Nase geben!

Seid verständig, seid feinfühlig! Bewegt euch nach eurer Einsicht, eurer Möglichkeit, Fähigkeit. Schaut immer auf den Schatten der Peitsche und verhaltet euch dem Schatten gemäß.

Werdet wacher, immer wacher. Sonst kann sogar Religion zu Gift werden. Sonst könnt ihr eines Buddhas wegen in die Hölle fallen.

Buddha ist nicht die Gewissheit, er ist nicht die Garantie – letzten Endes kommt es auf deine eigene Bewusstheit an …

Wenn du bewusst bist, wirst du nach und nach sehen, dass dir mit der Zeit immer weniger Gedanken kommen. Der alte Eimer bricht. Das Wasser fließt aus. Es spiegelt sich kein Mond mehr darin, und nur, wenn die Spiegelung fort ist, kannst du den Himmel erblicken, den wirklichen Mond.

Kein Wasser, kein Mond.

10

Ninakawa geht

Kurz bevor Ninakawa verschied,
besuchte ihn der Zen-Meister Ikkyu.
„Soll ich dich führen?" fragte Ikkyu.
Ninakawa antwortete:
„Ich bin allein gekommen, und ich gehe allein.
Wie könntest du mir eine Hilfe sein?"
Ikkyu antwortete: „Wenn du glaubst,
dass du wirklich kommst und gehst, ist das deine Illusion.
Lass mich dir den Weg zeigen,
auf dem es kein Kommen und kein Gehen gibt."
Mit diesen Worten hatte Ikkyu den Weg so klar gezeigt,
dass Ninakawa lächelte und hinüberging.

Ninakawa geht

DER TOD IST DAS CRESCENDO, DER HÖCHSTE GIPFEL, DEN DAS Leben erreichen kann. Im Augenblick des Todes ist viel möglich. Wenn du dich vorbereitet hast, meditierst und gewartet hast, dann ist im Augenblick des Todes Erleuchtung sehr leicht möglich – denn Tod und Erleuchtung sind sich ähnlich.

Ein Meister, einer, der erleuchtet ist, kann dich im Augenblick des Todes leicht erleuchtet machen. Auch schon bevor er passiert, musst du bereit sein, zu sterben.

Was geschieht beim Tod? Plötzlich verlierst du deinen Körper, plötzlich verlierst du deinen Geist. Plötzlich spürst du, wie du dich von dir selbst entfernst, von allem, was du geglaubt hast zu sein. Es ist schmerzlich, weil du das Gefühl hast, in Leere zu ertrinken. Jetzt wirst du nirgendwo sein! Das kommt daher, dass du dich immer mit Körper und Geist identifiziert und nie das Jenseitige kennengelernt hast. Du hast dich nie über Körper und Geist hinaus kennengelernt. Du warst so auf die Peripherie versessen, so auf sie festgelegt, dass das Zentrum völlig in Vergessenheit geriet.

Im Tod musst du dich dieser Tatsache stellen: dass der Körper geht, dass du ihn jetzt nicht länger halten kannst. Dein Geist verlässt dich – jetzt hast du keine Kontrolle mehr über deinen Geist. Das Ich löst sich auf – du kannst nicht einmal mehr „Ich" sagen. Du zitterst vor Angst, am Rand des Nichts. Du wirst nicht mehr sein.

Aber wenn du dich vorbereitet hast, wenn du meditiert hast – und Vorbereitung heißt, dass du dir alle Mühe gegeben hast, den Tod zu nutzen, diesen Abgrund des Nichts zu nutzen – wenn du dich bereit gemacht hast, hineinzuspringen statt hineingezogen zu werden, dann macht das einen großen Unterschied. Wenn du hineingezogen wirst, widerwillig – du willst nicht hinein, doch es reißt dich fort –

dann ist es schmerzlich, eine große Qual! Und der Schmerz ist so stark, dass du im Augenblick des Todes das Bewusstsein verlierst. Damit verpasst du ihn. Aber wenn du bereit bist zu springen, gibt es keinen Schmerz. Wenn du ihn akzeptierst und willkommen heißt, wenn es kein Klagen gibt und du stattdessen froh bist und es feierst, dass der Augenblick da ist und du jetzt aus diesem Körper herausspringen kannst, der eine Begrenzung ist, aus diesem Körper, der ein Gefängnis ist, aus diesem Ego, das immer nur Leiden war – wenn du ihn so willkommen heißen kannst, dann brauchst du nicht das Bewusstsein zu verlieren.

Wenn du ihn mit offenen Armen akzeptieren kannst – was die Buddhisten *Tathata* nennen: zu akzeptieren, und nicht nur zu akzeptieren (denn das Wort „akzeptieren" ist nicht sehr gut; tief darin versteckt sich ein gewisses Nichtakzeptieren), nein, wenn du ihn willkommen heißt, wenn es ein großes Fest ist, Ekstase, wenn es eine Gnade ist, dann brauchst du nicht unbewusst zu werden.

Wenn es eine Gnade ist, wirst du in dem Moment völlig bewusst werden. Erinnert euch an diese beiden Dinge: wenn du ihn ablehnst, wenn du Nein sagst, wirst du völlig unbewusst; wenn du ihn akzeptierst, willkommen heißt und mit ganzem Herzen Ja sagst, wirst du vollkommen bewusst.

Ein Ja zum Tod macht dich vollkommen bewusst; ein Nein zum Tod macht dich vollkommen unbewusst – und das sind die beiden Arten zu sterben. Ein Buddha stirbt völlig ergeben. Da ist kein Widerstand, kein Kampf zwischen ihm und dem Tod. Der Tod ist göttlich ... Ihr sterbt kämpfend.

Wenn man sich vorbereitet hat, sich bereitgemacht hat, kann der Meister im Augenblick des Todes auf wunderbare Weise helfen. Ein einziges Wort im richtigen Moment, und die Flamme im Innern explodiert – du wirst erleuchtet. Denn der Augenblick ist so intensiv, dass du völlig auf einen Punkt konzentriert bist. Das passiert in dieser Geschichte.

Ikkyu ist einer der größten Meister überhaupt, ein außergewöhnlicher, revolutionärer, nonkonformistischer Meister. Er übernachtete einmal in einem Tempel. Die Nacht war sehr kalt, und im Tempel gab es drei hölzerne Buddhas. Also verbrannte er einen Buddha, um sich zu wärmen.

Der Priester wurde aufmerksam – er hatte fest geschlafen, es war mitten in der Nacht, und die Nacht war sehr kalt – er wurde aufmerksam, dass irgendetwas vor sich ging, also lief er hin und sah nach dem Rechten. Buddha brannte! Und dieser Mensch Ikkyu saß fröhlich dabei und wärmte sich die Hände.

Der Priester wurde wütend und sagte: „Was machst du da? Bist du wahnsinnig? Ich hab geglaubt, du seist ein buddhistischer Mönch, nur deshalb hab ich dich im Tempel übernachten lassen. Und du hast die größte Gotteslästerung begangen!"

Ikkyu sah den Priester an und sagte: „Dem Buddha in mir war sehr kalt. Es ging also darum, dem hölzernen Buddha den lebenden zu opfern, oder den lebenden Buddha dem hölzernen. Und ich hab mich für das Leben entschieden."

Der Priester war außer sich vor Wut, dass er nicht darauf hören konnte, was Ikkyu sagte: „Du bist ein Wahnsinniger. Mach, dass du rauskommst! Du hast Buddha verbrannt."

Da fing Ikkyu an, in dem verbrannten Buddha herumzustochern, in der Asche, die Statue war fast völlig verbrannt. Er stocherte mit einem Stock darin herum.

Der Priester fragte: „Was machst du da!"

„Ich suche nach den Knochen Buddhas."

Da lachte der Priester und sagte: „Entweder bist du ein Narr oder ein Irrer! Du bist ja völlig verrückt! Da kannst du keine Knochen finden, weil es nur ein hölzerner Buddha ist."

Ikkyu lachte: „Dann bring die andern beiden her. Die Nacht ist immer noch sehr kalt und der Morgen noch weit."

Dieser Ikkyu war ein ganz einmaliger Mann. Er wurde sofort aus dem Tempel geworfen. Am Morgen saß er draußen vor dem Tempel am Straßenrand ... und betete einen Meilenstein an, legte Blumen darauf und betete.

Da sagte der Priester: „Du Narr! Heute Nacht hast du mit Buddha Unfug getrieben! Du hast eine Sünde begangen! Und was machst du da jetzt mit dem Meilenstein? Das ist doch keine Statue!"

Ikkyu sagte: „Wenn du beten willst, ist alles eine Statue. Und heute Nacht war dem Buddha in mir sehr kalt. Und jetzt ist dem Buddha in mir nach Beten zumute."

Dieser Mann Ikkyu hatte Tausende von Schülern im ganzen Land und er wanderte von einem Ort zum andern, um seinen Schülern zu helfen. Diese Geschichte handelt von einem seiner Schüler, Ninakawa. Er war ganz nah dran, fast erleuchtet. Aber „fast erleuchtet" heißt gar nichts – man kann zurückfallen. Noch vom letzten Punkt kann man fallen. Solange es nicht passiert ist, ist es nicht passiert. Vom allerletzten Moment noch – nur ein Schritt, und du wirst zum Erleuchteten – kannst du zurückkommen.

Dieser Ninakawa war fast erleuchtet, aber immer noch im Bann der Heiligen Schriften, denn solange man nicht die Wahrheit erlangt, ist es sehr schwer, sich dem Bann der Schriften zu entziehen. Es ist sehr schwer, dem Gefängnis der Wörter zu entkommen. Das geschieht erst, wenn du wirklich erleuchtet bist. Dann kannst du sehen, dass Wörter nur Wörter sind, nichts dahinter, sie haben keine Substanz, sie sind aus dem Stoff, aus dem die Träume sind. Sie sind nur Wellen im Geist, sonst nichts, Gedankenlieder. Und die Bedeutung? Die Bedeutung liefern wir; sie ist nicht vorhanden, kein Wort hat Bedeutung. Und jedes Wort kann durch allgemeine Übereinkunft Bedeutung bekommen. Es ist also nur ein gesellschaftliches Phänomen, und hat mit Wahrheit nicht das geringste zu tun.

Aber die Menschen leben von Wörtern: wenn jemand etwas gegen Jesus sagt, und du bist Christ, dann bist du bereit, ihn zu töten oder dich töten zu lassen … es ist eine Frage von Leben und Tod. Jemand sagt etwas gegen Mohammed, und ein Muslim wird wütend. Ein bloßes Wort! – Mohammed ist nur ein Wort, Jesus ist nur ein Wort … Aber die Menschen leben von Wörtern.

Ich habe gehört:
Mulla Nasruddin hielt einmal einen Mann auf der Straße an und sagte: „Ich bin in einer schwierigen Lage. Meine Frau ist hungrig, meine Kinder sind krank. Können Sie mir etwas aushelfen?"
Der Mann sah Nasruddin an und der war wirklich in einem

traurigen Zustand. Er sagte: „Warum sollte ich dir helfen? Aber eines möchte ich dich fragen: Wie bist du in diese traurige Lage geraten? Wie bist du so ins Unglück geraten? Was ist passiert?"
Nasruddin sagte: „Das ist eine lange Geschichte. Aber kurz gesagt: Noch vor wenigen Jahren war ich Geschäftsmann, genau wie Sie, und oft hielten mich Bettler auf der Straße an. Alles ging wunderbar. Dann kam die Katastrophe ..."
Der Mann wurde neugierig. Er sagte: „Was ist passiert?"
Mulla Nasruddin sagte: „Das Geschäft ging ausgezeichnet, das Geld strömte nur so herein, ich war ein fleißiger Mensch, der völlig in seinem Geschäft aufging. Und ich hatte einen Leitspruch auf meinem Tisch: ‚Denke konstruktiv! Handle entschieden!' und das Geld strömte nur so. Und dann ...", Mulla begann sich krampfhaft zu winden und sagte: „Dann verbrannte meine Frau den Leitspruch! Dies Motto: ‚Denk konstruktiv! Handle entschieden!' – alles hing ja von diesem Motto ab! Und meine Frau hat es verbrannt! Das war die große Katastrophe, und das hat mich in meine traurige Lage gebracht."

Habt ihr euch je überlegt, was aus euch werden wird, wenn eure heiligen Texte verbrannt werden? Wenn eure Mottos verbrannt werden, was wird aus euch? Wenn eure Wörter verbrannt werden, was wird aus euch? Ihr wärt in einer sehr traurigen Lage. Deshalb geht ihr an die Decke, wenn einer etwas gegen die Bibel sagt. Nicht, weil etwas gegen die Bibel gesagt wird – er verbrennt euer Motto! Ihr hängt vom Wort ab. Und ihr hängt deshalb vom Wort ab, weil ihr nicht wisst, was die Wahrheit ist. Wenn ihr erfahren habt, was die Wahrheit ist, werdet ihr alle Wörter fortwerfen, werdet ihr alle Mottos verbrennen!

Mulla Nasruddin mag euch töricht erscheinen; er ist es nicht. Er ist nur ein Beispiel für den Menschen – den allerdurchschnittlichsten, den normalen. Er, das bist du, mit all deinen Absurditäten, nur vergrößert natürlich.

Dieser Ninakawa bemühte sich sein ganzes Leben lang: meditierend, sitzend, manche Technik ausprobierend, auf jede mögliche Art bemüht, friedlich und ruhig und still zu werden. Aber er war immer noch im Bann der Schriften. Am Tag, als er starb, besuchte Ikkyu ihn. Jetzt war der Augenblick gekommen, diesen Mann in den unendlichen Abgrund zu stoßen. Er könnte ihn verfehlen, denn wenn im Augenblick des Todes die Schriften da sind, wird er ihn verfehlen.

Du musst vollkommen leer sein, du musst vollkommen ausgeräumt sein. Nur dann kannst du dem Tod begegnen, denn der Tod ist Leere. Und nur Gleiches kann Gleiches erkennen, nur das Identische kann das Identische verstehen. Wenn du angefüllt bist, und sei es nur ein Wort, verfehlst du ihn; denn dann ist das Denken da, und der Tod kennt kein Denken. Der Tod ist ohne Gedanke. Tod ist einfach ein Fallen ins Leere.

So kam denn Ikkyu, um diesem Schüler im letzten Augenblick einen Stoß zu geben. Er hatte es sein ganzes Leben lang verfehlt – er sollte im letzten Augenblick nicht fehlgehen. Und ich sage euch ebenfalls: wenn ihr es das ganze Leben lang verfehlt, dann bleibt nur eine Möglichkeit und nur eine Hoffnung – der Augenblick des Todes. Aber darauf braucht ihr nicht erst zu warten, es kann jetzt gleich geschehen! Wenn es nicht jetzt gleich geschieht, dann gebt nicht auf. Aber macht euch für den Tod bereit! Wenn du bereit bist, werde ich da sein, dich anzustoßen. Wenn du bereit bist, dann ist es sehr leicht, nur ein kleiner Ruck, und der Geist explodiert.

> Kurz bevor Ninakawa verschied,
> besuchte ihn der Zen-Meister Ikkyu ...

Meister kommen seit eh und je zu Besuch. Es muss nicht tatsächlich passiert sein, vergesst das nicht, es muss nicht wirklich passiert sein. Es mag sein, es ist möglich, dass niemand außer Ninakawa sah, wie der Meister ihn besuchte. Vielleicht ist es auch tatsächlich passiert, aber das tut nichts zur Sache.

Eines steht fest: genau als Ninakawa starb, genau im letzten Moment, war der Meister zugegen. Dieses Zwiegespräch fand zwischen Ninakawa und Ikkyu statt. Es mögen noch viele andere dagewesen sein, die überhaupt nichts hörten, die Ikkyu nicht hatten kommen sehen. Oder, es war überhaupt kein körperlicher Besuch. Aber er fand statt, und er tat alles, was es zu tun gab.

„Soll ich dich führen?" fragte Ikkyu.
Ninakawa antwortete ...

Ein Schriftgelehrter findet es schwer, vor allem ein buddhistischer, weil der Guru im Buddhismus nicht akzeptiert wird. Buddha ist der größte Guru überhaupt, aber der Buddhismus lehnt den Guru ab. Sie haben einen Grund dafür, denn der menschliche Geist ist so komplex, dass er aus allem ein Problem macht. Der Guru ist dazu da, euch zu befreien, aber ihr könnt Sklaverei daraus machen.

Die Hindus lehren, dass es ohne den Guru, ohne den Meister keine Befreiung gibt. Und das stimmt, das stimmt absolut, aber als Buddha kam, war schon Sklaverei daraus geworden. Ohne Guru, ohne den Meister, gibt es keine Befreiung. Und so wurden die Menschen zu Sklaven der Meister, weil es ohne sie keine Befreiung gab! Seht euch den menschlichen Geist und seine Dummheit an: Ein Meister ist dazu da, euch zu befreien, aber ihr könnt euch zu Sklaven des Meisters machen, weil nur er befreien kann. Damit könnt ihr auf einfache Weise gefügig gemacht werden – und es wurde viel Hörigkeit geschaffen. Niemand auf der Welt hat eine so tiefe Sklaverei geschaffen wie die Hindus. Man begegnet in der gesamten Geschichte des Hinduismus keiner einzigen Revolution gegen die Priester, nein. Die ganze Sache war so eingefahren und so festgelegt und so systematisiert! Jeder wusste, dass es keine Befreiung gab, wenn man gegen den Priester rebellierte – er ist der Guru, er ist der Meister. Die Unberührbaren, die *Sudras*, leben seit eh und je in den elendsten Umständen. Sie sind die größten Sklaven und haben die längste Geschichte der Sklaverei, aber sie haben sich nie aufgelehnt, weil es einfach nicht möglich war. Der Guru, der Meister, der *Brahmane* – er ist das Tor zum Göttlichen. Du hast schon dieses Leben verpasst, und wenn du rebellierst, geht dir auch das nächste Leben verloren – bleib also Sklave!

Dann kam Buddha, und er sagte, dass man den Guru nicht brauche – nicht, weil man den Guru nicht braucht – er sagte, dass der Guru nicht nötig sei, und meinte damit, dass es nicht nötig sei, sein Sklave zu werden. Aber das ließ sich nur so sagen. Buddha sagt also: „Sei dir dein eigenes Licht. Niemand braucht dich zu führen! Niemand braucht dich zu lenken. Du bist dir selbst genug."

Dies ist die größte Möglichkeit, frei zu sein, die größtmöglichste Freiheit. Aber auch das kann man missbrauchen – das ist das Problem. Dann denkt ihr: „Wenn kein Meister nötig ist, warum dann auf den Buddha hören?"

Wenn kein Meister nötig ist, warum dann zu Buddha gehen? Wenn du völlig unabhängig bist, dann bist du selbst ein Buddha. Genau das ist mit dem Buddhismus passiert. Nicht Sklaverei, sondern tiefer Egoismus. Aber dies sind die beiden Extreme: entweder du wirst Egoist – kein Guru, kein Meister, niemand, dem man folgen müsste; oder du wirst Sklave, denn ohne Guru keine Befreiung! Kann man nicht in der Mitte sein?

Kann man nicht einfach in der Mitte stehen, ohne ins Extrem zu gehen? Wenn du in der Mitte bleibst, löst sich dein Geist auf.

Ikkyu kam und sagte: „Soll ich dich führen?"

Ikkyu stellte die buddhistische Gretchenfrage, und Ikkyu weiß, dass Ninakawa, wenn er immer noch vom Schrifttum belastet ist, antworten wird: „Nein, wer kann einen anderen führen? Niemand ist ein Guru. Jede Seele ist absolut unabhängig. Ich bin mir mein eigenes Licht." Wenn er noch vom Schrifttum belastet ist, muss das seine Antwort sein.

Wenn er nicht mehr vom Schrifttum belastet ist, kann alles mögliche als Antwort kommen – da ist alles offen.

Ninakawa antwortete:
„Ich bin allein gekommen … ",

– genau dass sagt Buddha,

„ ... und ich gehe allein.
Wie könntest du mir eine Hilfe sein?"

Jeder wird allein geboren, geht allein; und zwischen dem Kommen und Gehen kannst du dir einbilden, mit jemandem zu sein; aber dennoch bleibst du allein. Denn wenn du am Anfang allein bist und am Ende allein bist, wie kannst du dazwischen mit jemandem sein?

Die Frau, der Mann, der Freund, die Gesellschaft – sie alle sind Illusionen. Du bleibst allein, Alleinheit ist deine Natur. Du kannst dir etwas einbilden, das ist alles. Du kannst Träume haben, das ist alles, aber der andere bleibt immer der andere, und da gibt es kein Zusammentreffen. Dies ist die buddhistische Grundlehre von der Befreiung des Menschen.

Und das ist auch der Grund, warum Buddha sogar Gott leugnete. Denn wenn es Gott gibt, wie kannst du da allein sein? Er ist immer da. Selbst in deinem Badezimmer ist er da – denn er ist allmächtig, allgegenwärtig. Du kannst ihm nicht entrinnen; wohin du auch gehst, er ist da. Er ist das kosmische Auge, der kosmische Spion, der dich verfolgt. Ganz gleich, was du tust, er beobachtet dich! Es ist sehr schwierig, Gott zu entrinnen: wenn er ist, ist er überall. Du kannst dich nicht vor ihm verstecken. Dies ist wunderschön – wenn du es richtig verstehen kannst.

Die religiösen Leute haben es als Hilfsmittel benutzt. Die Hindus, die Muslime, die Christen – sie alle haben die Allgegenwart Gottes benutzt. Es ist eine große Hilfe, denn wenn du dich wirklich überall hin von Gott wie von einem Schatten verfolgt fühlen kannst, macht dich das sehr, sehr wach und bewusst – denn er ist da! Du bist nicht allein, du kannst dich nicht in die Sünde entspannen, du kannst dich nicht in Schläfrigkeit, in Unwissenheit fallen lassen ...

Er ist da. Diese Gegenwart macht dich wach. Das ist die richtige Nutzung. Sonst allerdings kann diese Allgegenwart zu Sklaverei, zu einer schweren Last, zu Angst werden.

Ich habe von einer christlichen Nonne gehört, die nicht einmal ihr Bad nackt nehmen konnte. Ja, selbst unter der Dusche behielt sie ihre Kleider an. Als sie gefragt wurde: „Warum tust du das?", antwortete sie: „Wie kann ich mich nackt ausziehen, wenn Gott überall ist?" Aber wenn Gott überall ist – im Bad! – dann ist er auch in den Kleidern. Du entkommst ihm nicht! Er ist in dir! Überall!

Das hat zu einer tiefen Angst geführt; wie wenn du ein Bad nimmst und plötzlich merkst, dass jemand durchs Schlüsselloch sieht – du wirst unruhig. Und Gott ist der kosmische Schlüssellochgucker. Er sitzt an jedem Schlüsselloch, nichts kann man tun, ohne dass er es weiß; ihr liebt euch, und er ist dabei!

Was du auch tust, er weiß es, und alles wird aufgezeichnet. Daraus kann eine tiefe Angst werden, eine Neurose. Daraus kann Schuldgefühl entstehen, und dann habt ihr es missverstanden. Und vergesst nicht: jeder Schlüssel, der die Tür öffnen kann, kann auch das Schloss zerstören, wenn ihr ihn falsch benutzt. Es gibt die eine Möglichkeit – die richtige – den Schlüssel zu gebrauchen, nur dann öffnet er das Schloss. Und so, wie der Geist des Menschen beschaffen ist, benutzt er alle Schlüssel falsch.

Dann wird jemand nötig, der euch sagt: „Werft diesen Schlüssel fort, denn dieser Schlüssel taugt jetzt nichts mehr. Er zerstört nur das Schloss und hilft euch absolut nicht."

Buddha sagte, dass kein Guru nötig sei, weil zu seiner Zeit der Guru dem Brahmanen gleichkam. Krishnamurti sagt genau dasselbe: Kein Guru ist nötig! Aber es gibt die andere Möglichkeit, es kann dir zur Freiheit verhelfen. Wenn es dir Freiheit bringt, ist es vollkommen in Ordnung. Aber es kann auch zum Egoismus führen, das ist das Problem, das ist der Haken. Wenn es dich zum Egoisten macht, dann bist du zwar kein Sklave eines andern, aber du bist nun Sklave deines eigenen Ego. Und vergesst nicht: niemand kann als Meister so gefährlich sein wie dein eigenes Ego. Niemand kann dich so blind machen wie dein eigenes Ego. Niemand kann dich in solche Höllen führen wie dein Ego.

Ikkyu wollte nur wissen, ob sich dieser Mann noch an die Schriften klammerte, oder ob er Buddha nun verstanden hatte. Verstehen ist eines, Festhalten etwas anderes. Festhalten bedeutet den toten Buchstaben. Hat er verstanden, dann ist Buddha der größte Meister. Hat er nicht verstanden, dann wird er nicht loslassen: selbst noch im Augenblick des Todes wird er sich an die Schriften klammern.

Ikkyu stand da und fragte: „Kann ich dich führen? Soll ich dich geleiten? – denn der Weg ist unbekannt. Du bist ihn nie gegangen; ich bin ihn gegangen. Ich weiß, wie man stirbt, ich weiß den Tod zu feiern. Ich verstehe, mich in den Tod zu verlieren. Und dann verlierst du nie; dann wird zum ersten Mal das Wirkliche Selbst geboren. Ich kenne das Geheimnis von Tod und Wiedergeburt. Kann ich dich führen?"

Ninakawa antwortete … – er lehnte ab! Er sagte:

„Ich bin allein gekommen, und ich gehe allein.
Wie könntest du mir eine Hilfe sein?"

Dabei brauchte er Hilfe! Hätte er keine Hilfe gebraucht, dann hätte er einfach nur gelacht, gelächelt. Er hätte danke gesagt. Es wäre nicht nötig gewesen, diese Worte aus den Schriften zu wiederholen. Warum zitiert ihr Schriftworte? Sie sind Rationalisierungen. Wann immer ihr euch unsicher fühlt, greift ihr auf die Schrift zurück, denn die Schrift ist ganz sicher. Wann immer ihr zweifelt, beruft ihr euch auf Buddha, Krishna, Christus, denn sie können eure Unsicherheit zudecken. Sie können eure Wirklichkeit verstecken. Sie können euch ein falsches Vertrauen geben.

Wann immer ihr die Worte anderer benutzt, versteckt ihr eure Unwissenheit. Es war nicht dieser Mann, der sagte: „Ich bin allein hergekommen." Das war nicht seine Erfahrung. Nicht er sagte: … *ich gehe allein*. Er wiederholte Worte, und man kann einen Meister nicht mit Worten täuschen.

Ikkyu antwortete:
„Wenn du glaubst, dass du wirklich kommst und gehst …"

Dies sind die schönsten Worte, die je gesprochen wurden. Die Essenz aller Upanishaden, die Essenz aller Buddhas und Mahavirs – in einem einzigen Satz!

„Wenn du glaubst, dass du wirklich kommst und gehst,
ist das deine Illusion.
Lass mich dir den Weg zeigen,
auf dem es kein Kommen und kein Gehen gibt."

Dies ist wirklich sehr schwierig und subtil. Ikkyu sagt: „Wenn du glaubst, wirklich zu kommen und zu gehen, dann ist das Ego da. Wer kommt denn? Wer geht? Wenn du glaubst, dass du kommst und gehst, dann weißt du nichts; dann wiederholst du nur Buddhas Worte."

Das ist der springende Punkt. Wenn du selbst erfahren hast – „Ich komme allein, ich gehe allein" –, dann gibt es kein Kommen und kein Gehen, denn die Seele wird nie geboren und stirbt nie. Das Leben ist ein ewiger Fluss. Es geht immer weiter. Es kommt nie, es geht nie. Dieser Körper mag geboren worden sein, dieser Körper mag sterben – aber dies Leben, die Energie, das Selbst, die Seele, oder wie immer ihr das Bewusstsein nennt, das in diesem Körper existiert, wurde nie geboren und wird nicht sterben. Dieses Bewusstsein geht ungebrochen weiter. Es hat nie einen Bruch darin gegeben. Wenn du das wirklich weißt, dann weißt du, dass es kein Kommen und kein Gehen gibt. Wer kommt? Wer geht? Wenn du es nicht verstehst, wenn du dies nicht erkannt hast, dann wirst du sagen: „Ich komme allein." Aber dann ist dies „Ich" das Ego. Dann ist dies „Ich" nicht das Selbst.

Wenn du sagst: „Ich gehe allein", liegt der Ton auf dem Ich – und das Ich ist die Fessel. Wenn es kein Ich mehr gibt, erkennst du plötzlich, dass du nie geboren wurdest und niemals sterben wirst. Dann gibt es keinen Anfang und kein Ende.

Jemand fragte Jesus: „Bist du der Messias, auf den wir gewartet haben? Wer bist du? Sag uns, wer du bist."

Jesus antwortete: „Ich bin, bevor Abraham war."

Nun, Abraham muss Tausende von Jahren vor Jesus gelebt haben, und Jesus sagt: „Ich bin, bevor Abraham war." Der Satz ist wirklich sehr absurd, logisch absurd, grammatisch falsch. „Ich bin, bevor Abraham war."

Abraham ist in der Vergangenheit. Jesus sagt: „Bevor er war ..."
Und Abraham ist der erste Prophet! Aller Wahrscheinlichkeit nach ist Abraham nur eine Variation von *„Ram"*, denn im alten Hebräischen heißt es nicht „Abraham", sondern *„Abram"*. Und *„Ab"* bezeichnet lediglich Respekt, genau wie *„Shree Ram"*; es drückt lediglich Respekt aus. Aller Wahrscheinlichkeit nach ist Abraham kein anderer als Ram.

Jesus sagt: „Ich bin, bevor Abraham war."

Für Abraham benutzt er die Vergangenheitsform: er war und ist nicht mehr. Diese Manifestation war da und ist jetzt nicht mehr. Aber er sagt: „Ich bin", was heißt: „Ich bin immer – ich war, ich bin hier, ich werde sein."

Die innerste Bewusstheit weiß von keiner Geburt, keinem Tod, sie weiß von keiner Vergangenheit, keiner Gegenwart, keiner Zukunft. Weiß von keiner Zeit. Sie ist ewig, und die Ewigkeit gehört nicht der Zeit an.

> Ikkyu antortete:
> „Wenn du glaubst, dass du wirklich kommst und gehst ..."

– wenn du glaubst, dass es ein Kommen und Gehen gibt –

> „ ... ist das deine Illusion. Lass mich dir den Weg zeigen,
> auf dem es kein Kommen und Gehen gibt."

Was haben die Buddhas anderes getan, als euch gezeigt, dass ihr vollkommen seid – so wie ihr seid? Keine Veränderung nötig. Ihr braucht nirgends hinzugehen, ihr braucht euch keinen Zentimeter fortzubewegen. So wie ihr seid, seid ihr in eurem vollkommenen Glanz, hier und jetzt. Da gibt es kein Kommen und kein Gehen. Ihr braucht euch bloß die Tatsache bewusst zu machen, dass ihr seid. Macht euch nur bewusst, wer ihr seid. Wacht einfach auf! Und dann braucht nichts erreicht zu werden.

Keine Anstrengung ist nötig, denn von allem Anfang an, bevor Abraham war, bist du. Du hast die Erschaffung der Welt gesehen, du wirst das Ende der Welt sehen, aber du hast keinen Anfang und du hast kein Ende. Du bist der Zeuge, und der Zeuge kann keinen Anfang und kann kein Ende haben. Wenn du bewusst gewesen wärest, hättest du deine eigene Geburt sehen können.

Wenn du bewusst sterben kannst, wirst du sehen können, wie der Tod im Körper geschieht, und du bist nur ein Zuschauer. So stirbt der Körper eben, und du bist nur der Zeuge. Und wenn du im Tod Zeuge sein kannst, dann bist du in deinem nächsten Leben Zeuge deiner Geburt. Du wirst sehen, wie dein Geist sich einen Schoß auswählt, wie er um die Erde schwebt, auf der Suche nach einer Frau, einem Paar, das sich liebt – du wirst es sehen.

Es ist so, wie wenn du Hunger hast: du gehst zum Markt und du kannst Zeuge sein, wie deine Augen, deine Gedanken nach einem Hotel oder Restaurant Ausschau halten, nach einem geeigneten Ort, wo du essen kannst. Du bist hungrig, aber wenn du dich zu sehr mit dem Hunger identifizierst, kannst du kein Zeuge sein. Hunger ist also da, aber du bist nicht der Hunger. Wie kannst du der Hunger sein? Wenn du der Hunger bist, wer ist es dann, der weiß, dass du hungrig bist?

Um den Hunger als solchen zu erkennen, ist jemand jenseits des Hungers nötig, jemand, der hinsehen und erkennen kann, der sich dessen bewusst werden kann. Wenn dir dein Hunger bewusst sein kann, dann kannst du beobachten, wie dein Geist nach dem passenden Ort Ausschau hält, wo du essen kannst. – Das gleiche geschieht nach dem Tod: dein Geist hält Ausschau nach dem passenden Schoß. Du wählst, was geschieht. Wenn du nach einem ganz bestimmten Schoß suchst, und du eine sehr gute Seele oder eine sehr schlechte Seele bist, dann mag es dich viele Jahre kosten, den richtigen Schoß zu finden, dann ist es sehr schwierig.

Wenn du nur ein gewöhnlicher Mensch bist, ganz normal, nichts Besonderes – weder gut noch schlecht, weder ein Hitler noch ein Gandhi, dann kannst du sofort geboren werden; dann ist kein großes Suchen nötig, denn gewöhnliche, normale, durchschnittliche Mutterschöße sind überall zu haben. Dann stirbst du in diesem Augenblick und wirst im nächsten schon wieder geboren … kein einziger Augenblick geht verloren. Aber ein Hitler wird viele, viele Jahre brauchen – und das ist gut, da haben wir Glück, denn er ist eine sehr perverse Seele, sehr pervers! Ihr könnt euch seine Perversion nicht vorstellen. Bei ihm war alles pervers. Und wann immer ein Mensch pervers wird, wird als allererstes seine Liebe pervertiert, denn der Sex ist und bleibt die Wurzel deines Wesens. Als erstes wird immer der Sex pervertiert. Wenn es mit dem Sex schiefgeht, geht alles schief. Wenn der Sex natürlich bleibt, bleibt alles natürlich.

Studiert Hitlers Sexualleben und ihr werdet staunen. Ihr werdet nicht glauben, was er gemacht hat. Er suchte sich schöne Frauen – aber er hat nie mit ihnen geschlafen. Was hat er gemacht? Ihr könnt es euch nicht vorstellen. Er setzte sich hin und zwang diese schönen Frauen, ihm auf den Kopf zu urinieren. Was ist das für ein Mensch? Was macht er da? Und es macht ihm großen Spaß! Nicht nur Urinieren – er zwang sie auch, auf ihn zu defäkieren. Die Frauen hatten große Schuldgefühle seinetwegen, aber er war ein so mächtiger Mann: wer ihm nicht gehorchte ... er tötete viele.

Alle seine Geliebten wurden entweder von ihm getötet oder sie begingen Selbstmord – denn dies war eine so unerhörte Perversion! Aber er fühlte sich wohl dabei. Was war los mit ihm? Er war so voller Schuldgefühle, dass er sich bestrafen wollte. Selbst die Liebe diente ihm dazu, sich zu bestrafen. Er fühlte sich so schuldig, und das Schuldgefühl war so stark... wer so viel Schuldgefühl hat, kann nicht lieben, denn Liebe kann nur aus dem Herzen eines Menschen kommen, der nicht schuldbeladen ist, der keine Schuldgefühle hat, der einfach nur ein Kind ist, unschuldig – dann fließt die Liebe, dann wird sie zum Fest! Aber wenn du unter Schuld leidest, fängst du an, dich durch die Liebe zu strafen, oder den andern zu strafen.

Du kannst dich nicht an der Liebe freuen, weil du ein solches Schuldgefühl hast, so schlecht bist – wie kannst du da Freude an der Liebe haben? Du machst aus der Liebe eine Hölle. Es ist kaum zu glauben, denn außerhalb seines Schlafzimmers war Hitler fast ein Gott, die Leute beteten ihn an. Und in seinem Zimmer fühlte er sich so minderwertig, schuldig, verdammt, dass er sich bestrafen wollte – selbst durch die Liebe.

Diese Art Mensch findet nicht so leicht einen Mutterschoß; es ist fast unmöglich. Er muss Jahrhunderte warten, nur dann wird er in der Lage sein, einen solchen Schoß zu finden, ein solches Paar, das so schuldbeladen ist, sich so sehr selbst verdammt; denn nur solch einen Schoß kann er wählen. Aber das geschieht unbewusst, also braucht ihr euch darüber keinen großen Gedanken zu machen. Du stirbst unbewusst, du wirst unbewusst geboren, es passiert automatisch. Der Geist zieht nur weiter, tappt im Dunkeln und geht in einen Schoß ein.

Aber wenn du bewusst stirbst, dann wird die nächste Geburt bewusst sein. Wenn du bewusst stirbst und bewusst geboren wirst, wirst du wissen, dass es keine Geburt und keinen Tod gibt. Ein Körper wurde gewählt – das ist alles. Wenn du in ein neues Haus ziehst, nennst du es dann eine Geburt? Du bleibst der gleiche, nur das Haus wechselt. Wenn du deine alten Kleider wechselst, nennst du es dann eine neue Geburt, dass „ich geboren wurde"? Nein, denn du hast nur die Kleider gewechselt. Du bleibst der gleiche.

Genauso erkennt einer, der bewusst wird, dass alle Veränderungen nur wie das Wechseln von Kleidern oder Häusern, Orten, Situationen und Umständen sind – aber du bleibst derselbe. Der Mittelpunkt ändert sich nie, er ist ewig.

> Ikkyu sagt:
> „Wenn du glaubst,
> dass du wirklich kommst und gehst, ist das deine Illusion.
> Lass mich dir den Weg zeigen,
> auf dem es kein Kommen und kein Gehen gibt."

Was ist der Weg? Gibt es da wirklich einen Weg? Weil wir Sprache gebrauchen müssen, darum sagt er „Weg". Ansonsten gibt es da keinen Weg, denn ein Weg führt immer irgendwo hin. Kein Weg kann zu dir führen, denn du bist schon da! Wenn du zu mir kommen willst, dann ist da ein Weg, muss es einen geben. Wenn du zu jemandem hingehst, musst du einem Weg folgen, durch einen Torweg gehen, über eine Brücke, was es auch sei – denn du gehst nach außen. Aber wenn du nach innen gehen willst, ist kein Weg da. Du bist bereits da. Ein plötzlicher Ruck ist nötig, und du fühlst einfach, dass du da bist. Es ist genauso, wie wenn du nachts träumst.

Du schläfst in Pune ein und im Traum bist du in London oder in New York oder Kalkutta oder Tokio, und im Traum vergisst du, dass du in Pune bist. Was ist dann nötig? Nur ein Ruck. Jemand kommt und weckt dich auf. Wirst du dann in London, Tokio, New York oder in Pune aufwachen? Es würde sehr schwierig werden, es wäre eine sehr absurde Welt, wenn du von New York träumen würdest, und dann weckt dich plötzlich jemand, und du schlägst in New York die Augen auf! Dann wäre diese Welt ein Alptraum. Aber du wachst in Pune auf, und der Traum verschwindet.

Die Buddhas haben gelehrt: dass man nirgends hinzugehen braucht, weil du schon dort bist, wo du hingehen willst, aber du träumst nur. Du hast dich nur im Traum vom Zentrum entfernt – in Wirklichkeit kannst du das nicht. Du bist dort. Du magst seit Millionen von Leben geträumt haben, aber du hast dich nie vom Zentrum fortbewegt, wo du bist. Niemand kann sich von dort entfernen. Nur ein Ruck ist nötig, nur jemand, der dich schickt, und schon bist du wach.

Plötzlich verschwindet der Traum – das Traumland und New York und London, sie verschwinden – und du bist hier und jetzt. Dieser Ruck, dieser Schock kann dir sehr leicht im Augenblick des Todes gegeben werden, denn dann machen Körper und Geist insgesamt eine große Verwandlung durch. Alles ist Chaos. In einem chaotischen Zustand kannst du leichter geweckt werden, weil alles unangenehm ist. Wenn alles angenehm ist, dann ist es schwierig, jemanden aus einem Traum zu holen. Niemand will wirklich aus einem angenehmen Traum herauskommen. Erst wenn der Traum zum Alptraum wird, schreist du.

Ich habe gehört:
Eines Nachts schrie Mulla Nasruddin so laut, dass sogar die Nachbarn ankamen und fragten, was los sei. Mulla Nasruddin saß auf seinem Bett und weinte, die Tränen flossen, und seine

Frau tröstete ihn und sagte: „Es war nur ein Traum, Nasruddin. Warum machst du solchen Lärm – die Nachbarn sind gekommen, eine Menge Leute stehen draußen."

Nasruddin sagte: „Aber der Traum war so… Lass mich erst den Traum erzählen. In dem Traum ging ich zu einer Auktion von Ehefrauen – so schöne Frauen! Die eine Frau brachte zehntausend Rupien, eine andere fünftausend, und viele brachten Tausende ein. Ich hatte kein Geld. Ich hab überall gesucht – kein Geld. Ich hab in alle Taschen gesehen," – und er hatte eine Tasche, in die er nie sah – „sogar in die hab ich gesehen." Es war eine besondere Tasche, in die er nie hineinsah. Und jedes Mal, wenn er etwas verlor, fragten ihn die Leute: „Du hast in allen Taschen nachgeschaut, warum nicht in dieser?"

Er antwortete dann: „Weil die mich noch hoffen lässt. Wenn ich auch in die hineinsehe, dann ist alle Hoffnung fort. So aber denke ich, es gibt immer noch diese eine Möglichkeit – aber ich sehe nie hinein, weil ich genau weiß, dass es dort auch nicht ist. Sogar in diese besondere Tasche habe ich gesehen – und kein Geld! Ich habe geweint und geheult." Aber das interessierte seine Frau nicht.

Sie fragte: „Nasruddin, waren auch Ehefrauen wie ich da?" Sie fragte ganz dumm, so wie jede Frau fragen würde, denn keine Frau ist an andern schönen Frauen interessiert. Sie war vielmehr eifersüchtig. Sie fragte: „Und was war mit Frauen wie ich? Wie viel brachten die ein?"

Nasruddin sagte: „Deshalb hab ich ja so geschrien. Frauen wie du – die Leute dort hatten sie gebündelt, zu einem Dutzend, zwei Dutzend, und sie verkauften Frauen wie dich für eine Rupie das Bündel. Darum hab ich ja geschrien: kein Geld zum Kaufen, und mit meiner Frau machten sie sowas!"

Und er weinte und schrie sogar noch, nachdem der Traum schon vorbei war. Träume sind wirkungsvoll, sie gehen tief, denn in einem unbewussten Geist ist die Unterscheidung wirklich nur sehr schwach, was Traum ist und was wirklich. Das vermischt sich, die

Grenzen sind nicht so scharf gezogen, die Grenzen verschwimmen. Habt ihr schon einmal ein Kind gesehen, wie es beim Aufwachen weint, weil es sein Spielzeug verloren hat, das es im Traum hatte? „Ich weiß nicht, wo mein Spielzeug ist, wo ist mein Spielzeug geblieben?"

Aber dieses Kind in dir stirbt nicht. Es stirbt erst, wenn du dich sehr anstrengst, bewusst zu werden. Erst dann werden Traum und Wirklichkeit für dich deutlich unterscheidbar. Und wenn erst einmal die Undeutlichkeit fort ist, wenn die Grenzen nicht mehr verschwommen sind, wenn dir erst einmal klar ist, was Träumen ist und was Wirklichkeit, dann bleibt der Traum stehen, weil er dann nicht weitergehen kann. Wenn du bewusst geworden bist, kann der Traum nicht weitergehen. Sogar im Traum, wenn dir bewusst wird, dass es ein Traum ist, hört der Traum sofort auf!

Daher wird dir im Traum nie bewusst, dass es ein Traum ist. Du meinst immer, er sei wirklich. Alles kann nur solange weitergehen, wie du das Gefühl hast, es sei wirklich. Du gibst ihm Wirklichkeit durch dein Gefühl. Wenn du dein Gefühl entziehst, verschwindet der Traum, und nur die Wirklichkeit bleibt zurück. Es ist ein Traum, dass du in dieser Welt bist, und die Wirklichkeit ist, dass du im Göttlichen lebst. Es ist ein Traum, dass du im Marktgewühl lebst; die Wirklichkeit ist, dass du dich nie aus der Mitte der Schöpfung, von Gott, fortbegeben hast. Der Markt ist nur ein Traum, den du zu träumen begonnen hast. Und ein Traum kann weitergehen, da gibt es keine Zeitgrenze. Wenn du dich für deinen Körper hältst, ist das ein Traum. Du bist nie ein Körper gewesen. Wenn du glaubst, dass du geboren wirst und stirbst, ist das ein Traum – du bist nie geboren worden und kannst nie sterben, es ist unmöglich.

Ikkyu sagte: „Das ist deine Illusion, wenn du sagst, ‚Ich komme und ich gehe.' Es gibt niemanden, der kommt und niemanden, der geht. Und du kannst nirgends herkommen, und nirgends hingehen. Lass mich dir den weglosen Weg zeigen.

Denn da kann es keinen Weg geben: wenn es niemanden gibt, der kommt, und niemanden, der geht, nirgends, wo man herkommen, und nirgends, wo man hingehen kann, wie kann es da einen Weg geben? So Lass mich dir also den weglosen Weg zeigen, auf dem es kein Kommen und kein Gehen gibt."

> „Mit diesen Worten hatte Ikkyu den Weg so klar gezeigt, dass Ninakawa lächelte und hinüberging."

Es geschah! Ihr habt die Worte auch gehört, aber ihr seid nicht Ninakawa, ihr seid noch nicht so weit, ihr seid nicht auf dem Totenbett – das ist das Problem. Ihr erhofft euch noch immer etwas vom Leben, euer Traum ist euch immer sehr wichtig, ihr habt viel in euren Traum investiert. Ihr habt vielleicht den Wunsch, aus eurem Traum herauszukommen, aber dieser Wunsch ist nur halbherzig. Die andere Hälfte hört nicht auf zu sagen: „Träum noch ein bisschen weiter, es ist so schön!"

> Ich habe gehört:
> Mulla Nasruddin weckte eines Nachts seine Frau und sagte: „Bring mir meine Brille! Ich hab so schön geträumt, und noch viel mehr ist mir versprochen worden. Bring mir die Brille, denn es ist nicht sehr hell dort, ich kann nicht klar sehen."

Du hast vielleicht einen Alptraum, und in so einem Moment denkst du: „Wie komm ich bloß aus diesem Traum heraus?" Aber du hast auch schöne Träume, nicht nur höllische Träume, du hast himmlische Träume. Und da liegt das Problem: solange dir nicht bewusst wird, dass selbst ein himmlischer Traum ein Traum ist und wertlos, bist du nicht auf dem Totenbett. Dein Wünschen geht weiter, du bewässerst immer noch die Welt der Träume, nährst sie und hilfst ihr zu wachsen.

Ninakawa lag auf dem Totenbett, er lag im Sterben, es blieb keine Zukunft mehr. Er war in einem Chaos! Sein ganzes System, das gesamte Zusammenspiel von Körper, Geist und Seele löste sich zusehends auf. Alles fiel auseinander, er war nicht mehr beieinander. Der Alptraum war stark, denn im Tod ist er am stärksten. Er fühlte sich einfach nur elend in diesem Moment: Tod und keine Zukunft!

Wenn keine Zukunft da ist, kannst du nicht träumen, denn Träume brauchen Raum und Zeit, um sich zu bewegen. Genau deswegen sieht der Tod so gefährlich aus: weil er keine Zeit zum Nachdenken lässt. Du kannst nicht hoffen, denn es gibt kein Morgen. Der Tod tötet nicht dich, er tötet einfach das Morgen, und dein Dasein war nichts als das Morgen. Du hast nie heute gelebt, du hast immer alles auf morgen verschoben. Und der Tod tötet das Morgen, er verbrennt einfach deinen Kalender – plötzlich bleibt die Uhr stehen, die Zeit steht still.

Ohne Zeit – was machst du da? Wie kann der Geist da denken, wünschen, träumen? Der Tod schließt die Tür – das ist die Angst. Warum macht der Tod euch eine solche Angst, dass ihr zittert und bebt? Weil es so aussieht, als ob es nicht weitergeht und es kein Entrinnen gibt. Du kannst nichts tun, denn du kannst nicht denken, und du kennst nur dies eine: Denken – sonst nichts. Denken war dein ganzes Leben. Jetzt gestattet dir der Tod kein Denken. Nur ein Mensch, der meditiert und noch vor dem Tod das Nicht-Denken verwirklicht hat, wird keine Angst haben – weil er weiß, dass Denken nicht Leben ist. Und er kennt eine andere Ebene des Daseins. Er kennt die Tiefe, nicht die Breite des Daseins. Er bewegt sich nicht von dem einen Augenblick zum andern, er geht nicht vom Heute zum Morgen. Er geht in diesem Moment hinein, tiefer und tiefer und tiefer. Ins Heute hinein: tiefer und tiefer und tiefer. Er geht ins Hier und Jetzt – in die Tiefe!

Ihr rührt nur an diesem Moment und geht schon zum nächsten über; ihr bewegt euch horizontal: von A nach B, von B nach C, von C nach D. Und ein Mensch, der meditiert, geht von A nach A nach A – in die Tiefe, nicht nach B. Er kennt keinen Morgen. Dies Hier und Jetzt ist sein ganzes Dasein. Wie kann es für ihn da den Tod geben? In diesem Moment lebst du, und nur im nächsten Moment kannst du sterben. Niemand ist jemals in diesem Moment gestorben. In diesem Moment lebst du, und der Mensch, der meditiert, geht in diesem Moment hinein – wie kann er sterben?

Der Tod wird an der Peripherie geschehen – das wird er erfahren. Es wird genauso sein, wie wenn man vom Tod eines Nachbarn erfährt: er wird erfahren, dass der Körper tot ist – es wird eine Nachricht sein. Ihm wird der Körper vielleicht sogar leid tun, aber er stirbt nicht.

Ninakawa war ein Meditierer, gerade am Rand zur Erleuchtung. Noch aber klammerte er sich. Du kannst in den Abgrund springen und dich noch an einer Ranke festhalten – und lange festhalten, aus Angst. Du bist schon fast im Abgrund, früher oder später wirst du fallen, aber der Kopf sagt: „Halt noch ein bisschen länger fest!"

Er hielt sich an den Schriften fest, an den Buddhas, an den Wörtern, den Lehren. Er wiederholte immer noch Angelerntes. Nur eine Ranke – früher oder später würde er auch sie loslassen müssen. Denn wenn dich das Leben verlässt, wie können da Wörter behalten werden? Sie werden dich verlassen. Durch diese Offenbarung Ikkyus verstand er: Er hörte auf festzuhalten. Er lächelte und ging hinüber.

Ihr lächelt nie. Entweder weint ihr oder lacht ihr, aber ihr lächelt nie. Ein Lächeln ist genau in der Mitte – es ist schwer für euch. Entweder weint ihr oder lacht ihr – das sind die beiden Möglichkeiten, die beiden Extreme. Versucht herauszufinden, was es mit diesem Phänomen des Lächelns auf sich hat.

Nur ein Buddha lächelt, weil es genau in der Mitte ist. Im Lächeln ist beides, eine gewisse Traurigkeit, die Traurigkeit der Tränen, und das Glück des Lachens. Lächeln ist beides! Lächeln ist nie einfaches Lachen; es hat die Ausdehnung des Lachens und die Tiefe der Trauer – es ist beides. Seht euch Buddha an, meditiert über ihn, und ihr werdet in seinem Gesicht beides sehen: Traurigkeit und Glück, das selige Strömen seines Wesens und dennoch eine tiefe Trauer.

Aus diesen beiden Chemikalien, sozusagen, wird Lächeln erzeugt. Wenn ihr um jeden trauert, wenn ihr um der ganzen Schöpfung willen trauert, weil sie unnötig leidet … Ihr könnt euch die Trauer eines Buddhas nicht vorstellen, es ist schwer für euch. Ihr glaubt, dass ein Buddha nur glücklich sei. Er ist glücklich, soweit es um ihn selbst geht, aber um euch? Ihr könnt euch seine Schwierigkeit nicht vorstellen – denn er sieht euch an und ihr leidet unnötig, und es ist nichts daran zu ändern, euch ist nicht zu helfen. Ein Leiden, das nicht da ist – und unheilbar dazu! Und er weiß, dass gleich um die Ecke ... nur eine Drehung eures Seins, und alles wäre gelöst. Aber diese Drehung macht ihr nicht. Lieber springt ihr herum und tut so manches, aber diese Drehung, die macht ihr nie. Ihr tastet im Dunkeln, aber irgendwie, wunderbarerweise, verfehlt ihr immer die Tür. Ihr wisst, wie man sie verfehlt – darin seid ihr perfekt: wie man die Tür verfehlt und immer weiter im Dunkeln tappt.

Ein Buddha hat es schwer, weil er etwas erkannt hat, dass ihr schon bei euch habt. Das gleiche selige Dasein, die gleiche Schönheit, die gleiche Ekstase, die er hat, hast du auch! Und du weinst weiter, schlägst dir auf die Brust und leidest unerträglich... und er kann nichts tun. Eine gewisse Trauer ...

Von Buddha heißt es, dass er, als er an die Tür kam – die allerletzte Tür, jenseits derer es keine Tür mehr gibt, und jenseits derer es keinen Weg mehr zurück gibt, denn es ist das Allerhöchste – dass ihm, als er an die Tür zum Nirvana kam, die Tür geöffnet und er willkommen geheißen wurde, denn nur einmal in Millionen von Jahren erreicht einer dies Allerhöchste. Er aber kehrte der Tür den Rücken und blickte auf die Welt zurück – und es heißt, er stehe immer noch dort, er sei bis heute nicht durch die Tür hindurch gegangen. Der Türhüter fragte: „Was tust du? Hiernach hast du viele, viele Leben lang gestrebt! Jetzt steht die Tür offen – komm herein!"

Und Buddha sagte: „Solange nicht jeder, der dort draußen leidet, auch hereinkommt, kann ich nicht hereinkommen. Ich werde der letzte sein, der durchgeht." – Dies ist die Trauer.

Die Geschichte ist wirklich schön. Niemand kann zwar an jener allerletzten Tür stehenbleiben, das ist richtig; es gibt keine solche Tür und keinen Türhüter. Du fällst, und da gibt es keine Möglichkeit anzuhalten. Aber die Geschichte ist schön; sie macht auf symbolische Weise das Bewusstsein eines Buddhas deutlich – das Schwere daran, seinen Schmerz, sein Leiden. Es ist jetzt nicht mehr sein eigenes Leiden, was ihn traurig macht, es ist das Leiden der andern.

Es ist, als wärst du aufgewacht, und alle andern schlafen fest und träumen, träumen Alpträume – sie schreien, rennen, weinen und schluchzen. Und du weißt, dass es nur Alpträume sind; aber diese Leute sind so schlaftrunken und schlafen so fest, dass du nicht helfen kannst. Wenn du versuchst, sie aufzuwecken, werden sie wütend. Sie sagen: „Warum störst du unsern Schlaf? Wer bist du?" Du kannst sie nicht aufwecken, und du musst ihr Leiden mit ansehen, es erleiden! Buddha ist traurig – euretwegen. Und Buddha lacht zutiefst, sein ganzes Wesen ist von Lachen erfüllt – so wie ein Baum, der in Blüte steht ... ein einziger Tanz. Und beides kommt in ihm zusammen: das Lachen, das hochsprudelt und nie aufhört – obwohl er nicht lachen kann, euretwegen – und die Traurigkeit, die ihr hervorruft, dies beides kommt zusammen, und dies Zusammenkommen bringt ein Lächeln hervor. Ein Lächeln ist beides.

Lachen und Tränen. Ihr könnt nicht lächeln – ihr könnt nur lachen, könnt nur weinen. Wenn du weinst, wie kannst du da lachen? Denn du weinst immer für dich; es ist ein einzelnes Element. Wenn du lachst, lachst du; wie kannst du weinen? Denn du lachst für dich.

In Buddha ist das Ego verschwunden, er ist jetzt nicht mehr, die Begegnung mit dem All hat stattgefunden. Zwei Elemente treffen zusammen: sein Bewusstsein, das nun vollkommen ist, und das Bewusstsein der Millionen rings um ihn, die auch vollkommen sind, nur leidend – unnötig leidend, grundlos leidend – dies beides kommt zusammen, und ein trauriges und dennoch glückliches Lächeln erscheint auf seinem Gesicht. Er kann nicht weinen, weil das, was ihr tut, so dumm ist. Er kann nicht lachen, weil das zu hart gegen euch wäre. Er kann allenfalls lächeln.

So geschah es, und so wurde das Lächeln zum Symbol für einen, der erleuchtet wurde.

> Mit diesen Worten hatte Ikkyu den Weg so klar gezeigt,
> dass Ninakawa lächelte und hinüberging.

Nun war es kein Tod mehr, sondern ein Hinübergehen ... ein Hinübergehen in eine andere Welt, zu einer neuen Geburt. Nun starb da niemand mehr. Wenn du mit einem Lächeln sterben kannst, weißt du um die Kunst des Sterbens. Und die ganze Religion besteht allein aus der Kunst zu sterben – nichts anderem.

Und nun will ich die erste Geschichte wiederholen, mit der wir anfingen, sodass ihr sie nicht vergesst. Sie kann so leicht vergessen werden, und ihr möchtet sie gern vergessen – Vergesslichkeit ist ein Trick. Diese zehn Tage lang haben wir über „Kein Wasser, kein Mond" gesprochen. Es wird nur beim Reden bleiben – Worte und Worte und Worte – wenn ihr euch nicht bereit macht, zu sterben. Seid auf eurem Sterbebett! Sei ein Ninakawa!

Dann sind diese Worte so klar, klarer als es Ikkyus Worte je waren. Ich sage euch: Diese Worte sind klarer, als es Ikkyus Worte je waren. Auch ihr könnt lächeln und hinübergehen … Vergesst das nicht!

> Die Nonne Chiyono studierte jahrelang,
> aber konnte keine Erleuchtung finden.
> Eines Abends trug sie einen alten Eimer voll mit Wasser …
> Während sie ging, beobachtete sie den Vollmond,
> der sich im Wasser des Eimers spiegelte.
> Plötzlich rissen die Bambusstreifen,
> die den Eimer zusammenhielten,
> und das Gefäß brach auseinander.
> Das Wasser floss heraus,
> das Spiegelbild des Vollmonds verschwand –
> und Chiyono wurde erleuchtet.
> Sie schrieb folgendes Gedicht:
> Auf diese und auf jene Art
> wollte ich den Eimer zusammenhalten,
> hoffend, der schwache Bambus werde nie reißen.
> Plötzlich fiel der Boden heraus.
> Kein Wasser mehr – kein Mond mehr im Wasser.
> Leere in meiner Hand.

Geh mit Leere in deiner Hand, denn das ist alles. Das ist alles, was ich dir bieten kann, und nichts ist größer als das. Dies ist mein Geschenk: geh mit Leere in deiner Hand.

Wenn du Leere in deiner Hand halten kannst, dann wird alles möglich. Nimm keine Besitztümer mit, nimm kein Wissen mit, nimm nichts mit, was den Eimer füllt und zu Wasser wird, denn dann siehst du nur das Spiegelbild. In Reichtum, in Besitz, in Häusern, Autos und Ansehen wirst du nur das Spiegelbild des Vollmonds sehen. Und der Vollmond ist dort und wartet auf dich.

Lass den Boden herausfallen! Versuche nicht, den alten Eimer auf jede erdenkliche Weise zusammenzuhalten. Es lohnt sich nicht! Schütze dich nicht, es lohnt sich nicht! Lass den Eimer zerbrechen, Lass das Wasser fließen, Lass den Mond im Wasser verschwinden, denn nur dann wirst du fähig sein, deine Augen zum wirklichen Mond zu erheben. Er ist immer dort am Himmel – aber dazu brauchst du Leere in deiner Hand.

Bleibe immer leerer, denke von dir immer mehr als leer, verhalte dich immer mehr wie leer. Langsam, ganz langsam, wirst du auf den Geschmack kommen. Und ist der Geschmack erst einmal da, ist er so wunderbar!

Hast du einmal den Geschmack der Leere kennengelernt, dann hast du den Sinn des Lebens überhaupt kennengelernt.

Trage Leere, Lass den Eimer Wasser fallen, der dein Ego und dein Geist und deine Gedanken ist, und vergiss nicht: kein Wasser, kein Mond – Leere in der Hand.

Über Osho

OSHOS LEHREN WIDERSTEHEN jeglicher Kategorisierung, sie reichen von der persönlichen Sinnsuche bis hin zu den dringendsten sozialen und politischen Fragen, mit denen die Welt heute konfrontiert ist. Seine Bücher wurden aus zahllosen Tonband- und Videoaufnahmen transkribiert. Er hat über einen Zeitraum von 35 Jahren vor einer internationalen Zuhörerschaft stets aus dem Stegreif gesprochen. Er sagte: „Denkt daran, was immer ich sage, ist nicht nur für euch … ich spreche auch für die kommenden Generationen."

DER LONDONER SUNDAY TIMES zufolge zählt Osho zu den „1000 Machern des 20. Jahrhunderts"; der amerikanische Romanautor Tom Robbins hat ihn einmal „den gefährlichsten Mann seit Jesus Christus" genannt. Sunday Mid-Day (Indien) hat Osho als einen der zehn Menschen bestimmt, die das Schicksal Indiens verändert haben – wie Gandhi, Nehru und Buddha.

OSHO SELBST BESCHREIBT sein Werk als „Beitrag, die Voraussetzungen für die Entstehung einer neuen menschlichen Lebensweise zu schaffen". Diesen neuen Menschentypus hat er immer wieder als „Sorbas der Buddha" umschrieben – also einen Menschen, der nicht nur wie Sorbas der Grieche die irdischen Freuden zu schätzen weiß, sondern ebenso sehr die stille Heiterkeit eines Gautam Buddha.

WIE EIN ROTER FADEN zieht sich durch alle Aspekte von Oshos Arbeit die Vision einer Verschmelzung der zeitlosen Weisheit des Ostens mit den höchsten Potenzialen westlicher Wissenschaft und Technik. Vor allem seine revolutionären Ansätze zur Wissenschaft der inneren Transformation haben Osho berühmt gemacht. Seine innovativen „aktiven Meditationen" basieren auf dem Gedanken, dass erst der in Körper und Geist angesammelte Stress abgebaut werden muss, um, frei von Gedanken und entspannt, einen meditativen Zustand zu erfahren.

www.osho.com

Das Osho International Meditation Resort

LAGE: Etwa 120 Kilometer südöstlich von Mumbai, in der prosperierenden Stadt Pune gelegen, ist das Osho International Meditation Resort ein Urlaubsort der besonderen Art. Das Meditationsgelände erstreckt sich über ca. 15 Hektar inmitten eines von alten Baumalleen gesäumten Villenviertels.

BESONDERHEIT: Jedes Jahr empfängt das Ressort Tausende Menschen aus über 100 Ländern. Auf dem Campus gibt es die Möglichkeit, direkt Erfahrungen mit einem anderen Lebensstil zu machen. Durch mehr Bewusstheit, Entspannung, Festivitäten und Kreativität. Es gibt eine Vielzahl an Programmen die rund um die Uhr und über das ganze Jahr hin angeboten werden. Nichts zu tun und zu entspannen, ist eine davon. Alle Programme gründen auf Oshos Vision von „Sorbas, dem Buddha" – einer qualitativ neuen Art von Mensch, der nicht nur sein Alltagsleben schöpferisch zu gestalten vermag, sondern auch Zugang zu entspannter Stille und Meditation findet.

MEDITATIONEN: Es werden täglich und regelmäßig Meditationen unterschiedlichster Art angeboten – aktive und passive Methoden, traditionelle und revolutionäre, und ganz besonders natürlich, die von Osho entwickelten Aktiven Oho Meditationen. Sie alle finden in der wahrscheinlich weltgrößten Meditationshalle, dem Osho Auditorium, statt.

MULTIVERSITY: Hier kann man Einzelsitzungen, Kurse und Trainings zu unterschiedlichen Themen buchen – von den bildenden Künsten bis hin zu ganzheitlichen Heilmethoden, von persönlicher Transformation bis hin zu Therapie, esoterischer Wissenschaft, Sport-

und Fitnessprogrammen mit Zen-Akzent. Das Geheimnis des Erfolgs der Multiversity, liegt darin, dass alle Programme immer mit Meditation verknüpft sind, um das Verständnis zu fördern, dass wir menschlichen Wesen mehr sind als die Summe aller Teile.

BASHO SPA: Das luxuriöse Spa hat einen großzügigen Pool unter freiem Himmel umsäumt von Bäumen und tropischem Grün. Das weitläufige Jacuzzi, Sauna, Gym, Tennisplatz ... all diese Plätze liegen in einer ausgesprochen ästhetisch gestalteten Anlage.

KÜCHE: Es gibt stets eine Auswahl köstlicher vegetarischer Gerichte in westlicher, asiatischer und indischer Ausrichtung. Das Meiste davon wird für das Ressort organisch angebaut. Brot und Kuchen werden in der hauseigenen Bäckerei gebacken.

NACHTLEBEN: Die Nummer 1 der Abendveranstaltungen ist das Tanzen, neben Vollmond-Meditationen unterm Sternenhimmel, Varietétheater, Musikveranstaltungen und Meditationen. Man kann auch Leute am Plaza Café treffen oder einen Spaziergang durch die Gärten in dieser märchenhaften Umgebung machen.

INFRASTRUKTUR: Alle wesentlichen Dinge kann man in der Galeria einkaufen. In der Multimedia Gallery bekommt man alle Osho Media Produkte. Es gibt eine Bank, ein Reisebüro und ein Internetcafé auf dem Campus. Für alle die gerne auf Shoppingtour gehen: Man findet in der Stadt sowohl gute traditionelle Produkte, wie auch weltbekannte Markenläden.

UNTERBRINGUNG: Man kann sich im eleganten Osho Guesthouse einmieten oder sich für längere Aufenthalte zum Living-In Programm anmelden. Zusätzlich gibt es noch zahlreiche Hotels und Appartements in der direkten Umgebung.

www.osho.com/resort

Osho
DAS HERZ-SUTRA
Osho kommentiert Buddhas Haupt-Sutra

Broschur, 320 Seiten
ISBN 978-3-942502-02-3

Diese Sutras sind die wichtigsten Sutras in der großen buddhistischen Literatur. Daher heißen sie „Das Herz-Sutra" – weil sie das Herz der buddhistischen Botschaft sind.

Osho
AUF DER SUCHE
Über die zehn Stiere des Zen

Broschur, 288 Seiten
ISBN 978-3-942502-26-9

Wohl kein Zen-Klassiker aus Fernost ist so tief ins Bewusstsein des Westens gedrungen wie dieser kleine „Comic Strip" von dem Mann, der auszog, die Wahrheit zu suchen.

Osho
DAS HARA BUCH

Broschur, 304 Seiten
ISBN 978-3-936360-54-7

Wer Tai Chi, Chi Gong, Yoga oder die östlichen Kampfkünste praktiziert, lernt, sich im Nabelzentrum, auch Hara genannt, zu zentrieren. Das Hara gilt als unerschöpfliche Quelle für Kraft und Ausdauer.

Osho
DAS CHAKRA BUCH
Energie und Heilkraft der feinstofflichen Körper

Broschur, 384 Seiten
ISBN 978-3-936360-67-7

In diesem Buch entfaltet sich Oshos enormes Verständnis über die menschlichen Energiekörper. Es ist das tiefgreifendste und detaillierteste Werk, das in der Welt der Bewusstseinsforschung existiert.

www.innenwelt-verlag.de